ÊTES-VOUS ASSEZ INTELLIGENT POUR TRAVAILLER CHEZ GOOGLE ?

Du même auteur

Big Secrets
The Recursive Universe
Bigger Secrets
Labyrinths of Reason (*Les Labyrinthes de la raison : paradoxes, énigmes et fragilité de la connaissance*, Paris, Belfond, 1998, trad. Jean-Paul Vaché)
The Ultimate
Prisoner's Dilemma (*Le Dilemme du prisonnier : von Neumann, la théorie des jeux et la bombe*, Paris, Cassini, 2009, trad. Oristelle Bonis)
Biggest Secrets
Carl Sagan : A Life in the Cosmos
How Would You Move Mount Fuji ?
Fortune's Formula
Gaming the Vote
Priceless

www.editions-jclattes.fr

William Poundstone

ÊTES-VOUS ASSEZ INTELLIGENT POUR TRAVAILLER CHEZ GOOGLE ?

Questions pièges, casse-tête métaphysiques, énigmes impossibles et autres techniques d'entretiens pour trouver un emploi dans la nouvelle économie

Traduit de l'anglais par Bernard SIGAUD

JC Lattès

Titre de l'édition originale
ARE YOU SMART ENOUGH TO WORK AT GOOGLE ?
publiée par Little, Brown and Company

Maquette de couverture : Atelier Didier Thimonier.
Photo : © Getty Images.

ISBN : 978-2-7096-3966-8

À la mémoire de Martin Gardner (1914-2010),
dont l'influence sur le sujet du présent ouvrage
est considérable.

Cent prisonniers, dont l'un sera poussé par-dessus bord au petit matin, sont chacun enfermés dans une cellule avec trois pirates[1]. Chaque personne emprisonnée détient dix bouteilles de vin, dont l'une est empoisonnée ; chaque pirate possède douze pièces de monnaie, dont l'une est fausse et pèse soit plus, soit moins qu'une pièce authentique. Il y a dans la cellule un commutateur unique, que le détenu peut soit laisser tel quel, soit basculer. Avant d'être conduits dans les cellules, tous les prisonniers sont obligés de porter un chapeau rouge ou un chapeau bleu ; chacun peut voir les chapeaux des autres, mais pas le sien. Entre-temps, un certain nombre – premier et à six chiffres – de singes se multiplient jusqu'à ce que les chiffres s'inversent ; il leur faut ensuite franchir un fleuve dans un canoë qui ne peut prendre que deux singes par voyage. Mais la moitié des singes ment invariablement, tandis que les autres disent toujours la vérité. Étant donné que le $n^{\text{ième}}$ prisonnier sait que l'un des singes ignore qu'un pirate ne peut calculer le produit de deux nombres entre 1 et 100 sans savoir si le $(n + 1)^{\text{ième}}$ prisonnier a ou non basculé le commutateur dans sa cellule après avoir déterminé quelle bouteille était empoisonnée et de quelle couleur était son chapeau, quelle est la solution de cette énigme ?

Parodie Internet d'une question typique d'un entretien de recrutement

Sommaire

1.

INFÉRIORITÉ NUMÉRIQUE AU GOOGLEPLEX

Ce qu'il faut pour se faire embaucher par une entreprise hyper-sélective

Mountain View, Californie : Jim était assis dans le hall du bâtiment 44 de Google, entouré d'une demi-douzaine de ses semblables plongés dans divers états de transe. En silence, tous regardaient fixement l'émission de télévision la plus stupide et la plus toxicomanogène qui soit. Il s'agissait du relevé en direct des recherches Google, la liste en défilé continu des termes de recherche que les gens « googlelisaient » en cet instant précis. Regarder ce tableau équivaut à crocheter la serrure du journal intime de la planète, avant de le regretter. L'espace d'un instant, les angoisses et les désirs personnels d'un individu à La Nouvelle-Orléans, Hyderabad ou Édimbourg sont diffusés à un public de voyeurs triés sur le volet et siégeant dans les halls de chez Google – pour la plupart des gens de vingt ou trente ans en attente d'un entretien de recrutement.

Bible en caractères géants
sursemis
Contes fantastiques
le plus grand glacier du monde
JavaScript
maquillage homme
finalité de l'éducation
lois russes relatives au tir à l'arc

Jim savait qu'il avait très peu de chances. Google recevait 1 million de candidatures par an[1]. On estimait qu'environ 1 candidature sur 130 débouchait sur un emploi. En comparaison, environ 1 bachelier sur 14 qui se présentent à Harvard est accepté. Comme à Harvard, les employés de Google doivent franchir des obstacles considérables.

Le premier examinateur de Jim arriva en retard et en nage : il était venu au travail à bicyclette. Il commença par quelques questions polies sur l'expérience professionnelle de Jim. Jim s'empressa de lui détailler sa brève carrière. Au lieu de le regarder, le recruteur pianotait sur son clavier : il prenait des notes.

« La prochaine question que je vais vous poser, dit-il, est quelque peu inhabituelle. »

> ?* Vous rapetissez jusqu'à la taille d'une pièce de 5 cents et êtes projeté dans un mixeur. Votre masse est réduite, si bien que votre densité n'est pas modifiée. Les lames entrent en action dans 60 secondes. Que faites-vous ?[2]

Le recruteur avait levé les yeux de son ordinateur portable et affichait le grand sourire de l'obsédé captivé par un nouveau jouet.

* La présence du symbole ? renvoie à une discussion dans la section « Réponses » en fin d'ouvrage.

« Je prendrais la petite monnaie dans ma poche et je la jetterais dans le moteur du mixeur pour le bloquer », répondit Jim.

Le recruteur se remit à pianoter. « L'intérieur du mixeur est hermétiquement isolé, répliqua-t-il avec l'air de quelqu'un qui a déjà tout entendu. Si vous pouviez jeter vos pièces dans le mécanisme, alors votre frappé aux fruits l'inonderait.

— C'est vrai… euh… alors je retirerais ma ceinture et ma cravate. Je déchirerais ma chemise en bandelettes pour faire une corde, et avec la ceinture aussi, peut-être. Ensuite, j'attacherais mes chaussures au bout de la corde et je m'en servirais comme d'un lasso… »

Rafale de clics sur les touches du clavier.

« Je ne veux pas dire un lasso, poursuivit Jim laborieusement. C'est quoi les trucs que lancent les cow-boys en Argentine ? C'est comme un poids à l'extrémité d'une corde. »

Pas de réponse. Jim sentait maintenant que son idée battait de l'aile, seulement, il était forcé de la développer. « Je lancerais les poids par-dessus le bol du mixeur. Ensuite, je remonterais.

— Ces “poids” ne sont que vos chaussures, dit le recruteur. Comment pourraient-ils compenser le poids de votre corps ? Vous pesez plus que vos chaussures. »

Jim ne savait plus quoi dire. Et ce n'était pas fini. L'examinateur s'était soudain passionné pour son sujet. Il se mit à énumérer des objections. Il n'était pas sûr que la chemise de Jim – rétrécie comme le reste de sa personne – puisse constituer une corde assez longue pour passer par-dessus le rebord du bol d'un mixeur. Et une fois que Jim serait en haut du bol – à supposer qu'il y arrive –, comment redescendrait-il ? Était-il réaliste d'envisager de confectionner une corde en 60 secondes ?

Jim ne voyait pas ce que venait faire le « réalisme » là-dedans. À moins que Google ait disposé d'un rayon rétrécisseur et qu'il ait projeté de l'essayer la semaine suivante.

« Enchanté d'avoir fait votre connaissance », dit le recruteur en lui tendant une main encore moite.

Nous vivons à une époque désespérante. Jamais, de mémoire d'homme, la concurrence pour les offres d'emploi n'a été plus intense. Jamais les entretiens d'embauche n'ont été plus rudes. C'est là le fruit amer d'une reprise qui ne crée pas d'emplois et de l'évolution de la nature même du travail.

Pour certains candidats, Google est la Ville Lumière là-haut sur la colline. C'est là que les gens les plus intelligents font les trucs les plus cool. Google figure régulièrement dans le peloton de tête, sinon à la première place, sur la liste des « 100 Entreprises les plus désirables » dressée par le magazine *Fortune*. Le campus Google, à Mountain View (le « Googleplex »), offre pléthore d'avantages en nature à ses employés, qu'on suppose comblés. Il y a onze restaurants gastronomiques qui servent gratuitement des produits bio de production locale; des murs d'escalade; des piscines pour nager sur place; des tableaux blancs grands comme des fresques urbaines pour partager des pensées spontanées ; des tables de ping-pong, de baby-foot et de hockey pneumatiques ; et des détails gentillets, comme des cabines téléphoniques britanniques rouges et des buissons taillés en forme de dinosaure. Les employés de Google ont droit à des machines à laver en libre-service sans monnayeur, des injections antigrippales, des cours de langues étrangères, des vidanges d'huile et des lavages de voiture gratuits. Il y a un service de navettes entre le domicile et le lieu de travail ; des primes de 5 000 dollars pour l'achat d'un véhicule hybride ; des scooters communautaires pour quiconque en a besoin sur le campus. Les nouveaux parents se voient octroyer 500 dollars pour des repas à emporter et un congé de dix-huit semaines pour rester près de leur enfant. Google paie l'impôt sur le revenu afférent aux prestations de sécurité sociale dont bénéficie le conjoint, marié ou non, pour les couples du même sexe[3]. Tous les employés ont droit à des vacances au ski annuelles. Ces avantages en nature ne sont pas obligatoirement motivés par la générosité et, contrairement aux acquis sociaux des générations antérieures, ils n'ont pas été négociés par des syndicats ni par des individus. Pour Google, il est rentable de proposer de pareils avantages dans une industrie où il est si important d'attirer les candidats les plus talentueux. Non seulement les employés sont heureux d'en profiter, mais c'est aussi un moyen d'obliger le reste du monde à coller son nez à la vitrine.

Le cas de Google n'est pas aussi exceptionnel qu'on pourrait le penser. La masse actuelle de chômeurs a fait de chaque entreprise un Google. Des sociétés peu douées pour la séduction se trouvent maintenant en face d'une multiplicité de candidats bien qualifiés pour chaque poste vacant. C'est une très bonne chose pour les entreprises qui peuvent embaucher. Comme Google, elles peuvent choisir ceux qui sont les meilleurs dans leur spécialité. Ce n'est pas si agréable pour les postulants. Ils affrontent des procédures de sélection plus dures, plus discourtoises et plus invasives que jamais.

C'est surtout évident pendant les entretiens. Il existe certes de nombreux types de questions qu'on pose traditionnellement lors des entretiens de recrutement. Ils comprennent les questions « comportementales », qui sont presque devenues des clichés :

« Parlez-moi d'une situation où vous ne pouviez absolument pas vous entendre avec un membre de l'équipe. »
« Décrivez une occasion où vous avez été obligé de vous occuper d'un client impoli. »
« Quel est le plus grand échec de votre vie ? »
« Vous est-il jamais arrivé d'être dans l'impossibilité de respecter un délai ? Qu'avez-vous fait alors ? »
« Décrivez l'équipe la plus hétéroclite que vous ayez eu à gérer. »

Il y a des questions relatives à l'entreprise :

« Comment décririez-vous Whole Foods à une personne de passage venant d'un autre pays ? »
« Dites-moi dans quelle mesure Target concurrence Walmart, et comment nous pourrions repositionner notre marque pour gagner des parts de marché ? »
« Comment trouveriez-vous de nouveaux clients pour Wachovia ? »
« Quels défis Starbucks devra-t-il relever dans les dix prochaines années ? »
« Comment feriez-vous pour monétiser Facebook ? »

Ensuite, il y a les épreuves pratiques, qui ont donné une nouvelle jeunesse à l'expression *work sampling*. Au lieu de demander aux candidats ce qu'ils savent faire, les entreprises attendent d'eux qu'ils en fassent la démonstration dans le cadre de l'entretien. Les directeurs des ventes doivent concevoir un plan de commercialisation. Les juristes doivent rédiger un contrat. Les programmeurs doivent écrire du code.

Et finalement, il y a les questions ouvertes qui mettent l'intelligence au défi – spécialité dans laquelle Google s'est particulièrement illustré. Des questions comme celle du « prisonnier dans le mixeur » représentent une tentative pour mesurer la flexibilité mentale et même le potentiel entrepreneurial. Cela a toujours été important chez Google, vu la croissance rapide de la société. Une personne recrutée pour un certain poste fera peut-être autre chose dans quelques années. Ces épreuves pratiques, si précieuses soient-elles, ne testent qu'un ensemble particulier d'aptitudes. Les questions plus insolites cherchent à évaluer une qualité dont toutes les entreprises ont besoin, mais que bien peu savent mesurer : la capacité d'innovation.

C'est pourquoi bien des questions d'entretiens utilisées chez Google sont diffusées très loin au-delà de Mountain View. La « marque » Google est actuellement considérée comme la plus chère du monde ; elle vaudrait 86 milliards de dollars d'après l'institut Millward Brown Optimor. Le succès engendre l'imitation. Les cadres d'entreprise jurent d'« aller plus dans le sens de Google » (si cela peut avoir un sens pour l'industrie des parquets de cuisine). On ne sera pas étonné d'apprendre que cette tendance inclut les procédures de recrutement.

Quel est le nombre suivant ?

Le style des entretiens chez Google s'inspire d'une tradition ancienne consistant à utiliser des énigmes logiques pour mettre les candidats à l'emploi dans les entreprises de haute technologie à l'épreuve. Prenons celle-ci, par exemple. Le recruteur écrit six nombres au tableau blanc :

10, 9, 60, 90, 70, 66

La question est : quel est le nombre suivant dans cette suite ?

Des devinettes similaires sont utilisées depuis un certain temps dans les tests psychologiques de créativité. En général, le candidat à l'emploi tâtonne en essayant crânement de trouver du sens à une suite qui a tout l'air d'en être complètement dénuée. La majorité des candidats abandonne. Quelques rares élus ont une intuition soudaine.

Oubliez les maths. Écrivez les nombres en toutes lettres (et en anglais), ce qui vous donnera :

TEN
NINE
SIXTY
NINETY
SEVENTY
SIXTY-SIX.

Les nombres sont classés par ordre croissant du nombre de lettres figurant dans leur nom !

Voyons cela de plus près. *Ten* (10) n'est pas le seul nombre qui s'écrive en anglais avec trois lettres. Il y a aussi *one*, *two* et *six* (1, 2, 6). *Nine* (9) n'est pas le seul nombre de quatre lettres : il y a *zero*, *four* et *five* (0, 4, 5).

C'est donc une liste des plus grands nombres qui puissent s'écrire avec une quantité donnée de lettres.

Mais, pour réussir ce test, il faut trouver le nombre suivant dans cette séquence. Le nombre qui suit *sixty-six* devrait en tout cas comporter neuf lettres (sans compter un éventuel tiret) et devrait être le *plus grand* nombre de neuf lettres. Faites quelques essais, et vous trouverez probablement *ninety-six* (96). Apparemment, on ne peut pas avoir un nombre supérieur à 100, puisqu'il commencerait par *one hundred*, ce qui exige au minimum dix lettres.

Vous pourriez vous demander pourquoi la liste ne propose pas *hundred* (100) à la place de *seventy* (70). *Million* (10^6) et *billion* (10^9) ont sept lettres eux aussi. La raison est certainement que le test utilise des nombres cardinaux tels qu'ils sont écrits dans la pratique. Ainsi écrit-on *one hundred* pour le nombre 100, comme on écrit *one million* ou *one billion*.

Sur l'*Encyclopédie en ligne des suites de nombres entiers*, vous pouvez saisir une suite de nombres, et le site vous indique quels sont les nombres suivants[4]. Vous n'avez évidemment pas le droit d'interroger ce site pour cette question lors d'un entretien, mais sa réponse pour cette suite est 96. Ces dernières années, des entreprises dans toutes sortes de secteurs ont adopté ladite question pour leurs entretiens de recrutement. Souvent, le recruteur l'ajoute au passage rien que pour mettre le malheureux candidat dans l'embarras. Dans beaucoup de ces sociétés, la seule et unique réponse correcte est 96.

Pas chez Google. À Mountain View, 96 est considéré comme une réponse acceptable, sans plus. Il y a mieux :

10 000 000 000 000 000 000 000 000 000 000 000
000 000 000 000 000 000 000 000 000 000 000
000 000 000 000 000 000 000 000 000 000.

Autrement dit, *one googol.*

Mais ce n'est pas la meilleure réponse. Qui est celle-ci :

100 000 000 000 000 000 000 000 000 000 000 000
000 000 000 000 000 000 000 000 000 000 000
000 000 000 000 000 000 000 000 000 000.

Soit *ten googol*, toujours en anglais (de même qu'on dit *ten million dollars*).

On peut faire remonter cette réponse à l'année 1938, plus ou moins. Milton Sirotta, neuf ans, et son frère Edwin se promenaient un jour avec leur oncle dans le parc des Palisades, à côté de New York. L'oncle était Edward Kasner, un mathématicien chargé de cours à Columbia, déjà célèbre pour être le premier scientifique juif à être titularisé dans cette université de la prestigieuse Ivy League. Kasner distrayait ses neveux avec un sujet pensé pour plaire à des gamins studieux – le nombre qui pourrait s'écrire comme « 1 » suivi de cent « 0 ». Kasner les mit au défi d'inventer un nom pour ce nombre. Milton suggéra *googol*[5].

Ce terme – « gogol » en français – apparut dans l'ouvrage que Kasner écrivit en 1940 avec James Newman, *Les Mathématiques et l'Imagination*, de même que le nom d'un nombre encore plus grand, le « gogolplex », défini comme 10 élevé à la puissance gogol. Ces deux mots sont entrés dans l'usage et se sont infiltrés dans la culture de masse (ils sont mentionnés dans la série *Les Simpson*), mais avant tout comme le nom du moteur de recherche conçu par Larry Page et Sergey Brin. D'après David Koller[6], de l'université Stanford :

> « Sean [Anderson] et Larry [Page] étaient dans leur bureau, devant le tableau blanc, et essayaient de trouver un nom convenable – quelque chose qui suggérerait l'indexage d'une quantité immense de données. Sean prononça le mot *googolplex*, et Larry répondit en soumettant la forme abrégée *googol* (les deux mots désignent des nombres très grands). Sean était assis devant son terminal informatique, il procéda donc à une recherche en ligne dans la base de données recensant les noms de domaines Internet pour voir si le nom nouvellement proposé était encore disponible, afin qu'il puisse être déposé et utilisé. Sean, qui n'est pas infaillible en matière d'orthographe, commit l'erreur de chercher le nom de domaine "google.com", qui se trouva être disponible. Ce nom plut à Larry, et en l'espace de quelques heures, il effectua le dépôt du nom "google.com" pour son compte personnel et celui de Sergey [Brin]. »

Edward Kasner mourut en 1955 et ne connut jamais l'entité étymologiquement associée à son nombre. Plus récemment, la généalogie *googol*-Google est devenue un sujet de controverse. En 2004, la petite-nièce de Kasner, Peri Fleisher, a accusé la société fondée par Page et Brin de s'être approprié le mot sans contrepartie et a déclaré vouloir explorer les possibilités d'un recours juridique. (Les médias en ont rendu compte avec des manchettes du style « Pourparlers attendus entre les clans Google et "Googol"[7] ».)

Le problème *googol*-Google a plusieurs couches, comme un oignon. Il faut d'abord comprendre que c'est la graphie des nombres qui est pertinente, et non leurs propriétés mathématiques, ce qui est déjà assez difficile. Ensuite, il faut connaître l'existence du nombre de Kasner, et se le rappeler. Un simple mortel s'estimerait intelligent d'avoir trouvé *one googol* et serait prêt à s'arrêter là. Mais il y a encore l'ultime couche. *Ten googol* est plus grand que *one googol* et devrait être la réponse.

Imagination et invention

Est-il pathologiquement sadique de poser pareille question à un candidat ? Pas chez Google. Mais des énigmes comme celle-là présentent des inconvénients en tant que questions d'entretiens. Ici, la réponse dépend uniquement d'une intuition qu'on a ou qu'on n'a pas. Il n'y a pas de processus de déduction qu'on puisse lui associer, aussi n'y a-t-il pas moyen de distinguer un candidat qui résout le problème d'un candidat qui connaîtrait déjà la réponse. Chez Google, en plus, quiconque postule à un emploi sait se servir d'un moteur de recherche. On s'attend à ce que les candidats aillent chercher sur google.com des informations utiles sur les entretiens chez Google, y compris les questions posées. Par conséquent, Google encourage ses recruteurs à utiliser une sorte différente de questions, plus ouvertes, qui n'ont pas de « bonne réponse » définitive. Dans la philosophie Google, de bonnes questions d'entretiens sont comme les tests à faire chez soi. Le défi à relever est de trouver une réponse que le recruteur n'ait encore jamais entendue et qui soit meilleure que toute autre qu'il ait pu entendre.

Les recruteurs de Google « ne sont pas des gens chaleureux », comme me l'a dit une candidate[8]. Un autre mot qu'on entend souvent est « apathique », dénotant une absence totale de sensibilité. Le recruteur pianote sans expression sur son portable. Vous dites quelque chose qui vous semble brillant… pas de réaction. La cadence de frappe ne change pas.

C'est intentionnel. Google a tendance à cultiver le mystère. On ne dit pas aux candidats s'ils sont ou non dans la bonne direction, ni si leur réponse définitive est correcte. Les énigmes Google ont souvent plus d'une réponse valable. Certaines sont jugées bonnes, d'autres banales, quelques-unes brillantes. Le candidat peut quitter la pièce sans avoir une idée très claire de sa performance lors de l'entretien. Ce qui a conduit à d'intenses spéculations, voire carrément à de la paranoïa chez les postulants. Et cela a également suscité un curieux phénomène : l'adoption par d'autres sociétés des questions d'entretiens Google sans véritable connaissance de ce que la réponse est censée être.

Le nec plus ultra en matière d'avantage en nature chez Google n'est pas le sashimi ou les séances de massage. C'est le projet 20 %. Les ingénieurs Google ont le droit de consacrer une journée par semaine au travail du projet de leur choix. C'est un pari fantastique. On aurait du mal à imaginer Procter & Gamble accordant à ses salariés un jour par semaine pour rêver à de nouveaux shampooings. Chez Google, ça marche. On croit savoir que plus de la moitié des revenus de Google proviennent d'idées qui ont commencé sous forme de projets 20 %[9]. La liste comprend Gmail, Google Maps, Google News, Google Sky et Google Voice.

Comment mesure-t-on l'inventivité ? Les écoles de commerce se posent la question depuis des décennies. Il est clair que bien des gens intelligents ne possèdent pas cette étincelle supplémentaire, quelle qu'en soit sa nature. Le problème a été bien exprimé par Nicolas Gogol (dont le patronyme est souvent une graphie erronée de *googol* et de *Google*). Dans sa nouvelle *Le Pardessus*, Gogol évoque « l'abîme qui sépare les tailleurs qui se contentent de poser des doublures et de faire des retouches de ceux qui créent des choses nouvelles ». Google parie 20 % de ses coûts de main-d'œuvre qu'il peut distinguer les tailleurs de logiciels simplement compétents de ceux capables de tailler des applis d'enfer dans une pièce de tissu.

Le problème du mixeur résume le processus d'invention d'un nouveau produit. Vous commencez par un remue-méninges. Il y a beaucoup de réponses possibles, et vous ne devriez pas vous jeter sur la première idée qui semble « assez bonne ». Trouver une réponse de qualité exige de prêter particulièrement attention au libellé de la question. « L'imagination est plus importante que le savoir », disait Einstein[10]. Vous n'êtes pas obligé d'être Einstein pour bien répondre à la question, mais vous avez effectivement besoin de votre imagination pour la relier à certaines connaissances que vous avez acquises il y a longtemps.

Pour beaucoup d'entre nous, la réaction instinctive sera une réponse facétieuse. (Un exemple parmi d'autres, affiché sur un blog : « On pourrait supposer, puisque le mixeur est sur le point d'entrer en action, qu'il va bientôt être rempli de bouffe, alors je mettrais probablement ma tête sous la lame plutôt que d'être suffoqué par quelque visqueux jus de fruits bio[11]. ») Les deux réponses sérieuses les plus populaires semblent être (1) de s'aplatir en se couchant sous les lames, et (2) de se plaquer contre la paroi, hors de portée des lames. Il devrait y avoir au moins un espace large comme une pièce de 5 cents entre les lames en rotation et le fond ou les parois du bol.

Une autre réponse courante est (3) de grimper sur les lames et de placer votre centre de gravité au-dessus de l'axe. Cramponnez-vous. La force centrifuge nette sera presque nulle, ce qui vous permettra de ne pas tomber.

Comme nombre des questions d'entretiens Google, celle-là laisse beaucoup d'éléments dans l'ombre. Qui ou quelle entité vous a jeté dans le mixeur, et pour quelle raison ? Si une créature hostile a décidé de se confectionner un milk-shake à base d'humain, vos chances de survie à long terme seront minces, quoi que vous fassiez. Y aura-t-il un ajout de liquide dans le bol ? Celui-ci est-il muni d'un couvercle ? Combien de temps les lames tourneront-elles ? Si elles tournaient longtemps, la méthode 3 vous donnerait le vertige. Ce qui vous ferait perdre connaissance et tomber de votre piédestal.

Libre à vous d'interroger le recruteur sur les points ci-dessus. Les réponses autorisées sont : « Ne vous souciez pas d'éventuelles créatures hostiles », « Il n'y aura pas d'ajout de liquide », « Il n'y a pas de couvercle » et « Dites-vous que les lames continueront de tourner jusqu'à ce que vous soyez mort. »

Une autre démarche est (4) de grimper sur les parois du bol et d'escalader le rebord. Le recruteur vous demandera ce que vous proposez pour accomplir cette prouesse. Vous ne disposez pas de ventouses. Une réponse intelligente est qu'avec cette taille vous êtes comme une mouche et pouvez grimper sur n'importe quelle surface lisse.

Une réaction stupide est (5) d'utiliser votre téléphone portable pour demander du secours ou envoyer un SMS.

Il faudrait d'abord que votre portable ait rétréci avec vous et qu'il puisse communiquer avec l'antenne-relais (non rétrécie !) la plus proche. Il faudrait ensuite que les services d'urgence ou les membres de votre clique Twitter puissent vous secourir en moins de 60 secondes.

Une autre réponse répandue est (6) de déchirer ou déplier vos vêtements pour en faire une « corde », et de vous en servir pour escalader le rebord du bol. Ou encore (7) d'utiliser vos vêtements et vos effets personnels pour bloquer d'une manière ou d'une autre les lames ou le moteur. Comme nous l'avons vu, ces deux méthodes comportent des problèmes.

Des souris et des hommes

Aucune des réponses ci-dessus ne vous donnera beaucoup de points chez Google. Des recruteurs et ex-recruteurs de chez Google m'ont déclaré que la meilleure réponse qu'ils aient entendue est (8) de *sauter hors du récipient.*

Hein ? La question fournit un indice important, le mot *densité.* « Rapetisser jusqu'à la taille d'une pièce de 5 cents » n'est pas une situation réaliste. Pour commencer, cela pourrait signifier l'élimination de plus de 99,9 % de vos neurones cérébraux. Pour aborder une question comme celle-là, il vous faut décider à quel stade vous suspendez votre incrédulité et quels éléments vous devez prendre au sérieux. Le fait que le recruteur mentionne un détail comme la densité est un coup de pouce dans la bonne direction. Il indique que des grandeurs comme la masse et le volume jouent un rôle dans cette énigme (contrairement, peut-être, au nombre de neurones), et qu'une réponse réussie peut recourir à des notions simples de physique.

Bref, la question vous suggère d'envisager les effets du changement d'échelle. Vous en avez probablement entendu parler au lycée. Une fourmi est capable de soulever cinquante fois son poids corporel. Ce n'est pas parce que les muscles des fourmis sont plus efficaces que les muscles humains. C'est tout simplement parce que les fourmis sont minuscules. La masse d'une fourmi (ou d'un objet plein quelconque) est proportionnelle à son volume, qui est fonction du cube de ses dimensions. Or la force des muscles – et la résistance de l'exosquelette ou des os qui les soutiennent – dépend de l'aire de leur section transversale, qui est proportionnelle au carré de ses dimensions. Si vous étiez réduit au dixième de votre taille actuelle, vos muscles seraient cent fois moins puissants… mais vous pèseriez mille fois moins. En principe, les petites créatures sont « plus fortes » quand il s'agit de dresser leur corps contre la pesanteur. Elles sont plus capables de soulever des multiples de leur propre masse.

Un étude classique du changement d'échelle est l'essai de J. B. S. Haldane sur « L'importance d'être de la bonne taille » (1926), que vous trouverez en demandant à un moteur de recherche « *On Being the Right Size* ». À l'aide de quelques principes de base, Haldane put expliquer maints mystères du monde biologique. S'il n'y a pas de souris, de lézards, ni d'autres petits animaux dans les régions polaires, alors qu'il y a abondance d'ours blancs et de morses, c'est que les petites créatures mourraient rapidement de froid, car elles exposent une surface relativement étendue pour leur volume. Les insectes volent facilement, mais l'existence des anges est impossible : les ailes exigeraient trop d'énergie pour soutenir un corps anthropomorphe.

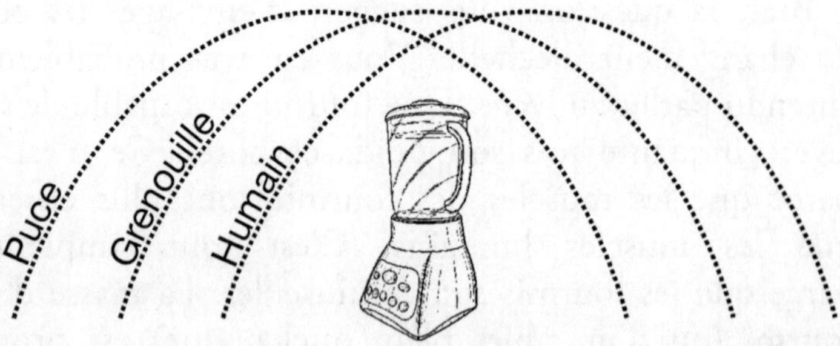

Le raisonnement de Haldane a été ignoré par des décennies de films de science-fiction ringards. La pesanteur aplatirait instantanément un insecte mutant géant. L'avantage irait aux héros de films comme *Chérie, j'ai rétréci les gosses* ou *L'homme qui rétrécit*. Des humains miniaturisés auraient, relativement parlant, une force fantastique. Dans le film de 1957, l'Homme-qui-rétrécit repousse une araignée avec une aiguille qu'il traîne comme un poteau télégraphique[12]. En réalité, il serait capable de la manier avec aisance.

Voyez-vous où tout cela nous mène ? Si vous aviez la taille d'une pièce de 5 cents, vous seriez assez fort pour bondir comme Superman et vous catapulter hors du mixeur.

Telle est l'essence d'une réponse correcte à cette question. Mais les recruteurs Google ne cherchent pas seulement quelqu'un qui a trouvé l'idée de base. Les meilleures réponses fournissent une argumentation cohérente.

À la fin du XVIIe siècle, Giovanni Alfonso Borelli, un des continuateurs de Galilée, déduisit cette règle remarquable : tout ce qui saute saute à peu près à la même hauteur[13]. Réfléchissez-y. À moins d'avoir une mobilité réduite, vous pouvez probablement sauter à plus ou moins 75 centimètres. Donc élever votre centre de gravité de cette valeur. Ces 75 centimètres ne sont pas trop éloignés de la réalité pour un cheval, un lapin, une grenouille, une sauterelle ou une puce.

Il y a certes des variations. Une espèce dont la survie dépend précisément de son aptitude au saut sera optimisée en conséquence et y réussira mieux qu'une espèce qui n'a guère de raisons de sauter. Il y a des espèces qui ne sautent pas du tout, comme les escargots, les tortues et les éléphants. Mais si l'on considère les écarts énormes en matière de taille et d'anatomie, il est stupéfiant de constater que les pieds du basketteur Kobe Bryant et les pattes d'une puce peuvent atteindre la même hauteur au-dessus du sol.

Les gens de chez Google ne s'attendent pas à ce que les candidats sachent qui est Borelli, mais ils sont impressionnés par ceux qui peuvent reproduire son raisonnement. Ce n'est pas si difficile que ça, en fait. L'énergie musculaire provient en dernière analyse de substances chimiques – le glucose et l'oxygène qui circulent dans le sang, et l'adénosine triphosphate (ATP) à l'intérieur des cellules musculaires. Ces substances sont présentes en quantités proportionnelles au volume du corps. Par conséquent, si vous avez rétréci au $1/n$ de votre taille habituelle, votre énergie musculaire sera réduite d'un facteur de n^3.

Par bonheur, votre masse sera elle aussi réduite du même facteur n^3. Le fait d'avoir rétréci à la taille d'une pièce de 5 cents ne devrait donc ni augmenter ni diminuer la hauteur à laquelle vous pouvez sauter (en faisant abstraction de la résistance de l'air). Le bol d'un mixeur fait à peu près 30 centimètres de haut. À partir du moment où vous pouvez immédiatement sauter à cette hauteur, vous êtes tiré d'affaire.

Vous vous faites peut-être du souci pour la descente. La hauteur du mixeur correspond à environ vingt fois le diamètre d'une pièce de 5 cents. Vous ne voudriez pas tomber de vingt fois votre taille actuelle. Mais ça ne devrait plus vous inquiéter après votre rétrécissement. Vous aurez alors $1/n^2$ de surface externe, contre $1/n^3$ de masse. Ce qui signifie que vous aurez *n* fois plus de surface externe par rapport à votre masse pour résister à la chute – et, euh… retenir vos tripes quand vous atterrirez. En principe, tout ce qui est de la taille d'une souris et en dessous n'a pas trop à craindre de tomber d'une hauteur quelconque. Haldane l'a exprimé de façon imagée : « On peut laisser tomber une souris dans un puits de mine de 1 000 mètres de profondeur ; en arrivant en bas, légèrement choquée, elle se remet à trottiner, en supposant que le sol soit plutôt meuble. Un rat est tué, un homme a les membres rompus, un cheval éclate[14]. »

Plus haut, j'ai donné une réponse (4) dans laquelle vous escaladez carrément les parois du bol comme une mouche. Cette solution peut elle aussi se justifier par l'argument du changement d'échelle. Vous n'imaginez peut-être pas que vos mains soient collantes, mais les pattes d'un insecte qui marche sur une vitre verticale ne le sont pas non plus. Essayez de frotter une vitre avec votre main : il y a une résistance. En réalité, toute surface adhère un tant soit peu à toute autre surface. Une fois que vous serez réduit, vous aurez *n* fois de plus de surface de contact palmaire et plantaire par rapport à votre masse, et d'autant plus d'adhésivité. Ce qui pourrait suffire pour jouer les Spider-Men.

La réponse « Spider-Man » demeure un cran en dessous de la réponse « Superman ». L'ascension est lente. Toutes proportions gardées, escalader tel un alpiniste acrobate l'intérieur du bol du mixeur revient à s'attaquer à une paroi rocheuse de 50 mètres de haut. Il sera vital de choisir soigneusement prises et appuis. Ce qui va prendre du temps, plus de 60 secondes. Les lames auront démarré avant que Spider-Man ait franchi le sommet. Une chute serait fatale. La solution Superman est plus rapide et plus sûre. Au cas où vous n'arriveriez pas à sauter par-dessus le rebord, vous pourriez recommencer, probablement plusieurs fois.

Passage à l'échelle supérieure

Au moment où j'écris ces lignes, 15 millions d'Américains sont sans travail. Parmi les emplois qu'occupaient les chômeurs d'aujourd'hui, beaucoup sont définitivement supprimés. Des gens venus de secteurs d'activité comme la publicité, le commerce de détail, la vente, les médias et le journalisme sont vraisemblablement en train de solliciter des entretiens auprès d'entreprises qu'ils considèrent peut-être comme « technologiques » – mais à tort, car elles représentent l'avenir. Ce qui met ces candidats en contact avec une culture d'entreprise nouvelle et exotique, dont témoigne le caractère intensif des entretiens d'embauche.

La question dite du « mixeur » est une métaphore. La croissance d'une entreprise – ou de tout ce qui nous préoccupe en tant qu'humains – met avant tout en jeu des changements d'échelle. Des solutions qui marchent quand une entité est de taille réduite ne marchent pas nécessairement lorsque son champ d'action s'élargit.

« L'an dernier, mon plus gros souci a été de mettre l'entreprise à l'échelle, déclarait en 2007 Eric Schmidt, alors P-DG de Google. Le problème, c'est que notre croissance est trop rapide. Quand vous embauchez des gens à cette cadence, il y a toujours le risque de perdre la formule magique[15]. »

Des questions d'entretiens difficiles représentent pour Google une façon parmi d'autres d'essayer de préserver cette formule. Google en sait plus sur le « passage à l'échelle supérieure » que la plupart des organisations à cause de la nature unique de l'entreprise et de sa croissance rapide. Mais nous pouvons tous tirer des leçons de l'expérience Google dans ce nouveau monde – plein de pièges, en évolution constante et de plus en plus contextuel. Cela vaut pour les employeurs comme pour les candidats à l'emploi.

Dans les entreprises sélectives d'aujourd'hui, le recrutement est programmé sur la base de la déception d'une majorité de postulants. Ce qui est souvent une stratégie rentable pour les employeurs – et exige donc une nouvelle stratégie de la part des candidats. Le présent ouvrage va passer en revue les questions d'entretiens super-ardues actuellement en vogue et analyser ce qu'elles sont, comment elles ont été créées et comment y répondre au mieux. Que vous soyez partie prenante ou non dans le marché du travail, vous aurez ici l'occasion de vous mesurer avec les collaborateurs de certaines des entreprises les plus intelligentes et les plus novatrices du monde. (Ces questions sont très amusantes… tant que vous n'êtes pas vous-même sur la sellette.) Chemin faisant, vous en saurez plus sur le mystère toujours entier de la pensée créative. Les employeurs apprendront des tas de choses sur ce qui marche et ce qui ne marche pas dans les entretiens de recrutement, et comprendront pourquoi la démarche de Google – qui va bien au-delà de l'élaboration de questions ardues – a déjà tant d'influence. Candidats à l'emploi, ce livre vous aidera à éviter d'être mis sur la touche par quelques questions épineuses. Il suffit souvent d'un bon saut mental pour réussir.

QUESTIONS

Une sélection des énoncés du jour

Colletez-vous donc à ces questions en vogue dans les entretiens de recrutement d'un large éventail d'industries. (Les réponses commencent p. 201.)

? Quand le vent souffle, est-ce qu'un vol aller-retour en avion prend plus de temps, moins de temps ou le même temps ?

? Quel est le terme suivant de cette suite ?

SSS, SCC, C, SC

? Votre voisin et vous-même participez à un vide-greniers le même jour. Vous avez tous les deux l'intention de vendre exactement le même article. Vous comptez mettre votre article en vente à 100 dollars. Le voisin vous a informé qu'il allait mettre le sien en vente à 40 dollars. Les articles sont dans un état identique. Que faites-vous, en supposant que vous n'êtes pas en très bons termes avec ce voisin ?

? Vous posez un verre d'eau sur le plateau d'un électrophone et commencez à en augmenter progressivement la vitesse. Qu'arrivera-t-il en premier : le verre glissera et tombera du plateau, le verre basculera sur place ou l'eau débordera ?

2.

LE CULTE DE LA CRÉATIVITÉ

Historique des ressources humaines, ou Pourquoi les recruteurs dérapent

« Vous êtes dans un couloir de pierre de 2,5 m de section, annonça la recruteuse. Le Prince des Ténèbres apparaît devant vous. »

Ainsi commence l'histoire d'un entretien d'embauche des plus insolites relaté par Chris Sells[1], directeur de programme chez Microsoft.

« Vous voulez dire le Diable, c'est ça ?

— N'importe quel prince des ténèbres fera l'affaire, répondit-elle. Qu'est-ce que vous faites ?

— Je peux courir ?

— Vous voulez courir ?

— Hmmm. Je crois que non. J'ai une arme ?

— Quel genre d'arme voulez-vous ?

— Euh… un truc qui porte assez loin ?

— Quoi par exemple ?

— Une arbalète ?

— De quelles munitions disposez-vous ?

— Des flèches de glace ?

— Pourquoi ?

— Parce que le Prince des Ténèbres est une créature de feu ? »

La recruteuse sourit. « Alors, qu'est-ce que vous faites ensuite ?

— Je lui tire dessus ?

— Non, *vous lui faites quoi ?* » Silence. *« Vous le liquidez ! Vous LI-QUI-DEZ le Prince des Ténèbres ! »*

À ce stade, le candidat se posa lui-même une question : « Merde alors ! Dans quoi je me suis embarqué ? »

Il s'était embarqué dans un entretien pas totalement atypique de la nouvelle économie. Dans de nombreux secteurs, des questions d'entretiens insolites sont l'indice d'une culture d'entreprise cool. Elles montrent le degré de « créativité » du personnel. Ces questions sont caractéristiques de sociétés où les entretiens sont confiés à des employés extérieurs au service des ressources humaines. Dans certains domaines très pointus et très créatifs, on estime que les employés savent mieux quelles questions poser que les gens des ressources humaines. Ce qui, en théorie, semble une bonne idée. Dans la pratique, une minorité non négligeable d'interrogateurs sortis du rang l'interprètent comme une permission de se défouler. Ils posent toutes les questions saugrenues qui leur passent par la tête ou qu'ils savent qu'un collègue utilise. Or il est difficile d'imaginer que des questions comme celles présentées ci-dessus soient très efficaces pour sélectionner du personnel. Comment en est-on arrivé là ?

Le mystérieux secret bien caché des ressources humaines est que les entretiens de recrutement ne servent à rien. Ce n'est pas un scoop. Déjà en 1963, les psychologues du comportement Marvin D. Dunnette et Bernard M. Bass écrivaient :

> « L'entretien de recrutement continue d'être la méthode la plus largement utilisée pour sélectionner les employés, en dépit du fait que c'est une procédure onéreuse, inefficace et d'ordinaire non valable[2]. »

Une douzaine d'années plus tard, le recruteur Robert Martin déclarait :

> « La plupart des recruteurs d'entreprise avec qui j'ai été en contact sont des gens convenables et bien intentionnés. Mais je n'ai toujours pas rencontré quelqu'un – moi-même y compris – qui sache ce qu'il (ou elle) fait[3]. »

La nouvelle économie en a pris note. « Lors d'un entretien, on peut déterminer si la personne est un interlocuteur agréable, et on peut poser quelques questions techniques pour éliminer les gens vraiment inaptes, mais au-delà, autant jouer la chose aux dés », écrivait le fondateur de BitTorrent, Bram Cohen[4]. Le DRH de chez Google, Lazlo Bock, l'a exprimé encore plus succinctement : « Les entretiens sont de médiocres indicateurs des performances futures[5]. »

Pourquoi s'acharner sur les entretiens ? Les critiques ci-dessus n'étaient que trop conscients de certaines statistiques accablantes. Les preuves de l'utilité des entretiens de recrutement sont comparables aux preuves de l'existence de la perception extrasensorielle ou des enlèvements commis par des extraterrestres. Il y a quelques belles anecdotes, mais plus on examine les données de près, moins elles sont convaincantes. Dans la pratique, ces entretiens semblent être peu efficaces voire totalement inefficaces pour prédire une réussite dans le poste convoité, au-delà de ce qu'on peut prédire à partir de l'expérience professionnelle ou des études suivies.

Inévitablement, les recruteurs préfèrent des candidats qui « passent bien » lors d'un entretien : ceux qui présentent bien, ont la repartie facile et font les plaisanteries qu'il faut. Mais une bonne prestation au cours d'un entretien n'est pas la même chose qu'une bonne prestation en situation de travail. Bien entendu, la plupart des recruteurs soulignent qu'ils en sont conscients et que, d'une manière ou d'une autre, ils corrigent leur opinion en conséquence. La majorité des études laisse entendre qu'ils ne la corrigent pas assez. Il se peut même qu'une « correction » soit impossible lorsque l'essentiel du processus de décision est inconscient et automatique. Il arrive souvent qu'on engage des gens au feeling.

Le comportement prédit le comportement

La profession des gestionnaires en ressources humaines a passé une bonne partie du siècle dernier à essayer de trouver de meilleurs moyens d'évaluer les candidats. Une de ces démarches consiste à recourir aux données biographiques. On pose au candidat des questions sur son comportement passé, généralement *via* un formulaire, en présumant que les réponses aideront à prédire comment il se comportera sur son lieu de travail.

On dit que l'usage des données biographiques (les *biodata*) est venu du secteur des assurances aux États-Unis. Lors d'un congrès de la profession en 1894, le colonel Thomas L. Peters, de la Washington Life Insurance

Company, suggéra de poser une liste de questions normalisées aux agents d'assurances en cours de recrutement[6]. Peters avait le sentiment que, en recourant à l'analyse actuarielle déjà utilisée pour fixer les primes d'assurance, la société devrait pouvoir prédire qui serait le plus apte à occuper un poste donné. Le principe du recours aux données biographiques est que « le comportement prédit le comportement ». Une personne qui a totalisé cinq contraventions pour excès de vitesse dans l'année écoulée récidivera probablement un jour ou l'autre, et sera donc plus susceptible de causer un accident.

Une question classique des *biodata* remonte à la Seconde Guerre mondiale. La base aéronavale de Pensacola, en Floride, surnommée l'Annapolis de l'air, eut pour mission de former onze cents cadets par mois, soit dix fois le chiffre du temps de paix. Tout le monde n'avait pas l'étoffe d'un pilote. L'entraînement était éreintant et onéreux, et les aspirants pilotes étaient souvent malades plusieurs jours de suite – beaucoup n'étaient jamais montés dans un avion auparavant. Le succès de l'effort de guerre dépendait de la sélection précise de ceux qui avaient le talent et la persévérance nécessaires. Les psychologues militaires élaborèrent un questionnaire dernier cri couvrant les antécédents, l'instruction et les centres d'intérêt. L'un des psychologues de Pensacola, Edward Cureton, compara la manière dont les recrues avaient répondu aux questions à leurs performances ultérieures à l'école de l'air. Cureton fut stupéfié par ce qu'il découvrit. Une question précise de la liste prédisait la réussite du pilote mieux que le questionnaire tout entier.

Cette question était : « Avez-vous déjà construit un modèle réduit d'avion qui volait ? »

Les recrues qui avaient répondu par l'affirmative avaient plus de chances de réussir comme pilotes. « Cette passion pour les avions, chez des gens qui n'avaient pas cessé de s'y adonner, a fini par prédire la suite, expliqua Todd Carlisle, psychologue au service *People Operations* « ressources humaines » chez Google. Ils s'y accrochaient, quand bien même ils auraient vomi dans la carlingue un jour sur deux. »

La mode des données biographiques a subi plusieurs éclipses. À tort ou à raison, on a l'impression que les données biographiques sont un outil trop rudimentaire pour sélectionner des innovateurs ou des responsables « créatifs ». Ce qui a limité leur influence chaque fois que des employeurs d'un secteur quelconque ont recherché des visionnaires.

La créativité contre l'intelligence

En tant que concept relevant de la gestion des ressources humaines, la créativité est l'héritage de l'époque de la guerre froide, hantée par les *Spoutnik*. Le lancement en 1957 par l'Union soviétique d'un satellite tournant autour du globe fut le coup de semonce qui tira les Américains de leur autosatisfaction. Il n'était plus garanti que l'entreprise américaine mène le monde. Les éditorialistes exprimèrent leur crainte que la nation reste à la traîne dans le domaine de l'innovation technique. Lycées et universités remanièrent leurs programmes pour mettre l'accent sur la science et la pensée créative. Les employeurs décidèrent qu'eux aussi avaient besoin de prendre en marche le train de la créativité. Ils commencèrent à se demander s'il était possible de repérer les futurs inventeurs, entrepreneurs et dirigeants.

Spoutnik I et la course à l'espace accélérèrent une tendance qui avait déjà commencé en psychologie : l'éclatement du concept d'intelligence. Depuis un demi-siècle, les universités et les employeurs faisaient massivement confiance au QI. On s'imaginait que l'« intelligence » était une grandeur unique, responsable de toutes les réussites intellectuelles et aussi mesurable que la pression artérielle. Les psychologues produisaient à la chaîne des tests d'intelligence pour le marché tout trouvé des universités et des employeurs.

À en croire l'argumentaire de vente, la tâche des employeurs aurait été simple : engager les postulants qualifiés qui auraient le QI le plus élevé. En réalité, les tests d'intelligence n'avaient guère de valeur perceptible en matière de recrutement. Ce qui ne veut pas dire que l'intelligence n'a pas d'importance, mais que l'expérience professionnelle et les études suivies donnent à peu près les mêmes informations, sinon plus d'informations. Tout aussi troublant est le fait que les champions du QI ne sont pas toujours des employés modèles. Certains sont des fainéants surdoués qui n'aboutissent jamais à grand-chose.

Le déphasage entre intelligence et succès commença par être une source d'embarras pour les psychologues du QI. Vers les années 1950, ils avaient déjà inventé des moyens de changer leur piquette en champagne. L'un des assistants de Thomas Edison, l'ingénieur Louis Leon Thurstone, diplômé de l'université Cornell, fut tellement intrigué par les mystères de l'intellect et du succès qu'il devint psychologue. Contrairement à d'autres pionniers des tests de QI, Thurstone affirmait que l'« intelligence » n'est pas une entité unique, mais de nombreuses aptitudes distinctes, telles que la fluidité verbale, la visualisation spatiale et le raisonnement. Il n'y avait pas beaucoup de corrélations entre elles, soutenait-il. On peut être brillant dans un domaine et nul dans tous les autres.

J. P. Guilford, psychologue militaire qui fit ensuite carrière à l'université de Californie du Sud, appliqua les idées de Thurstone avec un zèle dévastateur : il hacha menu l'intelligence en pas moins de 180 facteurs différents[7]. En principe, tous pouvaient être mesurés (si quelqu'un en avait la patience, ou en voyait l'intérêt).

Ellis Paul Torrance (1915-2003) fut un acteur central du lancement de la « créativité » : il décida que non seulement la créativité était distincte de l'intelligence, mais que c'était elle qui comptait véritablement. C'était un changement de cap judicieux, au moment précis où la désillusion relative aux tests de QI atteignait son paroxysme dans les années 1960. Non seulement il n'était pas vraiment prouvé que les tests d'intelligence soient efficaces pour le recrutement, mais le Mouvement des droits civiques avait pour la première fois rendu les entreprises américaines conscientes de la diversité. On démontra facilement que les tests de QI étaient défavorables aux minorités, du moins au sens statistique. Les employeurs abandonnèrent en masse les tests de QI et autres inventaires de personnalité.

Nous savons tous plus ou moins ce que signifie l'« intelligence ». C'est la capacité à bien raisonner et à saisir les subtilités du monde qui nous entoure. Les gens intelligents apprennent vite, réussissent bien dans les études ou dans les affaires – pourvu qu'ils soient motivés. La « créativité » est un terme plus fluide. Les conférenciers spécialistes de la motivation vous citeront Léonard de Vinci, Steve Jobs, Shakespeare, Henry Ford, Picasso ou Oprah Winfrey comme autant exemples d'une créativité interchangeable.

Le monde des affaires a tendance à associer « créativité » et « succès ». Mais l'histoire de bien des grands succès conteste une identification aussi simpliste.

L'idée de Google est venue dans un rêve. Larry Page se réveilla une nuit avec le concept : « Et si nous pouvions télécharger toute la Toile, et ne conserver que les liens… J'ai pris un stylo et j'ai commencé à écrire… » Qu'est-ce qui sépare Larry Page de tous les universitaires diplômés qui ne fondent pas une entreprise ayant transformé le monde ? Un rêve bienvenu ? Ou quelque chose de plus ?

E. P. Torrance essaya de traiter cette sorte de questions. Il commença par se plonger dans l'étude des vies des savants, des inventeurs et des explorateurs. Il lui fallut se colleter avec un problème capital : en quoi la créativité diffère-t-elle de l'intelligence ? Il y avait là-dessus deux opinions principales, l'hypothèse de la séparation et celle du « rien de particulier ». Selon l'hypothèse de la séparation, l'intelligence et la créativité sont totalement distinctes. On peut avoir l'une, l'autre, les deux ou ni l'une ni l'autre. Ici, pas de surprise.

Selon l'hypothèse du « rien de particulier », la créativité n'a « rien de particulier ». À l'intérieur de notre cerveau, il n'y a pas de distinction profonde entre créativité et intelligence. La distinction est strictement extérieure au cerveau. Nous examinons certaines conséquences de la pensée et de l'ambition – Google, l'ampoule électrique, le cubisme –, et décidons qu'une entité mentale particulière doit les avoir créées. Mais c'est une illusion. Il s'agit des coupables habituels : l'intelligence, la motivation, l'acharnement au travail et le fait de s'être trouvé là où il fallait au moment où il fallait.

En vertu de la théorie du « rien de particulier », Larry Page a peut-être eu de la chance de faire ce rêve mémorable. S'il ne l'avait pas fait, ou s'il n'avait pas bénéficié d'un remue-méninges similaire, il n'aurait pas été le cofondateur de Google. Il aurait sans aucun doute réussi dans un autre domaine, mais peut-être pas de manière aussi fracassante. Thomas Edison fut une source de citations au chapitre « rien de particulier ». Par exemple : « Le génie, c'est 1 % d'inspiration et 99 % de transpiration[8]. » Bien entendu, quelqu'un de moins intelligent et de moins motivé qu'Edison ou Page n'aurait pas tiré grand-chose de ces « heureux » éclairs d'inspiration. Autrement dit, « aide-toi, et la chance t'aidera ».

Il est facile de croire qu'il y a des parts de vérité dans l'hypothèse du « rien de particulier » comme dans celle de la séparation. Torrance était partisan d'une position intermédiaire, l'hypothèse dite du « seuil ». À savoir qu'il faut être intelligent pour être créatif, mais que l'inverse n'est pas vrai. Si l'on examine un échantillon pris au hasard d'individus hautement intelligents, on trouvera que peu d'entre eux sont créatifs ou ont réussi de manière remarquable dans les affaires ou dans la vie. Autrement dit, les réunions de la très sélective Mensa sont peuplées de perdants intelligents.

À en croire Torrance, les créatifs sont dotés d'une étincelle d'intelligence supplémentaire qui les distingue de la grande masse des individus simplement intelligents et cultivés. Torrance se proposa de trouver un moyen d'identifier cette étincelle. En 1962, il était déjà arrivé à ce schéma :

« La créativité est la production de quelque chose de nouveau ou d'inhabituel en tant que résultat des processus suivants :

- détecter des difficultés, des problèmes, des lacunes dans le savoir, des éléments manquants, quelque chose de bancal ;
- exprimer des conjectures et formuler des hypothèses sur ces défauts ;
- évaluer et tester ces conjectures et ces hypothèses ;
- éventuellement les réviser et les tester à nouveau ;
- et, finalement, communiquer les résultats[9]. »

Ce qui peut vous paraître à la fois exact et plutôt évident. Torrance était déjà en train de rentabiliser son concept de la créativité. Des collègues et lui-même avaient élaboré les Tests de pensée créative du Minnesota et les Tests Torrance de pensée créative. Ces tests normalisés visaient la *pensée divergente*, terme créé par J. P. Guilford pour désigner ce que le monde des affaires finira par appeler « remue-méninges » (*brainstorming*). L'exemple classique d'un test de pensée divergente chez Guilford était de *penser au plus grand nombre possible d'usages insolites pour une brique*. Plus il y avait de réponses, et plus elles étaient originales, plus le candidat était jugé créatif.

Lors de tests similaires appliqués à des enfants, Torrance fournissait un lapin en peluche et incitait les jeunes sujets à trouver des moyens d'améliorer ce jouet, de le rendre plus amusant. Pour le pire ou le meilleur, l'écho de ces tâches classiques résonne encore dans les entretiens de recrutement actuels. Il y a même des entreprises qui posent la question de la brique. Une actualisation plus réaliste du problème, pratiquée à la Bank of America, consiste à donner au candidat un sac en papier, d'où il extrait un objet inconnu pour lequel il devra improviser un argumentaire de vente. La « notation », bien qu'informelle, ressemble beaucoup à celle de Guilford : on compte un point pour chaque argument de vente présenté, on fait le total et on ajoute des points supplémentaires pour l'originalité.

Les recruteurs de chez Google testent la pensée divergente avec cette question :

? Il est difficile de se rappeler ce qu'on a lu, surtout après de nombreuses années. Comment traiteriez-vous ce problème ?

Ce qui met le candidat au défi d'inventer sur-le-champ un produit nouveau. Afin de bien répondre à de pareilles questions, il est indispensable de trouver des idées nouvelles, mais aussi de les corriger et de les affiner. Le complément de la pensée divergente est la *pensée convergente*. C'est le processus consistant à utiliser la logique ou l'instinct pour restreindre l'éventail des possibilités – déterminer lesquelles des solutions possibles résolvent le mieux le problème.

Il est plus facile de comprendre la pensée convergente. Nous pouvons exprimer une preuve logique avec des mots. Il n'est pas aussi facile de dire clairement comment des idées « fantasques » vous viennent à l'esprit. Il n'est pas non plus facile de faire couler ces idées. (« J'essaie de penser, mais il ne se passe rien ! ») Les pensées divergente et convergente forment une dualité de type yin-yang. Elles sont toutes deux indispensables aux innovateurs qui veulent réussir. Ceux qui n'excellent que dans la pensée divergente risquent d'être d'aimables hurluberlus ; ceux qui sont dotés de la seule pensée convergente sont intelligents sans être créatifs.

En 1960, l'université du Minnesota organisa un congrès sur l'ère spatiale. Les discours d'ouverture furent prononcés par la célèbre anthropologue Margaret Mead et E. P. Torrance. Margaret Mead fit remarquer à Torrance que la créativité avait déjà été étudiée par le passé, avec de maigres résultats. « Croyez-vous qu'on pourra en tirer quelque chose cette fois-ci ? » demanda-t-elle[10].

La question reste posée. Certains psychologues estiment encore que la recherche sur la créativité est un marécage avec quelques touffes d'herbe où l'on a pied (comme Herman Melville le disait de la philosophie[11]). Torrance a réussi à créer une spécialité inédite et hermétique. La psychologie de la créativité a son propre jargon et ses propres publications spécialisées, avec un ensemble d'études classiques et d'autorités portées aux nues. Brutalement posée, la question est de savoir si la compréhension qu'on a aujourd'hui de la créativité va très loin au-delà du sens commun.

Les psychologues contemporains définissent d'ordinaire la créativité comme la capacité à combiner la nouveauté et l'utilité dans un contexte social particulier[12]. Cet accent mis sur le contexte social est nouveau, et il est particulièrement pertinent quand il s'agit de la créativité dans le domaine des affaires. Il y a une façon individualiste et typiquement américaine de voir les choses qui investit d'une forte valeur l'acte solitaire d'un génie. Le cow-boy solitaire trouve une idée à 1 million de dollars qui conquiert inévitablement le monde. Mais ça ne se passe pas toujours ainsi. Peter Robertson a inventé un tournevis à pointe carrée qui est meilleur que les types à pointe cruciforme ou à lame plate. Presque tous les ingénieurs s'accordent à dire que le tournevis Robertson est meilleur, or il n'a jamais pris, sauf au Canada. Personne ne sait exactement pourquoi.

Le succès est aussi difficile à expliquer que l'échec. Biz Stone, Evan Williams et Jack Dorsey ont créé Twitter, qui est une réussite fantastique. Seulement, on a du mal à expliquer précisément pourquoi. Le courrier électronique, les SMS, les blogs, les podcasts, YouTube, MySpace, Facebook – tout cela existait avant Twitter. Il y avait d'autres sites de microblogging, et il y en a encore. La valeur ajoutée de Twitter est plus subtile, plus contextuelle. C'est un créneau à l'intérieur d'un écosystème de modalités de communication en évolution permanente. Si nous attribuons l'épithète *créatif* à Twitter, c'est parce que c'est une réussite. Il n'est pas évident que quiconque, même les gens de chez Twitter, eût pu prévoir cette réussite. Les innovateurs essaient des choses intéressantes et espèrent surfer sur la crête de la vague.

Oxbridge et IBM

Les travaux des psychologues fournirent une justification théorique à un phénomène qui était déjà en train de se produire : l'utilisation de questions énigmatiques et parfois saugrenues dans l'évaluation du personnel. En Grande-Bretagne, les candidats à l'admission aux universités d'Oxford et de Cambridge sont depuis longtemps soumis à des entretiens de sélection difficiles. Au nombre des « questions d'Oxbridge », on trouve des paradoxes philosophiques et autres énigmes, souvent agrémentés d'une note toute britannique de fantaisie[13]. *Une scoute a-t-elle un programme politique ? Comment décririez-vous un humain à une personne originaire de Mars ? Quel pourcentage du volume total de l'eau terrestre est contenu dans une vache ? Est-il moral ou immoral de brancher un psychopathe (dont le seul plaisir est de tuer) sur une machine à simuler la réalité de façon qu'il puisse « tuer » autant qu'il le désire ?* Et, à l'attention des étudiants en théologie de Cambridge, cette colle : *Pourrait-il y avoir un second avènement si l'humanité disparaissait de la planète ?*

Aux États-Unis, l'industrie de l'informatique était particulièrement réceptive aux questions d'entretiens du genre casse-tête. On attribue souvent l'origine de cette pratique à IBM. L'un de ses légendaires ingénieurs, John W. Backus, était un cauchemar du service des ressources humaines, un homme dont les nombreux talents défiaient toute mesure[14]. Après avoir échoué à ses examens à l'université de Virginie, Backus fut enrôlé dans l'armée américaine pendant la Seconde Guerre mondiale. Les militaires le soumirent à une batterie de tests d'aptitude et conclurent qu'il était trop brillant pour le service actif. Au lieu de quoi il fut renvoyé à ses études supérieures aux frais de l'État.

Backus fit donc une maîtrise de mathématiques à l'université Columbia. Par une heureuse coïncidence, il se promena un jour près du siège d'IBM sur Madison Avenue. La firme y exposait une de ses nouvelles calculatrices électroniques, prodige de miniaturisation à peu près de la taille d'un bureau de Manhattan. Perplexe, Backus contemplait l'objet lorsqu'un guide-accompagnateur IBM l'aborda et commença à lui poser des questions. Backus mentionna qu'il étudiait les maths. Le guide lui fit signe de monter à l'étage pour ce qui s'avéra être un entretien de recrutement. Il consistait en une série d'énigmes logiques.

C'était en 1950, et les gens d'IBM étaient dans l'embarras. Ils commençaient à comprendre, un peu tard, que la conception de logiciels ne relevait pas du tout de l'électrotechnique, mais était un domaine entièrement nouveau, auquel ne correspondaient ni un nom ni un programme d'études. Le terme *software* – « logiciel » – n'existait pas ; quant au matériel, le mot *hardware* – « quincaillerie » – évoquait des clés anglaises et la plomberie sanitaire[15]. Il était concevable que les spécialistes dont IBM allait avoir besoin puissent avoir les formations les plus diverses. Leur demander d'élucider des énigmes logiques était une tentative, si improvisée fût-elle, pour identifier ceux capables de penser selon des modalités nouvelles.

Backus se montra assez convaincant dans la résolution des énigmes pour être engagé sur-le-champ. Il finirait par diriger l'équipe qui produisit le Fortran, premier langage de programmation de haut niveau, dont l'importance dans le domaine du logiciel a pu être comparée à celle du transistor pour le matériel informatique. Comme personne n'avait l'expérience ni la formation associées aux langages de programmation de haut niveau – puisque ces derniers n'existaient pas –, Backus fut obligé de ratisser large. « On prenait quiconque semblait posséder des aptitudes pour la résolution de problèmes – des joueurs de bridge, des joueurs d'échecs, et même des femmes », déclara Lois Haibt[16], diplômée en mathématiques recrutée juste après avoir quitté le Vassar College. L'équipe atteignit la dizaine de membres, dont un cristallographe et un décrypteur. Backus décrivait son propre processus créatif en des termes très semblables à ceux utilisés par Edison ou E. P. Torrance : « Vous devez générer beaucoup d'idées, et ensuite vous devez travailler très dur pour découvrir qu'en fin de compte elles ne marchent pas. Et vous répétez le cycle jusqu'à ce que vous en trouviez une qui marche[17]. »

En 1957, William Shockley, le plus querelleur des trois hommes à qui l'on attribue l'invention du transistor, émigra sur la côte ouest pour fabriquer et commercialiser du matériel électronique. Son Laboratoire des semi-conducteurs Shockley, la première start-up de la Silicon Valley, était installé à Mountain View, à quelques minutes à bicyclette du site actuel du Googleplex. Shockley était tellement maniaque de l'utilisation des énigmes logiques dans les entretiens d'embauche qu'il chronométrait les candidats. Ce qui aurait peut-être dû les mettre en garde. Au travail, Shockley était une vraie terreur. Quelques mois seulement après avoir été recrutés, huit de ses employés les plus brillants – les « Huit Traîtres » – en eurent tellement marre qu'ils démissionnèrent. Ils fondèrent ensuite des sociétés comme Fairchild Instruments et Intel. Depuis lors, énigmes et casse-tête n'ont cessé d'être au menu des entretiens de recrutement dans l'industrie de l'informatique.

Vendre au diable l'âme de Sergey

En juillet 2004, deux mystérieux panneaux publicitaires furent érigés à des extrémités opposées des États-Unis. L'un au Massachusetts, sur Harvard Square ; l'autre en Californie, sur l'autoroute 101 – dans l'emprise de la Silicon Valley. Chaque panneau affichait un texte écrit en noir sur fond blanc :

{first 10-digit prime found
in consecutive digits of *e*}.com

Premier nombre premier à 10 chiffres trouvé
dans des chiffres consécutifs de *e*.

Rien n'indiquait qui avait installé les panneaux ni ce dont ils étaient censés faire la réclame.

C'était un test. Comme on pouvait s'y attendre, la publicité se fit toute seule. Une horde de blogueurs portés sur les maths commentèrent les panneaux ; puis, la radio non commerciale NPR consacra une émission à ce mystère. L'un des premiers à élucider l'énigme fut le physicien et mathématicien iconoclaste Stephen Wolfram. Né à Londres en 1959, Wolfram était un jeune prodige qui avait publié un article important sur les quarks à l'âge de dix-sept ans. Trois ans plus tard, il obtenait un doctorat en physique des particules à Caltech. Dans les années 1980, Wolfram bénéficia d'une bourse MacArthur, travailla à l'institut d'études avancées de Princeton et collabora avec Richard Feynman. En 1987, il fut le cofondateur de Wolfram Research, société créée pour commercialiser Mathematica, programme de calcul utilisé par les scientifiques et ingénieurs du monde entier. Il ne fallut à Wolfram qu'une seule ligne de code Mathematica pour résoudre l'énigme du panneau publicitaire.

Laissez-moi vous expliquer ce que demandait ce panneau. Commencez à l'intérieur des accolades par la lettre *e* en minuscule et en italique. Il s'agit de la constante d'Euler, soit environ 2,71828... Une manière d'expliquer *e* est de dire qu'elle mesure la puissance dans le calcul des intérêts composés. Si vous empruntez 1 dollar à un taux d'intérêt usuraire de 100 % composé journellement, vous devrez rembourser un peu moins de *e* dollars à la fin de l'année, soit 2,71 dollars.

Mais *e* n'apparaît pas seulement dans les intérêts composés. C'est un nombre quasi mystique qui se retrouve dans divers contextes mathématiques (dont la plupart n'ont rien à voir avec l'usure)[18]. À cet égard, *e* est comparable au nombre pi, plus connu, souvent présent dans des formules qui n'ont pas de lien avec le cercle. Comme pi, *e* ne peut s'exprimer exactement en notation décimale. C'est une suite de chiffres infinie, qui commence par 2,71828… et ne se répète jamais.

C'est ainsi qu'il s'intègre à l'énigme proposée : comme les chiffres de *e* ne se répètent jamais, on peut s'attendre à trouver n'importe quelle suite de chiffres dans *e* si l'on cherche assez longtemps. Votre numéro de téléphone est dans *e*, quelque part. Comme le numéro de téléphone, le coefficient de solvabilité et la moyenne à la batte d'un peu tout le monde. Le chiffre de la population du globe, les numéros gagnants du Loto de demain et la température actuelle à Tanger sont là aussi.

Les panneaux demandaient le premier nombre *premier* à dix chiffres apparaissant dans la série des chiffres de *e*. Un nombre premier est tout nombre divisible uniquement par lui-même ou par 1. Sept est un nombre premier, et 23 aussi. Huit n'est pas un nombre premier, puisqu'il est divisible par 2 et par 4. Vingt-cinq non plus, qui est divisible par 5. On sait depuis l'Antiquité grecque que la répartition des nombres premiers n'obéit pas à un schéma précis. Il y a des nombres entiers de toutes les tailles.

On connaît bien des moyens de déterminer les chiffres de *e*, d'une part, et d'identifier les nombres premiers, d'autre part. Pour nous autres humains du XXIe siècle, la méthode la plus facile est d'interroger Google. Des centaines de sites Internet vous donneront *e* avec plus de décimales que vous n'en aurez jamais besoin. D'autres sites vous fourniront des listes de nombres premiers.

Ce n'est pas aussi utile qu'on pourrait l'espérer. Si vous vouliez localiser la première occurrence d'un nombre spécifique court (comme votre poids) dans *e*, vous n'auriez qu'à naviguer jusqu'à une page énumérant les chiffres, et utiliser la fonction Recherche de votre navigateur pour trouver le nombre désiré. Malheureusement, il y a quantité de nombres premiers à dix chiffres : plus de 400 millions. Vous seriez obligé de tous les tester, comme un cambrioleur essayant une à une toutes les combinaisons d'un coffre. Même avec l'aide d'un collaborateur pour vous fournir des nombres premiers, et en supposant que vous puissiez en tester un par seconde, jour et nuit sans dormir, il vous faudrait environ quatorze ans pour épuiser toutes les possibilités.

La seule manière réaliste de résoudre l'énigme est d'écrire du code. C'est ce qu'a fait Stephen Wolfram. Par bonheur, Mathematica est optimisé pour effectuer le type de calculs mathématiques théoriques nécessaire. La ligne de code unique rédigée par Wolfram était celle-ci[19] :

```
Select[FromDigits/@Partition[First
[RealDigits[E,10,1000]],10,1],PrimeQ,1].
```

Ce qui identifia promptement le nombre premier à dix chiffres recherché comme étant 7 427 466 392. Il commence à la quatre-vingt-dix-neuvième position à droite après la virgule :

> 2,71828182845904523536028747135266249775724
> 709369995957496696762772407663035354759457
> 1382178525166427427466391…

Le panneau avait placé un *.com* après l'accolade de droite. Wolfram saisit donc « 7427466391.com » dans la barre d'adresse de son navigateur, et cette adresse le conduisit sur une page qui disait :

Félicitations. Vous avez atteint le niveau 2.

Suivait une deuxième énigme. La réponse correcte qualifiait l'enquêteur pour le troisième niveau. Bientôt, dans le monde entier, des surdoués se colletaient avec les énigmes. Comme dans un jeu vidéo, le nombre de joueurs restants diminuait à chaque niveau successif. Finalement, au terme d'une série d'énigmes, arrivait le prix (ou le Schmilblick) : l'invitation à envoyer son CV à Google.

Peut-être qu'aucune entreprise n'a fait autant pour populariser l'usage des défis intellectuels dans le recrutement que Google. En tant qu'enfant d'immigrés russes au Maryland, Sergey Brin parlait peu l'anglais, mais faisait ses délices des énigmes mathématiques. Le jeune Larry Page était fasciné par l'inventeur excentrique Nikola Tesla[20]. À l'université du Michigan, Page construisit une imprimante à jet d'encre fonctionnelle en briques Lego.

Les cinq premières années de l'existence de Google, Page ou Brin, ou les deux interrogeaient chaque candidat[21]. Même aujourd'hui, Larry Page appose sa signature au bas de chaque contrat d'embauche. Les fondateurs étaient connus pour leurs questions d'entretiens inusitées. Lorsque l'avocate Alissa Ley fut sur la sellette, Brin lui demanda de rédiger un contrat pour vendre son âme au diable. Il exigeait qu'il lui soit envoyé par courrier électronique dans les trente minutes.

« Au milieu de la bizarrerie surréelle de la chose, raconte Alissa Ley, j'avais oublié de lui poser toutes sortes de questions de nature juridique : les types de garanties dont il avait besoin, les conditions particulières qu'il voulait attacher à la cession, et ce qu'il souhaitait en échange de son âme. Mais ensuite, je me suis rendu compte que je n'avais rien compris. Ce qu'il cherchait, c'était quelqu'un capable d'encaisser une balle courbe comme au base-ball, et même d'y prendre plaisir, et qui pouvait s'épanouir en s'attaquant à un problème inattendu[22]. » Alissa Ley fut recrutée.

Les panneaux publicitaires de Google n'étaient pas tout à fait ce qu'ils semblaient être. La société croulait déjà sous un déluge de CV. Les individus surdoués qui avaient effectivement résolu les énigmes et qui voulaient être embauchés n'eurent pas droit à un traitement de faveur. Le « coup » des panneaux était pour Google essentiellement un moyen de polir son image d'entreprise à la pointe de l'innovation. Pour un investissement minime, ces publicités attirèrent sur Google l'attention des médias traditionnels et un flux de marketing viral. Tout le monde ne s'en aperçut pas, et beaucoup de ceux qui s'en aperçurent avaient dû conclure que Google débordait de geeks irrécupérables. Or presque tous les gens dotés des qualifications nécessaires pour travailler chez Google entendirent effectivement parler de l'opération des panneaux, d'une manière ou d'une autre. Elle avait certes attiré l'attention de génies de classe internationale qui n'étaient pas demandeurs d'emploi, comme Stephen Wolfram, mais son rôle était surtout de faire en sorte que les ingénieurs en logiciel désireux de changer d'employeur pensent d'abord à Google.

L'Église d'Apple

S'il y a une entreprise encore plus cool que Google, c'est bien Apple. Le problème, pour qui voudrait entrer chez Apple, c'est « la quantité de gens qui se feraient couper un testicule pour y avoir un job », signala un candidat[23]. Il visait un poste dans un magasin Apple qui allait ouvrir en Floride – un emploi de vendeur rémunéré environ 11 dollars de l'heure. Mais c'était sans compter avec l'Église d'Apple :

> « Avez-vous déjà été membre d'une Église où tout le monde est totalement acquis à l'idée d'un Dieu d'amour qui nous surveille tous ? Si c'est le cas, vous pouvez probablement comprendre le processus des entretiens chez Apple. Le processus de sélection s'étalait sur une période de deux à trois mois pour l'ouverture d'un nouveau magasin. Il consistait en une présentation de la société par les employés – quatre ou cinq inconditionnels qui prêchent l'excellence des produits Apple et leur pouvoir de changer votre vie – ; ensuite, on vous demande de vous lever et de vous présenter, après quoi c'est le moment de danser comme un singe savant avec l'approbation du directeur du recrutement […]. Tout ce processus vous donne vraiment l'impression nauséabonde de passer des tests pour entrer dans une combine de type pyramidal[24]. »

Vous avez probablement déjà remarqué que le personnel des magasins Apple est aussi soigneusement sélectionné que les employés de Disneyland. Chacun joue son rôle à la perfection. Tout le monde est cool. Pourquoi ? Parce qu'on refuse énormément de monde. Lorsqu'en 2009 Apple ouvrit son magasin à Manhattan dans l'Upper West Side, il reçut près de 10 000 candidatures et n'en accepta que 200 (soit environ 2 %)[25]. L'une des questions posées lors des entretiens de recrutement collectifs chez Apple en dit long sur sa culture d'entreprise : « Que s'est-il passé en 2001 ? » Si vous mentionnez le 11 Septembre, on vous informera froidement qu'il y a d'autres bonnes réponses. Les réponses « correctes » : « L'iPod a été lancé ! » et « Le premier Apple Store a ouvert ! »

C'est une technique de recrutement appropriée au sous-ensemble d'entreprises qui peuvent se la permettre. La tonalité cool assure à la société qu'elle recevra des douzaines de candidatures pour le moindre poste vacant, et que les candidats, dans le cadre contraignant de l'entretien, se soumettront à un feu roulant d'énigmes à résoudre, de prouesses acrobatiques, de tests et de bizutages. À la fin, les recruteurs écrèment les talents les plus éblouissants de la tête du classement et rejettent tous les autres candidats (dont la plupart peuvent être parfaitement qualifiés). S'il n'est pas difficile de comprendre pourquoi la sélection s'opère ainsi, le fait que tant de postulants soient hypnotisés par la mystique attachée à telle ou telle entreprise demeure un mystère.

Il n'y a pas si longtemps, les gens qui cherchaient du travail se noircissaient les doigts en scrutant la rubrique des offres d'emploi de leur journal local. La plupart des annonces émanaient d'employeurs locaux. L'Internet et Monster.com ont ouvert les yeux des demandeurs d'emploi sur un monde de possibilités au-delà de leur ville d'origine. Des articles comparant les avantages en nature et les « facteurs intangibles » (les habitudes maison) de la culture d'entreprise attirent des foules de candidats vers les sociétés les plus cotées. Pour ces sociétés, le bouche-à-oreille a le même effet que celui qu'il produit sur les boîtes de nuit les plus connues. Il est très difficile d'y entrer.

À Silicon Valley, des avantages en nature incongrus ont une histoire presque aussi longue que les questions d'entretiens perverses. Hewlett-Packard a été l'un des pionniers en offrant des repas gratuits, et des primes généreuses pour les jeunes mariés et les parents d'un nouvel enfant[26]. Bien des prestations offertes chez Google ont été copiées sur celles d'autres sociétés comme Genentech (les rénions informelles du vendredi) et Facebook (emmenez votre chien au travail)[27]. Aujourd'hui, des repas préparés par un vrai cuisinier sont la norme à Silicon Valley, et une naissance vous rapporte entre 4 et 5 000 dollars. Comme l'a dit Larry Page : « Nos concurrents sont obligés d'être concurrentiels dans certains de ces domaines[28]. »

Générosité ou « égoïsme rationnel » tel que la théoricienne Ayn Rand aurait pu l'approuver ? Lorsque les premiers investisseurs de Google se méfièrent des repas gratuits, Sergey Brin leur opposa un raisonnement typiquement quantitatif : autrement, les employés seraient contraints de prendre leur voiture pour aller déjeuner, d'attendre d'être servis, et de revenir[29]. Le repas sur le campus Google économise trente minutes par employé et par jour. Sur ces bases, cette restauration est rentable.

Plus sérieusement, il y a des preuves montrant que les entreprises pour lesquelles la plupart des gens veulent travailler sont « meilleures » à presque tous les égards. Alex Edmans, enseignant et chercheur en économie à la prestigieuse Wharton School, a calculé qu'un portefeuille d'actions des « 100 Entreprises les plus désirables » désignées par le magazine *Fortune* de 1984 à 2005 était plus performant que le reste du marché de 4,1 % par an[30].

Pourquoi ? Robert Levering et Milton Moskowitz, auteurs des listes annuelles de *Fortune*, soutiennent depuis longtemps que l'ingrédient crucial de leurs « meilleurs lieux de travail » est la confiance. Nous vivons – ce n'est un secret pour personne – à une époque cynique. Combien de temps passe-t-on dans une entreprise typique à se moquer du patron ? On travaille plus dans les rares endroits où les employés se soucient du produit, de leurs supérieurs et de l'entreprise elle-même.

Larry Page se rappelle qu'un de ses grands-pères, employé chez Chevrolet à Flint, au Michigan, allait au travail muni d'un tuyau métallique recouvert de cuir[31]. C'était pour se protéger des nervis payés par l'entreprise pendant les grèves. Page, qui aspira à fonder sa propre société dès l'âge de douze ans, a conclu très tôt que des travailleurs malheureux ne sont pas des travailleurs productifs.

Des entreprises comme Google et Apple ne ménagent pas leurs efforts pour se présenter comme des lieux de travail créatifs et tolérants. Des avantages en nature inédits représentent peut-être la part la moins importante de ces efforts, mais c'est là une manière éclatante de montrer que la direction attache de la valeur à son capital humain. À Silicon Valley, au moins, ces prestations ne furent guère réduites lorsque la bulle éclata, et les avantages en nature semblent revenir assez fort. À côté de petites sociétés spécialisées dans les jeux et le réseau social, Google semble maintenant démodé et un peu radin. Chez l'éditeur de logiciels Asana, les nouveaux employés ont droit à un crédit de 10 000 dollars à dépenser en matériel informatique et électronique. On a parfois l'impression que les entreprises ont du mal à trouver une nouvelle carotte à agiter sous le nez d'employés potentiels. Après la journée de travail, Scribd transforme ses bureaux de San Francisco en piste de karting. Il y a aussi une tyrolienne. Zynga, qui crée des applications de jeux pour les réseaux sociaux, promet d'envoyer quelqu'un au domicile des salariés pour attendre à leur place l'installateur du téléphone ou du câble. « Nous avons des employés pour qui c'est le premier job après la fac, note la DRH de Zynga, Colleen McCreary. J'aurais peur qu'ils aient un jour l'idée d'aller travailler ailleurs[32]. »

Peut-être n'est-il pas surprenant que les employeurs se plaignent que de nombreux postulants formulent des exigences – même dans une période de reprise sans création d'emplois. Une récente étude a trouvé que 41 % des nouveaux diplômés de 2010 refusaient des offres d'emploi, pourcentage identique à celui de l'année faste 2007[33]. Et quand les recruteurs demandent au candidat s'il a des questions à poser, les avantages en nature sont souvent l'objet d'une intense curiosité. Un recruteur signale le cas d'un postulant qui se montra indûment intéressé par les prestations juridiques offertes par la société : « Il voulait savoir si cela couvrait les frais engagés pour intenter un procès, s'il serait couvert s'il était lui-même poursuivi, si cela s'appliquait à des procès dans lesquels il pourrait déjà être impliqué, et s'il pouvait "théoriquement" s'en servir pour intenter un procès à la société elle-même[34]. »

Certaines questions d'entretiens actuelles visent autant à éliminer les gros bébés gâtés qu'à trouver des génies. Rakesh Agrawal, un consultant qui a travaillé pour Microsoft, AOL Search et le site Internet du *Washington Post*, aime demander aux candidats ce qu'ils pensent du produit de sa société. Une fois, Agrawal rencontra par hasard un candidat en ville et crut lui rendre service en lui disant que ce serait une bonne idée s'il étudiait le produit avant l'entretien. Le jour J, le candidat avoua qu'il n'avait pas essayé le produit. Il expliqua qu'il avait regardé le site Internet et avait décidé que le produit ne l'intéressait pas. « Il passait un entretien pour être vice-président du service commercial », précisa Agrawal.

QUESTIONS

Casse-tête classiques

Quelques casse-tête classiques en usage depuis longtemps dans les entretiens d'embauche des entreprises technologiques. Aujourd'hui, vous les rencontrerez également dans beaucoup d'autres secteurs. (Les réponses commencent p. 211.)

- Trois hommes et trois lions sont sur la rive d'un fleuve. Vous devez les transporter tous sur l'autre rive en utilisant un bateau unique qui ne peut prendre que deux créatures (homme ou lion) à la fois. Vous ne pouvez pas laisser les lions devenir plus nombreux que les hommes sur l'une ou l'autre rive du fleuve, parce que, alors, ils les mangeraient. Comment effectueriez-vous ce transport ?

- En utilisant exclusivement un sablier de 4 minutes et un sablier de 7 minutes, mesurez exactement 9 minutes.

- Trouvez le nombre minimal de pièces qu'il faut pour rendre une quantité quelconque de monnaie.

? Vous êtes dans une pièce obscure. On vous donne un jeu de cartes où *n* cartes sont à l'endroit, face vers le haut, les autres cartes étant retournées, face vers le bas. Vous ne pouvez pas voir les cartes. Comment feriez-vous pour trier les cartes en deux paquets, avec le même nombre de cartes à l'endroit dans chaque paquet ?

? On vous donne un cube de fromage et un couteau. Combien de fois vous faut-il couper le fromage pour obtenir 27 petits cubes ?

? Il y a 3 boîtes, dont une seule contient le prix convoité ; les deux autres sont vides. Vous pouvez choisir 1 boîte, mais on ne vous dit pas si elle contient l'objet. Au lieu de quoi on ouvre l'une des boîtes que vous n'avez pas choisies, et elle s'avère vide. Vous avez le droit de garder la boîte que vous avez initialement choisie ou de l'échanger contre l'autre boîte non ouverte. Que faites-vous ?

? Vous êtes dans une voiture, un ballon rempli d'hélium est attaché au plancher. Les vitres sont remontées. Quand vous appuyez sur l'accélérateur, que fait le ballon : il part en avant, en arrière, ou reste sur place ?

3.

SURENCHÈRE GOOGLEGLAUQUE

Comment la crise a banalisé les questions bizarres dans les entretiens de recrutement

On dit qu'il fut un temps où Walmart était obligé d'engager tout individu qui n'était pas cliniquement mort. Cette boutade a depuis longtemps dépassé sa date de péremption. Dans le triste contexte économique actuel, Walmart est inondé de candidatures, quel que soit le poste proposé. Beaucoup émanent de gens douloureusement sur-qualifiés, ce qui a conduit la chaîne de supermarchés à relever le niveau intellectuel de ses questions d'entretiens. Un exemple parmi d'autres : « Que feriez-vous si un client ou une cliente entrait dans le magasin sans porter de vêtements les couvrant d'une manière appropriée ? » Ce n'est peut-être pas aussi difficile que les questions dont Google a la spécialité, mais c'est une énigme psychologique subtile qui mérite mieux qu'une réplique facile. Une bonne réponse admettrait qu'il peut y avoir plus d'une sorte de contrevenants à la mode. Des adolescent(e)s arborant des fringues branchées provocantes que leurs pairs trouvent cool sont à distinguer des adultes mentalement perturbés portant une tenue mal choisie. Walmart aime voir des candidats qui ne se limitent pas à une réponse de type « taille unique ».

Le géant de la distribution a raison de se montrer difficile. En septembre 2009, le ministère du Travail a indiqué qu'il y avait six fois plus de demandes que d'offres d'emploi[1]. Ces statistiques du chômage ont contribué à diffuser les énigmes, les questions pièges et les marathons enchaînant les entretiens dans toute la gamme des professions, et ce jusque dans des secteurs moins matures et moins à la pointe du progrès.

> « Si vous pouviez être le super-héros de votre choix, ce serait qui ? »
> « Quelle couleur représente le mieux votre personnalité ? »
> « Quel animal êtes-vous ? »

Ces questions ne proviennent pas d'une start-up loufoque de Silicon Valley – elles sont posées, dans l'ordre, chez AT&T, Johnson & Johnson et à la Bank of America. Les employeurs d'aujourd'hui n'ont plus de scrupule à tirer le meilleur parti de l'occasion sans précédent qui leur est offerte de se montrer sélectifs. Malheureusement, il n'existe pas de moyen totalement sûr d'identifier les employés les plus talentueux et les plus motivés. Dans les entreprises traditionnelles, tout comme dans le secteur technologique, des procédures inhabituelles, parfois trompeuses, apparaissent au nom de l'évaluation de la « créativité » ou de « l'adéquation culturelle ».

« La plupart des gens ne dirigent pas d'entretiens très fréquemment, explique le consultant Rakesh Agrawal[2]. Ils le font peut-être deux fois par an. On fait les genres de trucs dont on a entendu parler, et ça se perpétue. » Les questions d'entretiens insolites sont un même, comme une blague ou une vidéo virale. C'est leur capacité à retenir l'attention, plutôt que la preuve de leur efficacité, qui les maintient en circulation.

Les filtres et les épreuves de vérité

Quand le marché du travail s'est effondré en 2008, les employeurs ont commencé à recruter dans les salons de l'emploi ou par téléphone. Dans ces entretiens, le recruteur propose ce qu'on appelle des questions filtres ou des épreuves de vérité. Il s'agit de critères ou de questions simples qui sont censés éliminer les « indésirables ». Il paraît que c'est indispensable vu la profusion des candidats. Les questions filtres peuvent tester les connaissances pertinentes au poste visé, la motivation, la personnalité, la conformité à la culture d'entreprise et l'aptitude à gérer le stress. Les postulants ont souvent du mal à voir où l'on veut en venir. Mais ceux qui donnent de « mauvaises » réponses n'accèdent généralement pas au stade suivant de l'entretien.

Rakesh Agrawal demande aux candidats de nommer leur produit Internet favori. Sa question suivante est : « Comment feriez-vous pour l'améliorer[3] ? » C'est en réalité un détecteur de baratin. « J'ai eu des gens qui m'ont dit être vraiment passionnés par Gmail, et qui m'ont ensuite parlé des fonctions qu'ils voulaient lui ajouter… et qui étaient déjà dans le produit depuis le début. »

Beaucoup de sociétés posent des questions très précises sur l'entreprise elle-même. On estime qu'un postulant vraiment motivé aura fait un minimum de recherches. Les recruteurs de chez Goldman Sachs demandent aux candidats le cours de l'action en Bourse. Johnson & Johnson demande parfois quel est le plus gros procès en cours intenté à lui-même – une reconnaissance ironique des réalités de l'industrie pharmaceutique.

Morgan Stanley demande aux candidats de citer un article récent qu'ils ont lu dans le *Financial Times* – apparemment, beaucoup n'y arrivent pas –, ou de donner la racine carrée de 0,01 (c'est 0,1). Chez JPMorgan Chase, on demande la valeur de pi. Le nombre de décimales que le candidat peut énoncer est censé être révélateur.

Bloomberg LP insiste sur l'aptitude à relire un texte. Dans certains tests, les candidats doivent compter le nombre de fois où apparaît une lettre donnée, en majuscule ou en minuscule de casse, dans un paragraphe. C'est plus difficile que cela n'en a l'air. (Vous ne le croyez pas ? Comptez les *l* de ce paragraphe. Il y en a 15.)

À Wall Street en particulier, les entretiens peuvent frôler le bizutage. Chez Bloomberg, les recruteurs peuvent interrompre les candidats pendant qu'ils tentent de répondre. « Chaque fois que je donnais une réponse, ils disaient, "Vous en êtes sûr ?" se rappelle un candidat. Quand j'écrivais du code, ils le contestaient en rigolant ; ils essaient de vous déstabiliser, même quand vous avez raison[4]. »

Peter Muller, directeur du fonds de spéculation PDT de Morgan Stanley, est célèbre pour demander aux postulants d'estimer la quantité d'argent liquide dans son portefeuille « avec une assurance de 95 % »[5]. Le candidat est censé donner deux chiffres, un minimum et un maximum, et être sûr à 95 % que la somme réelle se trouve dans cette fourchette.

Prudents, les candidats choisissent généralement 0 comme minimum (un personnage comme Muller pourrait se dispenser d'avoir de l'argent liquide sur lui), et peut-être 500 dollars comme maximum. Immédiatement, Muller tire 500 dollars de son portefeuille. *Et si vous révisiez votre estimation ?* Les candidats le font, et, quel que soit le maximum qu'ils indiquent cette fois-ci, Muller le trouve dans son portefeuille, tel un prestidigitateur.

« Si vous étiez un personnage de dessin animé, lequel seriez-vous, et pourquoi ? » C'est une question que la Bank of America a posé à d'éventuels futurs agents des services bancaires[6]. « J'ai dit l'ours Yogi, se souvient un candidat. Je ne me rappelle plus pourquoi j'ai dit ça, mais les recruteurs ont applaudi comme un seul homme. » Il obtint le poste sur-le-champ.

Des questions comme celle-là, parfois franchement stupides, se sont répandues. Puisqu'il n'est pas vraiment indispensable d'être un génie des mathématiques ou de la technologie pour gérer la plupart des entreprises, les sociétés généralistes ont redoublé d'efforts pour trouver l'adéquation parfaite entre le candidat et la culture d'entreprise. Les entretiens d'embauche finissent par ressembler à une séance de rencontres express. Les recruteurs de chez Whole Foods demandent aux candidats de décrire leur meilleur « dernier repas ». C'est un moyen rapide d'évaluer les connaissances et la passion gastronomiques d'un postulant. Le voyagiste Expedia pose des questions comme : « Si vous pouviez faire du camping n'importe où, où dresseriez-vous votre tente ? »

La société de prospection pétrolière Schlumberger a une idée très précise des personnalités qu'elle recherche : des ingénieurs extravertis. Peut-être pense-t-elle qu'un individu expédié dans une succession d'avant-postes éloignés deviendra fou à moins de pouvoir rapidement se faire des amis. Aussi la procédure de sélection chez Schlumberger est-elle structurée de façon à éliminer les gens qui ont tendance à faire tapisserie. Des week-ends de recrutement sont donc organisés dans des hôtels : les candidats discutent au bar avec les recruteurs qui peuvent leur poser des questions comme : « Quels sont vos passe-temps préférés ? » Si vous répondez : « Lire le dernier Jonathan Franzen », vous êtes mal parti.

Il y a beaucoup d'incertitude sur la meilleure manière de répondre aux questions du type « sur une échelle de 1 à 10 », en vogue ces derniers temps. Wells Fargo demande aux candidats de noter leur compétitivité de 1 à 10. Dans la pratique, presque tout le monde s'attribue 8 et au-dessus, et si vous voulez décrocher le poste, vous devrez éviter la fausse modestie.

Le site de commerce en ligne Zappos pose une question plus épineuse : « Sur une échelle de 1 à 10, à combien estimez-vous votre bizarrerie ? » La réponse préférée est quelque part entre les deux extrêmes, expliquait Tony Hsieh, PDG de Zappos. Un 1 « est probablement un peu trop collet monté pour nous », et un 10 « risquerait d'être trop psychotique »[7].

Il est possible de rater une épreuve de vérité sans s'en apercevoir. D'après un recruteur, les magasins Nordstrom éliminent plus de 90 % des candidates avec un simple test en trois lignes :

- La candidate porte-t-elle du noir ?
- Porte-t-elle des chaussures à talons ?
- Porte-t-elle une montre ?

La réponse devrait être oui à chaque fois. Il est difficile d'être plus arbitraire. Mais vu que pratiquement toutes les vendeuses meurent d'envie de travailler chez Nordstrom (cinquante-troisième des « 100 Entreprises les plus désirables » sur la liste 2010 de *Fortune*), certains recruteurs jugent qu'il n'y a guère de raisons de prendre en considération quiconque ne se conformerait pas à leur code vestimentaire secret[8].

Tout aussi cachée est l'incontournable évaluation de personnalité dite « test de l'aéroport ». Après avoir interrogé le candidat, les recruteurs évaluent entre eux son degré de sympathie. Comme l'explique Larry Page : « Imaginez-vous que vous êtes coincé dans un aéroport avec cette personne au cours d'une longue escale dans un voyage d'affaires. Ça vous réjouirait ou ça vous attristerait[9] ? » On veut engager des collaborateurs avec qui on ne s'ennuierait pas.

Aujourd'hui, les deux filtres les plus répandus sont certainement le coefficient de solvabilité et la situation d'emploi. Beaucoup d'entreprises répugnent à engager des gens qui ont des problèmes de solvabilité, ou des demandeurs d'emploi. Pourquoi ? La théorie est que des problèmes de solvabilité révèlent un mauvais jugement – non seulement dans la gestion du budget personnel, mais aussi au travail. « Si vous voyez des antécédents de prises de décision malheureuses, vous ne voulez pas qu'elles se reproduisent dans votre organisation », déclare Anita Orozco, DRH chez les produits chimiques Sonneborn[10].

Encore plus machiavélique est la pratique consistant à ne pas embaucher de demandeurs d'emploi. Elle se fonde sur la supposition que les entreprises gardent naturellement les « meilleurs » collaborateurs quand elles licencient du personnel. Par conséquent, le haut du panier se trouve concentré dans des entreprises qui ont procédé à des licenciements, et ce sont ces gens-là que vous voulez engager – et non quiconque a réellement besoin de trouver du travail. « La plupart des recruteurs de cadres ne s'intéresseront pas à un candidat sans emploi, même s'ils n'aiment pas le reconnaître », a déclaré à CNNMoney.com Lisa Chenofsky Singer, consultante en ressources humaines spécialisée dans les médias et l'édition[11].

Les candidats qui ont la chance de se voir accorder un face-à-face avec un recruteur peuvent s'attendre à subir de nouveaux entretiens. « Assurément, nous multiplions les épreuves, et plus que jamais », déclare Michelle Robinovitz, recruteuse chez Aarons Grant & Habif, un cabinet d'expertise comptable d'Atlanta régulièrement en tête des listes locales des entreprises les plus désirables[12]. « En des temps meilleurs, précise-t-elle, nous faisions un ou deux entretiens. Maintenant, nous voulons vraiment nous assurer que le candidat convienne et nous faisons un minimum de quatre entretiens. » Michelle Robinovitz prédit que cette tendance survivra à la récession[13]. Les entreprises ont découvert qu'elles ont besoin d'être « rationalisées » et que les erreurs de recrutement coûtent cher.

Toutes les sociétés ne peuvent se permettre de payer l'avion à des candidats convoqués pour une journée d'entretiens intensifs, comme cela arrive chez Google. Plus fréquemment, les postulants doivent affronter une torture plus kafkaïenne. On les reconvoque plusieurs fois pour une série indéterminée d'entretiens qui peuvent déboucher sur un emploi, un refus – ou même sur rien. Parfois, les convocations cessent carrément sans le moindre e-mail de remerciements. Il peut arriver que des candidats subissent une demi-douzaine d'entretiens en une demi-douzaine de jours et ne soient toujours pas fixés sur leur sort. À l'aune des anciennes normes, cinq nouvelles convocations auraient indiqué un intérêt certain. Aujourd'hui, cela peut ne rien vouloir dire.

Le suspense ne se termine pas avec les entretiens. Il est de plus en plus acceptable d'offrir à des candidats prometteurs d'être à l'essai (avec peu d'avantages en nature, voire pas du tout) pendant plusieurs mois. Chez Google, on parle de contractuels. Et vous savez quoi ? Cet « emploi » est en réalité un autre entretien. C'est seulement au terme de la période d'essai que la société décide de proposer ou non un emploi définitif. Bien sûr, cela ne marcherait pas avec un postulant qui aurait déjà un travail convenable, mais les hordes faméliques actuelles de chômeurs et de sous-employés sont disposées à s'accrocher à tout ce qui peut ressembler à un contrat.

Les questions d'entretiens non conventionnelles sont-elles efficaces ?

On ne sait toujours pas si les entretiens de plus en plus polymorphes, en vogue actuellement, réussissent à identifier de meilleurs employés. Le recours à des questions insolites et à des tests arbitraires semble aller à l'encontre d'un des rares principes fermes comme le roc des gestionnaires en ressources humaines contemporains, à savoir que toute méthode de sélection de candidats à un emploi devrait être en rapport étroit avec le poste visé.

La plupart des DRH font principalement confiance aux tests pratiques, dans lesquels on demande au candidat d'exécuter ou de simuler une tâche similaire à celle qu'il devrait accomplir s'il était embauché. Vendre l'âme de Sergey Brin au diable en était un exemple, un peu hors du commun, certes. Les études statistiques des tests pratiques (dont celle, célèbre, menée par AT&T de 1956 à 1965), ont montré une capacité annonciatrice impressionnante[14].

La justification habituelle des énigmes relatives à la *pensée créative* et des prodédures d'évaluation de la personnalité est qu'elles testent des aptitudes générales, qui ne sont pas liées à un ensemble de capacités spécifiques. Il est difficile de dire si elles y parviennent. Ce qui est certain, c'est que les questions « favorites » acquièrent chez certains recruteurs un statut de talisman. À l'instar des sportifs qui ne changent pas de maillot pendant une série de victoires, des recruteurs continuent de poser les mêmes questions à cause de quelques exemples mémorables où elles auraient « marché ». Le fait que nombre d'entreprises parmi les plus admirées et les plus novatrices utilisent de telles questions semble parler pour lui-même (« On ne peut pas critiquer le succès. »).

Ces deux idées tiennent-elles debout ? C'est loin d'être évident. La profession des ressources humaines recourt à une pléthore de pratiques habituelles de valeur non vérifiable. Le psychologue Daniel Kahneman raconte l'histoire d'un test qui a été utilisé par l'armée israélienne pour sélectionner les candidats à une école d'officiers. Un groupe de huit recrues en tenue banalisée sans insignes ni galons recevait l'ordre de faire passer un poteau télégraphique par-dessus un mur sans qu'il touche ni le mur ni le sol. L'idée était d'observer qui prenait les choses en main (« les leaders naturels ») et qui se mettait docilement en place derrière eux (« les suiveurs »). « Mais le problème, raconte Kahneman, était que nous n'arrivions pas à trancher. Une fois par mois, nous avions une "journée statistiques", pendant laquelle nous recevions les rapports de l'école d'officiers indiquant la précision de notre évaluation du potentiel des candidats. C'était toujours le même refrain : notre capacité à prédire le comportement à l'école était négligeable. Mais, le lendemain, il y aurait une autre fournée de candidats à conduire au parcours d'obstacles, où nous les mettrions littéralement au pied du mur pour voir se révéler leur vraie nature[15]. »

Des tactiques similaires sont encore à l'honneur dans tous les secteurs de l'économie américaine. Dans la surchauffe actuelle du marché du travail, un test courant consiste à installer un groupe de candidats au même poste autour d'une table de conférences pour une « discussion de groupe ». Ils savent qu'un seul d'entre eux décrochera le poste. La discussion devient un *reality show* en réduction, tandis que le recruteur note discrètement qui mène le jeu. Il est douteux que cela fonctionne mieux que le test de l'armée israélienne.

Prouver l'efficacité – ou l'inefficacité – d'une technique de recrutement est un exercice de statistiques complexe. S'il fallait exiger qu'un critère de sélection soit fiable à 100 %, les employeurs seraient obligés de distribuer les emplois au hasard. Il n'existe pas de critères 100 % fiables – ni l'expérience professionnelle, ni les mentions des diplômes, ni rien. Le recrutement est toujours un jeu de hasard. Beaucoup de candidats à un emploi se plaignent que certains individus talentueux réalisent des scores médiocres avec les questions insolites des entretiens actuels – et pensent donc qu'on ne devrait pas les utiliser pour décider qui engager. Pour les raisons données ci-dessus, cet argument n'est pas convaincant. Mais des études psychologiques indiquent que les gens ont tendance à considérer n'importe quel critère comme « injuste » quand il sert à décider qui va être recruté ou promu[16]. Ce sentiment d'injustice est plus prononcé quand le critère est peu connu. Un entretien de recrutement classique est une conversation. L'acceptation ou le refus de la candidature intervient plusieurs jours ou plusieurs semaines plus tard. Les questions liées à la pensée créative décident souvent de l'élimination au milieu de l'entretien, comme un coup en plein visage. Si vous avez échoué, vous saurez en général que vous avez échoué. Ce qui est plus douloureux qu'un refus notifié plusieurs jours plus tard. Certes, cette attitude n'a peut-être pas de sens, mais depuis quand les émotions doivent-elles avoir un sens ?

QUESTIONS

Le filtre de la compétence arithmétique

Les entreprises où l'on manie des chiffres posent souvent de brèves et redoutables questions mathématiques pendant leurs entretiens de premier contact par téléphone. Il se peut que vous soyez assis devant votre ordinateur pendant que vous répondez, mais ça n'aide pas toujours. Un crayon et du papier sont souvent plus utiles. (Les réponses commencent p. 233.)

? D'après un sondage, 70 % des gens aiment le café, et 80 % aiment le thé. Quelles sont les limites supérieure et inférieure pour la proportion de gens qui aiment à la fois le café et le thé ?

? À 3 h 15, quel est l'angle entre les aiguilles des minutes et des heures sur une horloge analogique ?

? Combien de nombres entiers entre 1 et 1 000 contiennent un 3 ?

? Un livre a *n* pages, numérotées de la manière habituelle, de 1 à *n*. Le nombre total des chiffres dans les numéros de pages est 1 095. Combien de pages a le livre ?

? Combien y a-t-il de zéros à la fin de la factorielle de 100 ? (C'est-à-dire 100 multiplié par tout nombre entier plus petit que lui-même, jusqu'à 1.)

4.

LA MACHINE À RECRUTER GOOGLE

Un sélectionné sur 130 candidats

En 2004, Steve Yegge, directeur du recrutement chez Amazon, afficha sur un blog un message qui fut lu de très nombreuses fois[1] :

> « Tout le monde sait que Google est très efficace pour engager des gens intelligents. Ce n'est pas seulement anecdotique ; les chiffres parlent d'eux-mêmes. Nous perdons un grand nombre de nos meilleurs candidats au profit de [Google] [...]. Ce qui n'est si pas clair, je crois, c'est que Google est tellement performant dans le recrutement technique qu'il ne s'agit pas seulement d'une différence d'ampleur, mais d'une différence de nature. On ne peut plus vraiment qualifier de recrutement ce que fait Google. Le terme *recrutement* implique que vous faites l'effort de rechercher des gens et d'essayer de les convaincre de venir travailler pour vous. Google a réussi à inverser ce processus. Les gens intelligents font maintenant la queue chez Google, et Google passe le plus clair de son temps à éconduire des gens de valeur. »

Que cherchent tous ces gens de valeur ? Ce n'est pas l'argent, bien que Google produise en série des employés milliardaires. (Les trente premiers employés de Google ont reçu des actions pour une valeur de 0,5 milliard de dollars dès 2008. Vous avez bien lu : 0,5 milliard pour chacun des trente[2].) Ce que Google offre tient plus de l'université d'élite ou de la cellule de réflexion. Mais les universités s'occupent de la théorie, et Google s'occupe de la pratique. Il offre un défi enivrant : créer le nouvel univers numérique. Selon l'analyse de Steve Yegge : « Les gens intelligents vont là où sont les gens intelligents, ce qui leur permet de lancer des trucs cool, ce qui attire plus d'attention ; et, brusquement, vous avez une boucle de rétroaction[3]. »

Un signal dans une mer de bruit

Chez Google, les ressources humaines s'appellent « People Operations » ou, plus familièrement, « People Ops ». Todd Carlisle, un juvénile psychologue d'entreprise aux cheveux longs, a commencé à travailler pour People Ops en 2004. « Ils avaient des tas de données, explique-t-il, et ils n'avaient personne pour les examiner, les analyser et leur dire ce qu'elles signifiaient[4]. »

Carlisle fut chargé d'effectuer des analyses statistiques pour déterminer quels facteurs comptent dans le recrutement. « Les fondateurs sont des ingénieurs, et ils sont habitués à chercher un signal dans une mer de bruit[5]. » Or, quand il s'agit d'êtres humains, la démarche statistique se heurte à une résistance. « C'est comme un ordinateur qui vous indique la personne que vous devriez épouser. Tous les gens ont l'impression de savoir ce qu'ils cherchent quand ils font passer un entretien. J'ai obligé les gens à prendre le temps de répondre, et je leur ai demandé : "Qu'est-ce que vous cherchez ?" J'ai eu des réponses totalement différentes venant de presque tout le monde. Alors je me suis dit : "Tous ces gens ne peuvent pas avoir raison." »

Carlisle a exploré les techniques des données biographiques chez Google. « J'ai commencé à examiner des questions comme "Quand avez-vous eu votre premier ordinateur ?" » explique-t-il[6]. Plus le candidat avait été exposé à l'informatique à un âge précoce, découvrit Carlisle, plus il était efficace chez Google, ainsi qu'en témoignaient les analyses trimestrielles de performance et d'autres critères. Une autre donnée annonciatrice était une version actualisée de la question d'Edward Cureton sur le modèle réduit d'avion : « Avez-vous jamais monté un ordinateur en kit ? » Comme la construction de modèles réduits d'avions, le montage d'ordinateurs en kit peut sembler une occupation de geek. Mais les gens qui l'ont pratiqué ont généralement une passion durable pour les ordinateurs. Cette passion augure bien de leur survie dans un environnement intense où tout le monde est obsédé par l'informatique.

En 2006, Todd Carlisle élabora l'Inventaire de candidature Google, test de personnalité conçu en interne pour mesurer l'adéquation culturelle (la « googlitude ») des recrues potentielles. La société commença par demander à tous les employés qui avaient au moins cinq mois de présence de remplir un questionnaire à trois cents rubriques. Les résultats furent comparés aux mesures statistiques de performance chez Google. Comme il s'y attendait, Carlisle trouva que bien des choses n'avaient pas d'influence sur la performance, mais que certaines en avaient. Le test fut progressivement affiné et fignolé, et, en 2007, Google demandait déjà aux postulants de remplir le questionnaire.

Malgré tout l'accent mis sur l'intelligence et l'ambition, les Googliens croient en un environnement ouvert et collaboratif qui contredit le stéréotype de l'ingénieur motivé mais solitaire. Le Googleplex respire la sociabilité. Les cloisons des box sont basses, si bien que personne n'est vraiment isolé – ou, comme un observateur extérieur pourrait le remarquer, si bien que personne n'a la moindre intimité. Larry Page et Sergey Brin ont partagé un bureau pendant une grande partie de l'histoire de la société. Ironiquement, les Googliens qui tiennent à avoir un moment de tranquillité cherchent refuge dans une salle de conférences déserte.

Il est par conséquent vital que les nouvelles recrues puissent s'épanouir dans ce que certaines pourraient considérer comme un environnement de type aquarium. « Nous aimons que les gens collaborent étroitement et qu'ils comprennent que tout ce qu'ils construisent, ils le construisent en équipe, explique Carlisle. Vous ne pouvez pas vous contenter de bosser sur votre morceau de code et de présumer qu'il est réussi ; il faut qu'il soit compatible avec le code des autres[7]. »

Comment repère-t-on les ingénieurs en logiciel extravertis ? Le plus simple est de demander aux candidats ce qu'ils pensent de la collaboration. Et là, on se heurte à l'éternel problème des données biographiques : les gens répondent ce qu'ils croient qu'on attend d'eux.

Une solution est de concevoir les questions de façon à minorer l'influence de cette attitude. L'Inventaire de candidature comportait par exemple la question suivante :

> Veuillez indiquer votre préférence en matière de style de travail sur une échelle de 1 à 5.
> 1 = Travailler en solo : ma machine à café personnelle, une boîte de Toblerone sur mon bureau, et en avant toute !
> 5 = Travailler en équipe : dix personnes qui parlent en même temps, des personnalités qui s'affrontent… il en faut, du courage, pour essayer de placer un mot ![8]

Le libellé de cette question est négatif par rapport à la réponse souhaitée par Google. Il rappelle au candidat que le travail en équipe n'est pas toujours productif, tout en associant le travail en solo à des goûts de luxe. Le recours à l'échelle de 1 à 5 encourage la franchise. Peu de candidats donnent les réponses extrêmes 1 et 5. Ils se rendent compte qu'il est « moins risqué » de donner une réponse intermédiaire. Or les individualistes ont tendance à répondre 2 ou 3, tandis que les sujets sociables choisissent 3 ou 4. Il y a une différence statistique entre les types de personnalités, même si de nombreux candidats cachent la vérité.

« L'une des choses que j'ai évaluées, remarque Carlisle, c'est comment les gens qui avaient fait des championnats de programmation – et j'ai choisi des concours spécifiques – se comportent pendant les tests une fois arrivés ici[9]. » Google sponsorise l'un des championnats les plus connus, le Google Code Jam. Beaucoup de programmeurs qui rêvent de travailler chez Google y participent. « En réalité, j'ai trouvé que, une fois arrivés ici, les gens qui avaient participé aux concours réussissent encore moins bien que les gens qui n'en ont jamais fait. »

Les meilleurs programmeurs et bouffeurs de code du monde ne seraient donc pas spécialement taillés pour

Google ? Pourquoi ? Les statistiques sont muettes là-dessus. Apparemment, c'est un peu comme une agence de mannequins qui cherche de belles femmes. Ce n'est pas parce qu'on a gagné un concours de beauté qu'on va obligatoirement faire un bon mannequin. Todd Carlisle suppose que la nature des championnats de programmation – un individu contre le monde entier, travaillant sur un projet étroitement défini avec un début et une fin – n'a guère à voir avec l'environnement collaboratif de Google. Les gens qui participent à des concours veulent peut-être triompher rapidement de leurs adversaires ; chez Google, ils s'ennuieraient probablement.

L'Inventaire de candidature Google a été progressivement abandonné, à quelques détails près. On a découvert que presque rien ne pouvait servir de critère fiable et polyvalent pour prédire la réussite chez Google. Les critères qui fonctionnaient bien pour les vendeurs d'espaces publicitaires ne fonctionnaient pas pour les programmeurs ou les chargés de relations publiques. Mais il arrive que certains services reprennent des questions de l'Inventaire pour leurs entretiens. Conclusion : attendez-vous à quelques questions sur votre style de travail et votre personnalité. Google tient toujours beaucoup à prendre des gens intelligents qui aient naturellement un esprit de collaboration.

Le « pack »

Dans la plupart des entreprises, les informations sur un candidat arrivent en ordre dispersé. Les employeurs attribuent une valeur excessive aux premiers détails qui leur parviennent. Ils ont ensuite tendance à ignorer les informations qui ne coïncident pas avec leur première impression. C'est une illusion classique du processus de décision. Afin de l'éviter, Google rassemble toutes les informations disponibles sur le candidat avant de les présenter aux responsables de la décision. Aussi la procédure de recrutement est-elle fortement centralisée. Des informations sur les candidats envisageables pour les bureaux de Bombay ou de Wrocław sont renvoyées à Mountain View. Les candidats résidant outre-mer peuvent s'attendre à un entretien vidéo avec quelqu'un dans le Googleplex.

L'incarnation suprême de cette philosophie est le « pack ». C'est un dossier de quarante ou cinquante pages sur chaque candidat, explique Prasad Setty, directeur du service analyse et harmonisation du personnel chez Google. Ce pack est une biographie contenant toutes les informations que Google a réussi à trouver sur le candidat. La société est performante quand il s'agit de « Googleiser » les gens, au propre et au figuré. En général, le pack contient : les notes de terminale et les scores du SAT (*Scholastic Assessment Test*, l'examen de fin d'études secondaires) ; le GPA (*Grade Point Average* – moyenne des notes obtenues à l'université) ; le CV du candidat ; les travaux personnels (articles publiés, communiqués de presse et même spécimens de produits) ; les lettres de recommandation ; les informations tirées d'Internet, y compris les messages affichés sur des blogs, voire sur les réseaux sociaux.

Le pack a donné naissance à diverses légendes urbaines sur les normes Google en matière de recrutement. Il paraît qu'on ne peut pas entrer chez Google à moins :

- d'avoir obtenu un GPA de 3,7 ou plus (3 pour des postes non techniques) ;

- d'avoir étudié à Stanford, à Caltech, au MIT ou dans une université de la prestigieuse Ivy League ;
- d'avoir obtenu des scores de 800 et plus sur les trois parties du SAT (maths, compréhension écrite, expression écrite) ; et/ou
- d'avoir un doctorat.

Aucune de ces conditions n'est strictement indispensable. Mais vous allez être en concurrence avec des candidats qui possèdent tout ou partie de ces qualifications.

« Google a été mon tout premier job dès que j'ai quitté la fac, se souvient une ex-employée de la société. J'avais fait des études littéraires dans une université de prestige et j'ai été engagée pour travailler au service des ressources humaines. Et c'est justement un des problèmes que j'ai eus avec Google : est-ce qu'il est vraiment indispensable de prendre des diplômés de la Ivy League pour s'occuper de paperasse ? Je suis passée de la lecture de Derrida au traitement des formulaires du type "demande de changement de statut pour obtention d'un congé avec solde"[10]. »

Beaucoup de gens trouvent exaspérante l'importance que Google attache aux notes et aux universités. Le journaliste du *New Yorker* Ken Auletta la qualifie de « ridicule[11] ». Roni Zeigler, physicien titulaire d'un diplôme prestigieux en informatique médicale, se rappelle sa surprise quand on lui demanda de fournir ses notes du lycée pendant le processus de sélection[12]. (Il fut engagé.) Les blogueurs technologiques prétendent que Google ignore les CV « hors Ivy League »[13].

Les recruteurs de chez Google protestent en disant qu'il s'agit là d'un malentendu. Puisque Google demande les notes, et que certaines autres sociétés ne les demandent pas, les gens de l'extérieur en concluent que Google accorde une confiance aveugle et excessive aux notes. En réalité, le but est d'attribuer aux notes ni plus ni moins de poids qu'elles ne le méritent. « La semaine dernière, nous avons pris six personnes qui avaient un GPA en dessous de 3 », se vantait en 2007 le chef des People Ops, Lazlo Bock[14]. Todd Carlisle (qui a obtenu son doctorat à l'université Texas A&M, loin de la Ivy League) dit que Google utilise les références « Ivy League » comme un signal, vu que « quelqu'un a fait cette sélection pour [lui], mais [il] ne [s'en sert] certainement pas pour exclure qui que ce soit ». « Nous examinons souvent le cas de gens qui ont dû surmonter certains obstacles pour arriver là où ils sont. Autrement dit, "Êtes-vous le premier de votre famille à avoir fait des études supérieures ?". L'autre jour, j'ai recruté une candidate qui non seulement était la première de sa famille à faire des études supérieures, mais encore travaillait à plein temps à l'université pour que sa sœur puisse y aller elle aussi. Nous avons engagé cette personne, et elle venait d'une université pas du tout "Ivy League"[15]. »

Il serait peut-être plus précis de dire que Google se comporte comme une université de la Ivy League dans l'évaluation des candidatures. On pourrait décrire sa politique comme une discrimination positive en faveur des surdoués. « Nous nous efforçons effectivement de recruter des gens qui sont un peu différents », avoua un jour Larry Page[16]. Todd Carlisle définit par conséquent sa mission comme « une recherche des gens dont Google pourrait ignorer l'existence ». « Par exemple, qui est le môme qui répare toutes les lignes téléphoniques dans son village en Inde alors même qu'il n'a que douze ans, parce que personne d'autre ne peut le faire et que lui a l'aptitude technique nécessaire ? Qui sont ces nanas dans les quartiers défavorisés du centre de Detroit qui ont cette aptitude technique, et comment les repérer quand elles sont plus jeunes et nous assurer qu'elles viennent chez nous[17] ? »

La proportion de femmes travaillant chez Google approcherait actuellement les 50 %[18]. C'est impressionnant dans une Amérique qui a encore des préjugés contre les femmes exerçant des professions scientifiques ou technologiques. Google recrute dans le monde entier, beaucoup de recrues viennent à Mountain View et donnent ainsi au Googleplex son caractère cosmopolite.

La règle des cinq

Comme dans les autres entreprises technologiques, les entretiens de recrutement chez Google sont un processus d'évaluation par les pairs. Les People Ops conseillent les examinateurs dans tous les domaines, depuis la législation concernant les pratiques loyales en matière d'emploi, jusqu'à l'« art du refus ». « Ils suivent effectivement un stage sur la manière de mettre gentiment les candidats sur la touche », confirme Todd Carlisle[19]. La pièce de résistance d'un entretien Google est l'épreuve pratique. Un ingénieur en logiciel devra programmer une application ; on demandera à un chargé de relations publiques de rédiger un communiqué de presse.

Google s'est lourdement investi dans l'évaluation du poids à accorder aux entretiens par rapport à tout le reste. Une autre question importante est de savoir combien d'entretiens il faut programmer pour un candidat donné. C'est mieux d'en programmer plusieurs, jusqu'à un certain point – mais « nous ne voulons pas faire perdre leur temps aux gens », dit Carlisle. Son analyse statistique a révélé que cinq était le chiffre optimal. Au-delà, les entretiens étaient de moins en moins productifs.

En 2003, l'institut de sondages interprofessionnel Corporate Executive Board procéda à une enquête similaire, mais à plus grande échelle : il demanda à 28 000 employés récemment recrutés d'un bout à l'autre des États-Unis combien d'entretiens ils avaient passés pour décrocher leur emploi, puis compara les réponses aux analyses de performance subséquentes[20]. Les résultats furent similaires à ceux de Carlisle : les meilleurs collaborateurs étaient ceux engagés au terme de quatre ou cinq entretiens.

Il se pourrait que les employés interrogés plus de cinq fois soient ceux qui avaient produit des performances inégales. Certains entretiens étaient positifs, d'autres non, et la société en avait programmé plus que d'habitude pour se faire une opinion définitive. Les résultats de l'enquête suggèrent que les doutes étaient justifiés.

Une autre explication des résultats du CEB est que les candidats les plus brillants en eurent assez d'être sur la sellette et dirent : « Ça suffit ! » Les sociétés qui tenaient à imposer huit ou dix entretiens finirent par avoir sur les bras les candidats les plus indigents.

Chez Google, un postulant à l'emploi peut s'attendre à quatre ou cinq entretiens sur place, conduits chacun par un recruteur différent et bloqués sur une seule journée. Il y a un déjeuner-entretien, au cours duquel le candidat est censé s'être suffisamment remis de ses épreuves pour goûter le menu gastronomique. Les recruteurs donnent ensuite une « note » choisie parmi quatre possibles. D'après Todd Carlisle, elles signifient « Je ne crois pas que nous devrions engager ce candidat », « Je ne crois pas que nous devrions engager ce candidat, mais on peut me convaincre du contraire», «Je pense que nous devrions le prendre, mais on peut me convaincre du contraire» et «Embauche fortement conseillée[21]».

Les recruteurs de chez Google ne prennent pas directement les décisions d'embauche. Leur travail consiste à mener de bons entretiens sans concessions et à en communiquer les résultats. Leurs rapports expliquent quelles ont été les questions posées, quelles ont été les réponses et ce que le recruteur a pensé des réponses. «La sagesse des foules» (l'un des principes derrière la politique d'embauche de Google) fonctionne le mieux lorsque chaque juge a tout loisir de se former une opinion indépendamment de tous les autres. Une moyenne de ces opinions peut alors vraisemblablement s'approcher de la vérité. Google interdit aux recruteurs de discuter entre eux du candidat tant qu'ils n'ont pas soumis leur rapport.

(L'unique raison légitime de faire circuler des notes est d'éviter à tout le monde de perdre son temps lorsqu'un candidat est manifestement irrecevable. Google demande alors aux examinateurs d'en informer brièvement le responsable du recrutement dudit candidat, qui a le pouvoir de mettre fin aux entretiens dans ce cas malheureux et peu fréquent.)

Les rapports des recruteurs est intégré au pack du candidat, et le pack est distribué aux membres d'une commission de recrutement. Si la commission approuve le candidat, une autre commission analyse le pack, et ainsi de suite. Finalement, toute décision de recrutement doit être soumise à l'approbation de Larry Page. Chez Google, le recrutement est plus bureaucratie qu'algorithme.

C'est aux antipodes de ce à quoi s'attendent la plupart des gens. « En dernière analyse, dit Prasad Setty, ce que nous essayons de faire est de rendre le processus équitable et d'éliminer un maximum de préjugés. » Google prend très au sérieux le problème des « préjugés », et il ne s'agit pas seulement de préjugés racistes ou sexistes (qui sont effectivement pris très au sérieux), mais aussi du préjugé au sens non spécifique de toute particularité affectant habituellement le processus de décision. Par exemple, un recruteur peut avoir comme règle générale « on ne peut pas se tromper en engageant le titulaire d'un doctorat de Stanford ». Si cela équivaut à donner trop de poids à une donnée particulière, ce qui est probablement le cas, alors ce sera un préjugé. Inversement, il y aurait aussi préjugé si un employeur décrétait que diplômes et universités n'ont pas d'importance et n'en tenait aucun compte. Le but symbolique de Google est d'assigner un poids optimal à tous les facteurs en jeu. C'est peut-être un objectif inaccessible, mais c'est le principe directeur dans l'idéologie des People Ops.

Les examinateurs attribués à un candidat sont choisis pour refléter la variété en matière d'antécédents, de personnalité, de sexe, d'âge et d'origine ethnique. Pareille pratique reconnaît qu'il est dans la nature humaine de comprendre plus facilement des candidats dont la formation, les antécédents, la manière de s'habiller ou de parler vous sont familiers. « Nous n'essayons absolument pas d'abstraire l'élément humain de toute cette procédure, dit Prasad Setty. Le but est de comprendre ce que sont ces particularités, et ensuite de [les] présenter aux gens qui prennent la décision ; et non de prendre la décision à leur place[22]. » Il poursuit : « Dans la plupart des entreprises, si vous êtes le chef d'entreprise, vous allez voir le directeur financier et vous lui demandez “Est-ce que j’ai le budget pour recruter quelqu’un ?” Ensuite, vous démarrez le processus, vous avez votre propre système, vous parlez à des gens que vous connaissez, et puis vous les engagez. C’est tout le contraire qui se passe ici. Nous disons “On ne vous laisse pas prendre la décision, parce que nous pensons que tout le monde a ses préjugés et que nous ne pouvons pas attendre d’un individu qu’il puisse prendre la décision correcte”. Alors nous avons ce processus apparemment très complexe et très long. Mais, en dernière analyse, l’objectif est de réduire le nombre des faux positifs[23]. »

Faux positifs et faux négatifs

Un *faux positif*, c’est lorsqu’un candidat est accepté au terme du processus de sélection, mais se révèle, une fois embauché, être un piètre collaborateur. Le contraire, le *faux négatif*, c’est lorsque la sélection a rejeté un candidat qui aurait fait un bon collaborateur. Il pourrait sembler que les faux positifs et les faux négatifs soient également nocifs. Or ils ne le sont pas chez Google, et ailleurs non plus.

Les postulants à un emploi redoutent les faux négatifs, parce qu’ils signifient que des ennuis arrivent aux gens bien – un examinateur coriace ou une question où vous avez séché vous empêchent d’obtenir un poste dans lequel vous auriez excellé. Du point de vue du candidat, c’est profondément injuste. Or, pour l’employeur, les faux négatifs sont invisibles. « Nous ne savons pas si notre système crée un tas de faux négatifs que le processus de sélection élimine, avoue Setty. Nous ne le savons pas, parce que nous n’avons pas recruté ces gens-là[24]. »

Les erreurs de recrutement, en revanche, sont flagrantes. La réduction du nombre des faux positifs est la directive numéro un des People Ops, « le credo de Larry, Sergey et Eric, et ce depuis la fondation de la société », dit Prasad Setty[25]. Voilà pourquoi le processus de recrutement chez Google est un modèle de redondance.

Et ce n'est pas particulier à Google. « Dans un marché porteur, disons à la fin des années 1990, le coût d'une erreur de recrutement était faible, dit Alec Levenson du centre pour l'efficacité organisationnelle rattaché à l'université de Californie du Sud. L'entreprise pouvait se permettre d'être beaucoup plus désinvolte en matière d'embauche, parce que si l'employé ne convenait pas, il y avait de grandes chances qu'il allât bientôt voir ailleurs[26]. »

Plus maintenant. Les employés s'accrochent à leur poste comme des mollusques à leur rocher. Et plus le poste est marginal, plus le pouvoir de succion est fort. Le seul moyen de se débarrasser d'une recrue contestable est le licenciement. C'est un processus stressant. « Il y a eu en trente ans une érosion progressive de l'embauche à volonté, quand les employés ont été de plus en plus nombreux à invoquer la législation sur la protection des travailleurs, explique Levenson. Il est devenu de plus en plus difficile pour les entreprises [...] d'alterner embauche et licenciement. Même si cent personnes ont la possibilité d'un recours juridique, seules une ou deux le feront, mais il n'en faut pas plus[27]. » L'emploi aujourd'hui est comme le mariage jadis : le divorce n'est pas prévu.

Malgré l'inquiétude soulevée par les faux positifs, « vous pouvez vous planter complètement lors d'un entretien, insiste Todd Carlisle, mais ce ne sera la fin de votre candidature[28] ». Google est conscient que les entretiens sont comme un signal parasité par le bruit. Il est plus ou moins avéré que les candidats qui sont chaleureusement applaudis par un seul recruteur sont en moyenne plus performants que ceux qui obtiennent des notes simplement favorables de la part de tous les recruteurs. C'est comme si le candidat était un petit film indépendant : mieux vaut se trouver un admirateur passionné qu'essayer de plaire à tout le monde. Le revers de la médaille est qu'on souffrira moins à la première critique défavorable.

La question Obama

Chez Google, on dissuade les recruteurs de proposer les casse-tête classiques en vogue dans d'autres entreprises, comme « Pourquoi les plaques d'égout sont-elles rondes ? » En outre, ils ne sont pas censés tester les connaissances des candidats avec des questions futiles comme la suivante :

? Expliquez la signification de *dead beef*.

Il ne sont pas non plus censés les tourmenter avec des questions chargées de mystère comme celle-ci :

? Il y a un problème de latence en Afrique du Sud. Diagnostiquez-le.

Le reproche qu'on peut faire à ces questions est que leurs réponses simples ne donnent pas d'informations et sont trop faciles à mémoriser. Mais les ingénieurs de chez Google, comme partout ailleurs, ne prêtent guère attention à ce que disent les gens des ressources humaines et posent ces questions quand même. (Au cas où vous ne la connaîtriez pas, la réponse à la question de la plaque d'égout est : « Parce qu'une plaque d'égout ronde, contrairement à une plaque carrée, ne peut pas tomber dans le trou ». Les réponses pour « *dead beef* » et « problème de latence » se trouvent pp. 241-242.)

« Vous êtes censé poser des questions ouvertes qui testent la capacité à résoudre des problèmes et les connaissances générales, et ensuite seulement entrer dans les détails », explique un ex-recruteur de chez Google[29]. Les questions d'entretiens Google les plus caractéristiques et les plus imitées sont des questions courtes qui débouchent sur des conversations.

Le 26 janvier 2008, le sénateur et candidat à la présidence Barack Obama tenta d'asseoir ses références en matière d'économie nouvelle. Il visita le Googleplex pour avoir un entretien en public avec Eric Schmidt. Schmidt fit observer qu'il était difficile de décrocher le poste de Président – et difficile de décrocher un poste chez Google. Afin de tester les qualifications d'Obama, Schmidt lui demanda : « Quelle est la manière la plus efficace de trier 1 million d'entiers de 32 bits ? »

Réponse d'Obama : « Le tri à bulles serait une mauvaise idée. »

C'était un gag soigneusement préparé, évidemment, et qui déchaîna l'hilarité. La vidéo est sur YouTube[30].

La « question Obama » est posée le plus sérieusement du monde aux ingénieurs en logiciel qui postulent chez Google. Ces candidats savent que le tri à bulles est pitoyablement lent (d'où la repartie d'Obama). Recourir au tri à bulles pour 1 million de nombres équivaudrait à remplir une piscine avec un dé à coudre.

La meilleure réponse à cette question commence par « Ça dépend ». Cela dépend de la composition de la liste de nombres entiers et des contraintes de temps et d'espace mémoire. On s'attend à ce que le candidat demande des précisions là-dessus. La question est pensée pour déboucher sur une discussion sur les mérites relatifs des différents algorithmes et sur la manière dont le candidat s'y prendrait pour trouver l'instrument le plus approprié à la tâche – ce qui est peut-être la chose la plus dure à enseigner, ou à apprendre.

« En général, nous n'essayons pas de pourvoir un poste particulier, explique Prasad Setty. Vu la manière dont Google s'est transformé et a progressé, nous nous apercevons que des gens peuvent s'intégrer à une équipe donnée et, cinq ans plus tard, faire quelque chose de complètement différent. On ne peut pas recruter pour un poste ; nous voulons recruter pour Google en général[31]. »

Aussi est-il judicieux de poser des questions qui ne soient pas liées à un ensemble d'aptitudes spécifiques. Les questions Google plus ouvertes et plus ludiques, comme celles du « mixeur », encouragent le candidat à interagir avec le recruteur et à élaborer une solution cohérente. Les examinateurs Google sont comme les bons journalistes en ce qu'ils persistent à enchaîner des questions conçues pour exclure les réponses courtes. On les entendra souvent demander : « Pouvez-vous développer cette réponse ? »

Votre page Facebook compte-t-elle ?

Une grande part de ce que fait Google correspond à redéfinir la notion de confidentialité. C'est devenu matière à moult légendes urbaines. Connaissez-vous l'histoire de cette femme qui s'est vengée de son mari infidèle ? Elle a repéré son 4 × 4 devant la maison de sa maîtresse sur Google Street View – ensuite elle a trouvé sur Google un bon avocat spécialisé dans les divorces. (Publié comme un fait divers réel par un quotidien à sensation britannique en 2009, le canular a été dénoncé depuis[32].) D'après une autre légende, Google reconstitue l'historique des recherches Internet des candidats à partir de l'adresse IP de leur ordinateur. Ce qui révélerait à Google les sites de recrutement d'autres sociétés qu'ils auraient récemment visités – et, euh… des tas d'autres trucs intéressants.

Il s'agit certes d'un canular, mais Google, comme d'autres entreprises un peu partout, s'efforce de déterminer le rôle que devraient jouer les réseaux sociaux dans le processus d'embauche. Est-il légitime qu'un employeur utilise des informations glanées sur Facebook, YouTube ou Twitter pour une décision de recrutement ? C'est une question d'éthique intéressante, mais, sincèrement, il est trop tard pour la poser.

En 2007, le cofondateur de LinkedIn Reid Hoffman cherchait un nouveau PDG pour sa société. Il mit alors en question l'importance traditionnelle des recommandations dans la sélection des cadres. « C'est trop facile pour un candidat de donner les noms de deux ou trois personnes qui diront du bien de lui », observe-t-il[33]. Au lieu de quoi il utilisa le réseau social LinkedIn pour constituer une liste de vingt-trois contacts professionnels du candidat le mieux placé – des personnes que ce candidat n'avait justement pas citées comme références. Certaines étaient des relations au deuxième ou troisième degré. Ces « références périphériques » furent contactées pour obtenir une impression moins censurée de sa personnalité. « Notre manière de procéder s'apparente un peu à un travail de détective, et il faut recoller les morceaux du puzzle, dit

Hoffman. Mais on sent très rapidement si la personne est fiable ou si elle frime. »

Ce qui était « limite » en 2007 est à présent une pratique courante. Un sondage du site CareerBuilder a indiqué que la proportion des employeurs qui étudient le profil des candidats sur les réseaux sociaux est montée en flèche de 22 % en 2008 à 45 % en 2009. On peut supposer sans prendre trop de risques que ce pourcentage sera encore plus élevé quand vous lirez ces lignes.

« Les gens sont disposés à vous raconter toutes sortes de trucs sur eux-mêmes sur Facebook et LinkedIn », dit Todd Carlisle[34]. C'est irrésistible dans une culture d'entreprise où c'est un péché d'ignorer des informations sur une recrue potentielle. « Nous sommes obligés de corriger nos impressions en tenant compte du fait qu'ils ne sont pas en train de communiquer ces informations à Google et qu'ils ne cherchent pas à poser leur candidature. Nous voulons être très prudents là-dessus. »

Tout le monde n'est pas aussi prudent. Dans le sondage de 2009 (portant sur 2 667 chefs d'entreprise et DRH), 35 % admirent ne pas avoir proposé un emploi à un candidat sur la base d'informations qu'ils avaient trouvées sur Facebook, MySpace ou d'autres sites. Les plus gros signaux de danger, d'après les employeurs, étaient des « photographies ou des informations provocantes ou inappropriées » (53 %) et des « contenus associés [...] à la consommation d'alcool ou à la prise de drogues » (43 %)[35]. Autrement dit, tout ce qu'on s'attendrait à trouver sur une page Facebook.

Les candidats étudient aussi le profil Internet de leurs examinateurs. « J'essaie toujours d'avoir à l'avance une liste des gens avec qui je vais passer les entretiens, et je les cherche sur Google, je regarde s'ils sont sur Twitter, je regarde s'ils ont un blog », avoue Rakesh Agrawal, qui a été tour à tour candidat et recruteur. « Quiconque fait ce petit effort supplémentaire obtiendra certainement quelques points de plus. » Quand c'est lui qui dirige l'entretien, Agrawal pose des questions inspirées par ce qu'il a appris sur Internet. « L'astuce, c'est de faire ça sans jouer les inquisiteurs. Vous ne voulez pas donner l'impression d'avoir espionné votre interlocuteur, d'avoir cherché sur son album Flickr d'obscures photos vieilles de dix ans[36]. »

« Outre les problèmes de confidentialité, il reste la possibilité que les candidats manipulent les réseaux sociaux », dit Todd Carlisle. Un candidat convaincu qu'un employeur potentiel va secrètement regarder sa page Facebook pourrait ajouter des exploits imaginaires ou les faire ajouter par ses amis. Une référence inventée dans un CV est une faute passible de renvoi. Sur la page d'un réseau social, c'est encore un territoire non balisé.

Jusqu'ici, l'ingrédient manquant est une franchise réciproque. Il faut que les employeurs reconnaissent qu'ils regardent les sites de réseautage social. Il faut que les candidats à l'emploi puissent garantir l'exactitude des informations relatives à leur carrière affichées sur lesdits sites.

Étant donné que la quantité d'informations personnelles circulant sur Internet croît de manière exponentielle, « il devient de plus en plus difficile de récupérer laborieusement toutes les informations sur un individu, dit Todd Carlisle. Alors s'il y avait un outil qui fasse la synthèse en rassemblant ce qu'il y a sur LinkedIn, ce qu'il y a sur Facebook, ce qu'il y a dans ses vidéos sur YouTube et ce qu'il a mis dans son dossier de candidature, je trouverais ça irrésistible[37] ». C'est encore un rêve chimérique, mais qui a des chances de se réaliser bientôt.

Entre-temps, le mieux est de suivre le conseil qu'on donne habituellement aux postulants à un emploi : paramétrer la confidentialité des pages de leurs réseaux sociaux sur « privé » et/ou faire le ménage avant de rechercher un job. L'une des découvertes de l'enquête CareerBuilder devrait faire réfléchir les candidats. C'est l'importance attribuée aux « médiocres capacités de communication ». Vingt-neuf pour cent des employeurs citaient ce grief comme motif potentiel de rejet, et cela couvrait une multitude d'infractions à la grammaire. 16 % des employeurs avaient choisi de ne pas convoquer un candidat parce que sa lettre de candidature ou ses e-mails utilisaient du « langage SMS », par exemple, « *GR8* » pour *great* (comme « ok1 » pour *aucun* en français).

« Refuser d'engager quelqu'un à cause de ses "médiocres capacités de communication" sur Facebook est un peu stupide, remarquait un observateur. C'est comme si je vous disais que je ne vous prends pas parce que vous avez raconté une blague avec des fautes de grammaire l'autre soir au restaurant et que je vous écoutais, planqué dans le box voisin[38]. »

Bien dit – mais vous feriez quand même mieux de surveiller votre grammaire et votre orthographe.

QUESTIONS
Énigmes Google classiques

Voici quelques-unes des questions un peu plus ésotériques que les recruteurs de chez Google ont la réputation de poser. Une seule (« Décrivez un poulet... ») exige une formation en informatique, mais toutes sont stimulantes, et la plupart ont été adoptées par d'autres sociétés. (Les réponses commencent p. 241.)

? Concevez un plan d'évacuation pour San Francisco.

? Imaginez un pays où tous les parents veulent avoir un garçon. Chaque famille continue d'avoir des enfants jusqu'à ce qu'elle ait un garçon ; ensuite, elle s'arrête. Quelle est la proportion de garçons et de filles dans ce pays ?

? Sur une autoroute déserte, la probabilité d'observer le passage d'une voiture en l'espace de trente minutes est de 95 %. Quelle est la probabilité d'observer le passage d'une voiture en l'espace de dix minutes ?

? Vous avez le choix entre deux paris. (1) On vous donne un ballon de basket et vous devez le mettre dans le panier du premier coup pour 1 000 dollars. (2) Vous devez réussir 2 paniers sur 3 coups pour les mêmes 1 000 dollars. Que préférez-vous ?

? Utilisez un langage de programmation pour décrire un poulet.

? Il y a un escalier et vous avez le droit de gravir les marches une par une ou deux par deux. Combien y a-t-il de manières différentes d'atteindre la $n^{\text{ième}}$ marche ?

? Vous possédez *n* sociétés et désirez les faire fusionner en une seule grande société. Combien y a-t-il de manières différentes d'y arriver ?

? Quelle est la plus belle équation que vous ayez jamais vue ? Expliquez votre choix.

5.

LES INGÉNIEURS, ET COMMENT NE PAS PENSER COMME EUX

Les vertus de la simplicité

Le grand physicien Richard Feynman présenta un jour sa candidature pour un emploi chez Microsoft (du moins, d'après l'histoire garantie apocryphe qui circule). « Eh bien, docteur Feynman, commença le recruteur, nous n'avons pas souvent des prix Nobel, même chez Microsoft ! Mais avant de vous engager, il y a une petite formalité. Nous avons besoin de vous poser une question pour tester votre capacité de raisonnement créatif. Cette question est : pourquoi les plaques d'égout sont-elles rondes ?

— C'est une question ridicule, dit Feynman. Et d'abord, toutes les plaques ne sont pas rondes. Certaines sont carrées !

— Mais en ne tenant compte que des rondes, poursuivit le recruteur, pourquoi sont-elles rondes ?

— Pourquoi les plaques d'égout rondes sont-elles rondes ? Les plaques rondes sont rondes par définition ! C'est une tautologie.

— Euh… c'est vrai. Si vous voulez bien m'excuser, docteur Feynman, il faudrait que je consulte notre service des ressources humaines. » Le recruteur s'absenta dix minutes. Quand il revint, il annonça : « Je suis heureux de dire que nous recommandons votre embauche dans notre service marketing. »

Cette plaisanterie se moque d'une des questions casse-tête les plus célèbres, longtemps associée à Microsoft, et censée, d'après la légende, avoir été conçue par Steve Ballmer lui-même[1]. Elle exprime une profonde ambivalence quant à cette manière de piloter les entretiens. Feynman (héros du jeune Sergey enfant) fait preuve de plus de pensée créative que la réponse prétendument exacte donnée par Microsoft[2].

Et maintenant, une histoire vraie : Brin a fait des TP de licence dans le bâtiment d'informatique de l'université de Stanford, qui porte le nom de son donateur, William Gates. Chaque pièce du Gates Building avait un numéro à quatre chiffres. « Nous étions choqués qu'il y ait des numéros à quatre chiffres alors qu'il n'y a même pas 10 000 pièces », explique Brin. Il conçut alors un nouveau système de numérotation à trois chiffres. Le bâtiment n'a même pas 1 000 pièces, d'ailleurs, mais Brin estima qu'il lui fallait conserver la convention selon laquelle le premier chiffre indique l'étage. « J'ai carrément réparti les numéros en faisant le tour du bâtiment, dit-il. Les numéros pairs pour les pièces donnant sur l'extérieur, les numéros impairs pour celles donnant sur l'intérieur. Le deuxième chiffre vous indiquait jusqu'où vous deviez aller dans le couloir à partir de l'entrée[3]. »

Les gens de chez Google se plaisent à croire qu'ils sont les dépositaires d'une créativité à nulle autre pareille dans la conception de produits. Selon cette vision du monde, Microsoft joue parfois le rôle du mauvais exemple. Bien que les comparaisons peu flatteuses aient moins de rapport avec le vrai Microsoft qu'avec des plaisanteries de non-initiés, il y a une mince justification historique. Microsoft démarra à une époque où les ordinateurs de taille réduite étaient pour les bricoleurs, et où tout le monde programmait en code spaghetti. Google fut fondé une génération plus tard, quand une nouvelle discipline de la théorie algorithmique eut changé la manière dont on écrivait les programmes. Microsoft a évidemment recruté nombre des meilleurs programmeurs et informaticiens mondiaux. Mais la société traîne un sacré bagage : des produits patrimoniaux, une clientèle patrimoniale et une culture d'entreprise forgée dans les années 1980. Google est entré dans le nouveau millénaire sans ce handicap. Comme le rappelait le blogueur technologique Joel Spolsky :

> « Un développeur Microsoft de très haut rang qui est passé chez Google m'a dit que Google travaille et pense à un niveau d'abstraction plus élevé que Microsoft : “Google utilise le filtrage bayésien comme Microsoft utilise les énoncés conditionnels.” C'est vrai. Google utilise aussi la recherche en texte intégral sur tout Internet comme Microsoft utilise de petits tableaux appariant la liste des codes d'erreur aux pages d'aide correspondantes. Voyez comment Google procède pour vérifier l'orthographe : non pas en partant d'un dictionnaire, mais à partir de statistiques de l'usage des mots sur tout Internet ; c'est pourquoi

Google sait comment corriger mon patronyme s'il est mal orthographié, et Microsoft Word ne le sait pas[4]. »

Bob et Eve

Ce « niveau d'abstraction plus élevé » se révèle dans de nombreuses questions d'entretiens chez Google. Essayez donc celle-ci :

? Vous voulez vérifier que Bob a bien votre numéro de téléphone. Vous ne pouvez pas lui poser la question directement. Au lieu de quoi il faut que vous écriviez un message à son intention sur une carte que vous remettrez à Eve, votre intermédiaire. Eve remettra la carte à Bob, il remettra son message à Eve, qui vous le remettra à son tour. Vous ne voulez pas que Eve apprenne votre numéro de téléphone. Que demandez-vous à Bob ?

Cette question est d'ordinaire posée aux ingénieurs en logiciel, qui reconnaissent instantanément les prénoms « Bob » et « Eve ». Dans les manuels d'informatique anglophones, on dit par convention qu'« Alice » envoie un message crypté à « Bob » (ce qui sonne un peu plus humain que de dire « A envoie un message à B »). La méchante de service est une espionne nommée « Eve » (comme *eavesdropper*, « personne indiscrète »). Les messages cryptés sont d'une importance vitale sur Internet, car ils sont à la base du commerce en ligne et du *cloud computing* – l'informatique dématérialisée. Eve se présente sous de nombreuses formes, dont les hackeurs, les spammeurs et les hameçonneurs. On n'exagérerait pas tellement en disant que cette question d'entretiens propose dans une version concentrée le problème central de notre monde interconnecté.

Elle révèle aussi des manières très différentes de penser les problèmes. Il existe une solution brillante du point de vue technique. Dans les manuels, toutes les discussions du problème « Bob & Eve » débouchent sur une description de la cryptographie RSA, du type utilisé par le service PayPal et d'autres formes de commerce électronique. Disons simplement que le système RSA implique de très gros calculs. Ce qui n'est pas gênant, puisqu'ils sont toujours effectués par ordinateur. Le candidat intelligent est amené à se demander s'il y a un moyen quelconque d'expliquer le système RSA à Bob dans le cadre d'un message qui tiendrait au verso d'une carte de visite. Un peu comme indiquer à votre grand-mère comment fabriquer un iPad avec tant de précision qu'elle pourrait en construire un.

C'est possible ! On peut expliquer une mise en œuvre sommaire du système RSA à un Bob naïf qui ne sait pas programmer. (L'explication intégrale se trouve dans la section « Réponses ».) Une version minimale des instructions passera sur une fiche de format A7, voire sur une carte de visite si vous avez une écriture microscopique. Le candidat qui réussit à rédiger ainsi son message pour Bob aura l'impression de s'être tiré d'affaire.

Pas si vite ! Il a simplement donné la « réponse Microsoft ». Avec ou sans Eve, Bob hésitera sûrement à suivre des instructions complexes pour la simple confirmation d'un numéro de téléphone. Les recruteurs de chez Google s'attendent certes à ce que les ingénieurs connaissent le système RSA, mais ils sont particulièrement impressionnés par ceux qui trouvent une réponse plus simple et plus pratique.

Dites à Bob de vous appeler avec le numéro dont il dispose (idéalement, donnez-lui une heure précise à la minute près). Si votre téléphone sonne, c'est gagné. Sinon, cela signifie que Bob n'a pas le bon numéro.

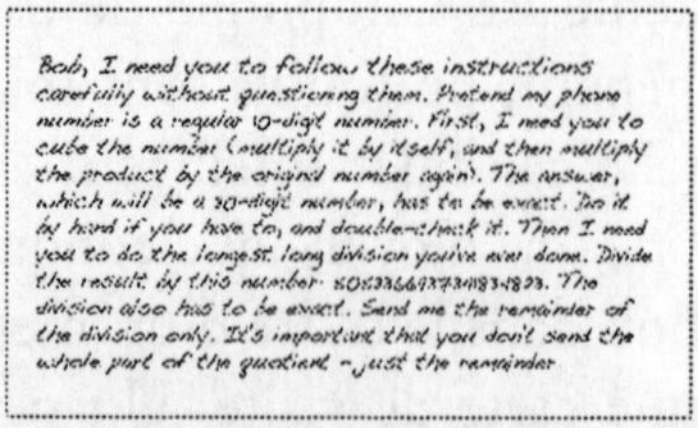

La réponse « Microsoft »

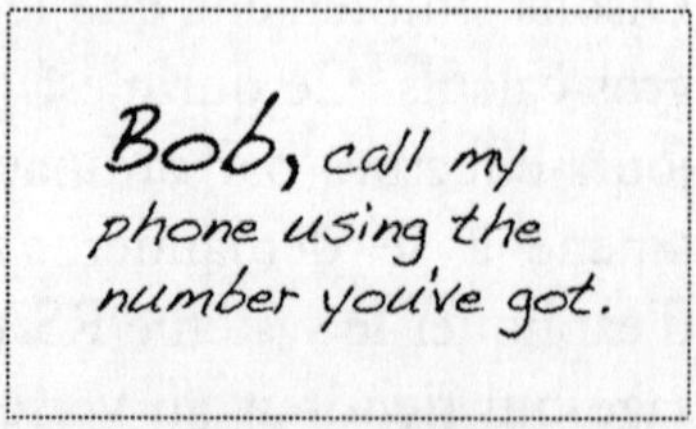

La réponse « Google »

C'est tout ce que demande la question (« Vous voulez vérifier que Bob a bien votre numéro de téléphone… »). Pourquoi se compliquer l'existence ?

Cette question teste quelque chose de plus rare que les connaissances : l'aptitude à ignorer ce qu'on a appris quand ça ne sert à rien. Dans le monde des affaires, il n'y a personne pour vous dire quelle partie de vos connaissances peut – éventuellement – être mise en jeu. Vous êtes puissamment tenté de recourir à tous les outils intellectuels que vous avez sous la main et de vous congratuler pour avoir pris l'outil le plus performant qui soit. Google n'a pas besoin de gens qui utilisent instinctivement la méthode la plus ardue parce qu'ils le peuvent. Google veut des gens qui ont le chic de trouver par intuition des solutions simples et qui marchent.

Prendre en compte l'élément humain

Ce qui soulève une question ô combien importante : qu'est-ce qui sépare l'entrepreneur de l'ingénieur ? C'est, en partie, la capacité à ne pas penser comme un ingénieur en certaines circonstances. Un ingénieur ne peut s'empêcher de tomber amoureux des idées et des algorithmes astucieux qui ont participé à la création d'un nouveau produit. Un entrepreneur se doit de les ignorer et de juger si l'utilisateur final voudra ou pourra utiliser ce produit. Puisque chez Google la définition des postes est en évolution permanente, la société essaie de trouver des employés capables de se mettre dans la tête de quelqu'un d'autre. Beaucoup de ses questions d'entretiens portent sur ce thème.

Un bourreau aligne 100 prisonniers en file indienne et met un chapeau rouge ou bleu sur la tête de chacun. Chaque prisonnier peut voir les chapeaux des gens qui sont devant lui dans la file – mais pas le sien ni ceux des gens derrière lui. Le bourreau commence par la fin de la file et demande au dernier prisonnier la couleur de son chapeau. Il doit répondre « rouge » ou « bleu ». S'il répond correctement, il a le droit de vivre. S'il donne la mauvaise réponse, il est immédiatement exécuté, et en silence. (Tout le monde entend les réponses, mais personne ne sait si une réponse était bonne.) Le soir précédant un de ces « appels », les prisonniers discutent pour élaborer une stratégie de défense. Que devraient-ils faire ?

Comme « Bob et Eve », cette question fait semblant d'être d'un type familier, en l'occurrence une énigme logique de la vieille école. Elle est incontestablement associée à une énigme créée par le mathématicien américain Alonzo Church (1903-1995). Dans les années 1930, Church inventa le casse-tête des trois jardiniers qui ont des traces de terre sur le front. Personne ne peut voir son propre front, évidemment, et il n'y a pas de miroir. On dit aux jardiniers qu'au moins l'un d'eux a de la terre sur le front, et ils doivent trouver par déduction qui s'est sali. L'un des étudiants de Church, le logicien Raymond Smullyan, s'empara de l'idée et produisit des douzaines d'énigmes ingénieuses dans une série d'ouvrages à succès. Dans des variantes ultérieures, chez Smullyan et d'autres auteurs, les « traces de terre » révélatrices sont remplacées par des chapeaux, des points colorés ou tout ce qui pourrait, dans la limite du vraisemblable, être vu par tout le monde sauf par l'intéressé lui-même. Ces histoires sont agrémentées de motivations amusantes, par exemple essayer de déduire quelle épouse trompe son mari ou qui est l'espion. Nombre de ces énigmes sont utilisées pendant des entretiens de recrutement, quelle que soit la spécificité de l'entreprise.

Les solutions se fondent d'ordinaire sur l'hypothèse que tous les protagonistes sont de « parfaits logiciens ». Ce qui signifie que l'individu A peut déduire *x* en se fondant sur ce que B a déduit de *y* et ce que C n'a pas réussi à déduire de *z*. On ne sera pas surpris d'apprendre que les solutions prévues n'ont rien à voir avec le monde réel. Dans bien des cas, ces énigmes pénalisent les candidats qui comprennent comment les gens pensent et agissent dans la réalité.

Telle qu'elle est utilisée chez Google, la question du bourreau est une subtile déconstruction du genre. Il n'y a pas de bonne réponse définitive. Les meilleures réponses montrent une appréciation de l'élément humain et de ses conséquences non voulues.

Commençons par examiner ce qui se passe quand les prisonniers n'ont pas de plan du tout. Si les prisonniers se contentent de deviner au hasard la couleur de leur chapeau, ils répondront correctement à peu près la moitié du temps. Ce qui signifie qu'environ 50 % survivraient en moyenne.

Tout plan doit impérativement faire mieux que cela pour valoir la peine d'être essayé. Théoriquement, les prisonniers ont besoin de faire remonter des informations jusqu'au début de la file. Le dernier prisonnier, le numéro 100, voit la couleur du chapeau de tout le monde, mais pas celle du sien. À supposer qu'il ait le droit de prononcer ses dernières paroles, il pourrait réciter les couleurs des chapeaux des 99 prisonniers devant lui et les sauver tous. Or c'est interdit. Il n'a droit qu'à un seul mot, qui doit obligatoirement être « rouge » ou « bleu ». C'est un message de un seul bit, alors qu'il voudrait en réalité envoyer un message de 99 bits.

Puisque ce prisonnier – le dernier de la file – n'a aucun moyen de savoir la couleur de son propre chapeau, il n'a rien à perdre. Il pourrait tout autant utiliser sa réponse pour faire quelque chose d'utile, comme annoncer la couleur de l'homme qui est directement devant lui. Ce qui permettra au 99 de donner la bonne réponse. Le 100 aura 50 % de chances d'être épargné, puisqu'il pourrait arriver que son chapeau soit de la même couleur que celui du 99.

Pourquoi ne pas dire à tout le monde de donner comme réponse la couleur du prisonnier juste devant soi ? Ça ne marchera pas. Imaginez que vous êtes quelque part au milieu de la file. Le prisonnier derrière vous annonce

« rouge », voulant dire par là que votre propre chapeau est rouge. Le chapeau devant vous est bleu. Sauvez-vous votre vie en annonçant « rouge », ou donnez-vous la réponse correcte au prisonnier devant vous en annonçant « bleu » ? Vous ne pouvez pas faire les deux.

Une possibilité – le « plan A », si vous voulez – serait que les prisonniers à numéro pair annoncent la couleur du chapeau qu'ils voient juste devant eux et que les (heureux) prisonniers impairs profitent de cette information pour sauver leur propre vie. Avec le plan A, tous les 50 prisonniers à numéro impair survivront. Les prisonniers à numéro pair doivent tenter leur chance. On peut s'attendre à ce que la moitié d'entre eux soit exécutée. Finalement, cela porte à 75 le nombre vraisemblable de survivants. C'est certainement mieux que pas de plan du tout.

Ce taux de survie pourrait être amélioré si les prisonniers avaient la possibilité d'émettre des « signaux », comme des joueurs de poker malhonnêtes. Le prisonnier numéro 100 annonce la couleur du chapeau du 99. Le 99 s'éclaircit la voix avant de répondre si et seulement si le chapeau devant lui est de la même couleur que le sien. Il donne ensuite la couleur de son propre chapeau. Le signal – s'éclaircir la voix – permettrait au 98 de dire la couleur de son chapeau et d'envoyer un signal similaire au 97. Tous les prisonniers sauf le dernier de la file pourraient sauver leur vie, et ce numéro 100 aurait encore une chance sur deux de survivre. Ce qui donne un taux de survie de 99,5 %.

Le recours à des signaux secrets n'est en général pas tenu pour une solution légitime. Vous devez supposer que la réponse de chaque prisonnier est obligatoirement « rouge » ou « bleu », et rien d'autre. Il existe un système entièrement légitime qui est pratiquement aussi avantageux. Dans ce « plan B », le dernier prisonnier compte le nombre de chapeaux rouges qu'il voit devant lui et module sa réponse selon que ce nombre est pair ou impair. La règle pourrait être que « rouge » signifie « je vois un nombre impair de chapeaux rouges », et que « bleu » signifie « je vois un nombre pair de chapeaux rouges ».

Le plan B n'augmente pas les chances de survie du dernier prisonnier (rien ne le peut). Il offre le moyen de sauver tous les autres. Disons que vous êtes le 99 et que vous entendez le 100 dire « bleu ». Ce qui signifie qu'il voit un nombre pair de chapeaux rouges. Vous comptez le nombre de chapeaux rouges que vous voyez devant vous. Est-ce également un nombre pair ? Si oui, votre chapeau ne peut donc pas être l'un des chapeaux rouges que 100 a vus. Par conséquent, votre chapeau doit être bleu. En répondant « bleu », vous sauvez votre peau. La beauté de ce plan est que la réponse « bleu » aide aussi le 98. Il sait que le 100 a vu un nombre pair de chapeaux rouges et que le vôtre n'en était pas un (parce que vous avez donné la même réponse). Ce qui permet au 98 de déduire la couleur de son propre chapeau.

En général, tous les prisonniers connaissent la parité du nombre total de chapeaux rouges (déduction faite de celui du numéro 100, qui est invisible et ne compte pas). Chaque prisonnier connaît aussi la couleur des chapeaux des gens derrière lui (puisque cela a été annoncé) et peut se servir de cette information pour déduire la couleur de son propre chapeau. En annonçant la couleur de son propre chapeau, chaque prisonnier sauve sa peau et fournit les renseignements dont auront besoin les prisonniers suivants.

Le plan B exige que chaque prisonnier se rappelle la réponse du numéro 100 et actualise en permanence le total des gens qui ont dit « rouge » derrière lui. Chacun doit alors ajouter ce nombre au nombre de chapeaux rouges qu'il voit devant lui, puis comparer cette somme avec la réponse du numéro 100. Si le numéro 100 a dit « rouge » pour indiquer qu'il a vu un nombre impair de chapeaux rouges – et si vous êtes conscient qu'il y a 47 chapeaux rouges (les 21 que vous voyez et les 26 personnes derrière vous que vous avez entendues dire « rouge ») –, alors ça colle. Tous les chapeaux rouges ont été décomptés, et votre chapeau doit être bleu. S'il y a une différence, elle doit être due au fait que votre chapeau est rouge. Vous annoncez la couleur de votre chapeau.

Le paragraphe ci-dessus ne vous semble-t-il pas confus ? Imaginez-vous en train de l'expliquer à cent pensionnaires de la prison d'Attica, à votre belle-sœur ou à l'équipe des vendeurs du Middle West. Dans le monde réel, les gens font des erreurs, surtout quand ils sont sur le point d'être exécutés. Si un seul prisonnier se trompe, tout le plan tombe à l'eau.

Certains ingénieurs ne s'en préoccuperaient pas. Ils sont heureux de se contenter d'une solution techniquement valide que personne ne peut comprendre. C'est pourquoi votre téléviseur de salon a quatre télécommandes, toutes complexes.

Les meilleures solutions du problème vont au-delà de la simple élucidation d'une énigme logique. Un candidat devrait se demander si le plan B est vraiment applicable en pratique.

C'est déjà une bonne chose qu'il n'y ait que deux réponses possibles. Lorsqu'un prisonnier se trompe dans ses calculs et annonce la mauvaise couleur, il a encore une chance sur deux de donner la bonne réponse au hasard. Mais, à long terme, les inévitables erreurs compromettront le plan B. N'oublions pas que Google aime extrapoler à l'échelle supérieure. Pour « 100 » prisonniers, comprenez « 1 000 » ou « un nombre indéfiniment grand ». Comme l'a dit John Maynard Keynes, à long terme, nous sommes tous morts. Enfin, presque. Quand la file est suffisamment longue pour que certains individus se trompent, environ la moitié des prisonniers recevront l'information correcte et survivront – tandis que les autres, mal renseignés, se feront massacrer. Compte tenu des erreurs, le taux de survie asymptotique du plan B n'est que de 50 %. Ce n'est pas mieux que ce à quoi on s'attendrait s'il n'y avait pas de plan du tout.

En tout cas, le taux réel de survie du plan B risque d'être inférieur aux 75 % offerts par le plan A (où les erreurs ne se propagent pas vers l'avant de la file). Non que le plan A soit infaillible, d'ailleurs. Il exige des prisonniers au numéro pair de se sacrifier noblement pour les numéros impairs sans rien obtenir en contrepartie. Imaginez un peu ce que ça donnerait derrière les miradors de San Quentin. Quelle que soit la manière dont on attribue les numéros impairs, cette répartition va alimenter des ressentiments durables. Les prisonniers pairs ne peuvent augmenter leurs 50 % de chances de survie. Mais un codétenu malveillant pourrait à titre de vengeance personnelle donner la mauvaise réponse à un prisonnier impair juste devant lui. Puisque les erreurs ne se propagent pas, le taux de survie vraisemblable du plan A n'est que légèrement inférieur aux 75 % théoriques.

Idéalement, les prisonniers devraient tester les deux plans et choisir celui offrant le meilleur taux de survie

– en pratique. C'est une bonne idée de le mentionner en conclusion de votre réponse. Dans cette situation et d'autres, plus proches de la réalité, personne ne peut prédire avec une totale certitude comment les gens vont réagir à une idée nouvelle – on est obligé de l'essayer.

Écoutez votre mère

Qui est plus intelligent, le titulaire d'un doctorat en informatique ou votre maman ? Après avoir dirigé pendant des années des entretiens de recrutement chez Google, l'ingénieur Paul Tyma résolut de le savoir. On vous donne 1 million de feuilles de papier (ainsi commence l'une des énigmes de Paul Tyma). Chacune est le dossier d'un étudiant. Vous devez les trier selon l'âge des intéressés. Comment procéderiez-vous ?

Tyma posa la question à sa mère, qui ne connaissait absolument rien à l'informatique[5]. La réponse de Mme Tyma était plus efficace que celles de bien des candidats bardés de diplômes que Paul Tyma avait interrogés.

Comment est-ce possible ? La réponse de maman Tyma était qu'elle ferait des piles. Prenez la première feuille en haut de la pile et regardez l'âge. Si l'étudiant a vingt et un ans, elle va dans la pile des vingt et un ans. Si la feuille suivante concerne un étudiant de dix-neuf ans, elle va dans la pile des dix-neuf ans. Et ainsi de suite. Vous n'avez qu'à regarder une fois chaque dossier, et quand vous avez fini vous classez simplement les piles par ordre d'âges croissant. Terminé !

Cette procédure est environ vingt fois plus rapide que le tri rapide, l'algorithme *Quicksort* suggéré par de nombreux candidats chez Google[6]. Certains craquent lorsqu'on leur parle de la solution de Mme Tyma. Le tri rapide est

« garanti » comme étant la méthode asymptotique la plus efficace ! C'est écrit dans le manuel !

Ils oublient les indications mathématiques en petits caractères. Le tri rapide se fonde sur les comparaisons : ce nombre-ci est-il plus grand que ce nombre-là ? On n'a pas toujours besoin de comparer pour trier. Pas dans le cas présent, puisqu'il y a certes un nombre énorme de dossiers, mais seulement un tout petit nombre d'âges. Le tri rapide est polyvalent comme un couteau suisse, mais les piles de maman se trouvent être un bien meilleur outil pour cette tâche particulière.

L'un des mystères de la créativité qu'on cite fréquemment est que les idées révolutionnaires viennent souvent de non-spécialistes qui abordent le sujet de l'extérieur. Les diplômés en informatique étaient tellement habitués à penser à des algorithmes puissants qu'ils ne pouvaient pas ne pas y penser. Sans ce bagage mental, Mme Tyma trouva intuitivement une meilleure solution. Parfois, la « créativité » est simplement le bon sens.

Je présente mes excuses aux gens de Redmond, mais je vais conclure sur une autre blague Microsoft, parce qu'elle résume bien l'argument (un argument qui s'applique partout, pas seulement chez Microsoft) : un hélicoptère tournait autour de Seattle lorsque ses dispositifs électroniques de navigation et de communication tombèrent simultanément en panne. Les nuages étaient si épais que le pilote ne pouvait pas se repérer. Finalement, il aperçut un immeuble à grande hauteur, se dirigea vers lui et tourna autour en brandissant une pancarte manuscrite où on lisait « OÙ SUIS-JE ? » en gros caractères. Les gens à l'intérieur de l'immeuble réagirent rapidement en dessinant leur propre pancarte :

« VOUS ÊTES DANS UN HÉLICOPTÈRE. » Le pilote sourit, regarda sa carte, détermina le cap pour gagner l'aéroport de Seattle-Tacoma et atterrit sans problème. Une fois qu'ils furent sur le sol, le copilote demanda au pilote comment il avait fait. « J'ai compris que ce devait être l'immeuble Microsoft, dit-il, parce qu'on m'a donné une réponse techniquement correcte mais complètement inutile. »

QUESTIONS

L'art d'éviter des réponses techniquement correctes mais complètement inutiles

Chacune de ces questions a une réponse simple, facile à mettre en pratique, et une réponse complexe ou inutile. C'est un indice, mais attention, il est souvent plus facile de donner la réponse complexe que la réponse simple. (Les réponses commencent p. 267.)

? Si vous aviez une pile de piécettes de 1 cent aussi haute que l'Empire State Building, pourriez-vous toutes les faire tenir dans une seule pièce ?

? Vous disposez de 10 000 serveurs Apache et d'une journée pour générer 1 million de dollars. Que faites-vous ?

? Speedy et Scargo sont deux lièvres de course. Quand ils disputent un 100 mètres, Speedy franchit la ligne d'arrivée alors que Scargo est sur la ligne des 90 mètres. (Les deux lièvres courent à vitesse constante.) À présent, on les oppose dans une course à handicap. Speedy doit partir à 10 mètres derrière la ligne de départ (et donc courir sur 110 mètres), tandis que Scargo part à l'endroit habituel et parcourt 100 mètres. Qui va gagner ?

? Vous avez une montre analogique avec une aiguille des secondes. Combien de fois les trois aiguilles de la montre se chevauchent-elles ?

? Vous jouez au football sur une île déserte et voulez tirer à pile ou face pour le coup d'envoi. Malheureusement, la seule pièce de monnaie disponible est tordue. Comment pouvez-vous vous servir d'une pièce faussée pour prendre une décision impartiale ?

6.

GUIDE PRATIQUE DES QUESTIONS PIÈGES

Comment décoder les programmes secrets des recruteurs

S'il y a abondance de conseils en matière d'entretiens de recrutement, tous ne sont pas utiles. Une sorte de mythe associé aux entretiens compétitifs actuels est que le recruteur est là pour vous aider. Les recruteurs sont là pour trouver la personne la plus qualifiée pour un poste donné. Il y a 90 % (sinon plus) de risques que ce ne soit pas vous.

Ce mythe de l'interrogateur bienveillant est entretenu par une liste de recommandations sur les sites Internet de recrutement. Google envoie aux candidats un e-mail avec ces conseils[1] :

> *Chez Google, nous croyons à la collaboration et au partage des idées. Avant tout, vous aurez besoin d'informations supplémentaires de la part du recruteur pour analyser la question et y répondre en détail.*

- *Il n'est pas interdit de poser des questions à votre examinateur.*
- *Quand on vous demande de fournir une solution, commencez par définir et circonscrire le problème tel que vous le percevez.*
- *Si vous ne le comprenez pas, demandez de l'aide ou une clarification.*
- *Si vous avez besoin de supposer quelque chose, assurez-vous verbalement que c'est une supposition correcte !*
- *Décrivez la manière dont vous voulez aborder la résolution de chaque partie de la question.*
- *Faites toujours savoir ce que vous pensez à l'examinateur, car le cheminement de votre pensée l'intéressera autant que votre solution. En outre, au cas où vous séchez, il pourra vous donner des indices s'il sait ce que vous êtes en train de faire.*
- *Enfin, sachez écouter : ne laissez pas échapper un indice si l'examinateur essaie de vous aider !*

Comprenez-moi bien : il n'y a que de bons conseils dans le texte ci-dessus, mais ne vous attendez pas à ce que le recruteur « collabore » en répondant à la question à votre place. On ne vous dit pas non plus à quel point le comportement « apathique » et l'impassibilité des recruteurs Google peuvent être déconcertants. Comme le disait un candidat : « Vous aurez l'impression d'être "perdu dans l'espace" quand vous ne saurez pas si ce que vous dites est intéressant ou stupide[2]. »

L'impassibilité est partiellement justifiée par un souci d'équité. Les recruteurs n'arrivent en général pas à évaluer à quel point leur jugement des réponses est subjectif. C'est vrai même lorsqu'ils présentent des problèmes avec des « réponses correctes » uniques. Inévitablement, c'est à l'examinateur qu'il échoit de dire « Stop ! » à un candidat en difficulté et de passer à autre chose. (Qui sait si ce candidat n'aurait pas trouvé la réponse si on lui avait accordé quelques secondes de plus ?) Des recruteurs peuvent, inconsciemment, donner plus de temps aux postulants qui leur plaisent, moins à ceux qui leur déplaisent. On encourage donc les recruteurs Google à faire preuve d'une certaine cohérence. Ils essaient de ne pas donner d'indices avec le ton de leur voix ou leur langage corporel. Quand des indices sont proposés, ils devraient être proposés de la même manière à chaque candidat (par exemple : « S'il demande si le mixeur a un couvercle, dites non ; sinon, ne parlez pas de couvercle. »). Ne vous attendez pas trop à être tenu par la main.

Les jeux vidéo se divisent en genres comme – entre autres – le tir subjectif, le jeu de stratégie ou la simulation. Un joueur qui ne comprendrait pas les conventions du genre serait désavantagé. Il en est de même pour les questions pièges, qui peuvent se regrouper en catégories plus ou moins distinctes. Il importe de reconnaître le type de question posée, car c'est le premier indice sur la manière de procéder. Voici un guide succinct recensant les principales variétés de questions qui visent à mettre en défaut votre intelligence, et les manières d'y répondre.

Énigmes logiques classiques

Ces questions sont souvent très anciennes – certaines remonteraient même au Moyen Âge. Elle se rencontrent dans des articles, des livres et des jeux vidéo. En voici un exemple :

> Deux diplômés du MIT, A et B, se rencontrent après s'être perdus de vue depuis vingt ans.
> A demande : « Qu'est-ce que tu deviens ? »
> B dit : « J'assure un max. Je suis marié et j'ai trois filles. »
> A demande : « Elles ont quel âge ? »
> B répond : « Le produit de leurs âges est 72, et la somme de leurs âges correspond au numéro sur cet immeuble là-bas. »
> A dit : « Euh… je ne vois toujours pas. »
> B renchérit : « L'aînée vient de commencer le piano. »
> Alors A dit : « Vraiment ? Ma plus grande est du même âge ! »
> Quel âge ont les filles ?

Résoudre une énigme comme celle-là est essentiellement une question d'obstination. Commençons par l'introduction. A ne savait pas que B était marié et avait des enfants. Ils ne se sont pas vus depuis vingt ans, donc toutes les filles de B doivent avoir vingt ans ou moins. Vous pouvez probablement prendre 19 comme maximum.

Essayez l'algèbre, à tout hasard. Appelez les âges des trois filles x, y et z. Leur produit est 72.

$$xyz = 72.$$

La seconde partie du commentaire de B est plus mystérieuse. Au lieu de donner la somme de leurs âges, il dit qu'elle correspond au numéro sur un immeuble. Mais on ne nous dit pas quel est ce numéro.

$$x + y + z = \text{numéro sur l'immeuble.}$$

Qu'est-ce que cela nous apporte ? Pas grand-chose. On ne nous dit même pas qu'il s'agit du numéro de l'immeuble. Mais supposons-le quand même. Les seules restrictions habituelles sur les numéros d'immeubles sont qu'il n'y a pas de numéro 0 ou de numéros négatifs (ni irrationnels, ni imaginaires…) Certains de ces numéros sont fractionnaires. Mais nous pouvons probablement éliminer les fractions. Les âges sont habituellement donnés sous forme de nombres entiers. A déclare qu'il ne peut pas déduire ces âges à partir des informations ci-dessus.

Il n'empêche que la mention d'un numéro figurant sur un immeuble est vraisemblablement significative. Les énigmes logiques sont comme des poèmes ou du code : les meilleures ne contiennent que l'essentiel. Le fait que l'énigme mentionne ce numéro sur l'immeuble doit forcément vouloir dire quelque chose – mais nous ne savons pas exactement quoi.

B dit que l'aînée a commencé le piano. Ce qui signifie qu'il y a une fille que B désigne comme « l'aînée ». Il n'emploierait sans doute pas ce terme si la fille pianiste avait une sœur jumelle – même pas si elle était née cinq minutes avant et était techniquement « l'aînée » des deux. De même, un père ne parlerait pas d'une triplée comme de « l'aînée ».

Par conséquent, les trois filles ne sont pas des triplées, et les deux plus grandes ne sont pas des jumelles. Quoi d'autre ? Bon, il faut environ neuf mois pour faire un enfant. Des sœurs qui ne sont pas jumelles sont habituellement d'âge différent, ce qui signifie un an d'écart. Ce n'est pas une conclusion inattaquable. Deux sœurs auraient pu naître à onze mois d'intervalle et être du « même » âge un mois par an. Les deux diplômés du MIT auraient pu se rencontrer pendant ce mois-là.

Tentons le coup quand même. Supposons que, jusqu'à preuve du contraire :

- les trois sœurs n'ont pas toutes le même âge, et que
- les deux plus grandes n'ont pas le même âge.

Après la remarque de B sur « l'aînée », la lumière se fait pour A. Il conclut que l'aînée de ses propres enfants a le même âge.

Comment cela se peut-il ? C'est le moment de revenir en arrière et d'examiner la seule équation complète dont nous disposons : $xyz = 72$. Puisque les âges sont des nombres entiers, le nombre des combinaisons possibles est limité. Soixante-douze, c'est 6×12, décomposable en $2 \times 3 \times 3 \times 4$. Ou en $1 \times 1 \times 72$. Voici donc la liste des combinaisons de trois entiers dont le produit est 72. Lors d'un entretien de recrutement, vous écririez ceci sur le tableau blanc :

$1 \times 1 \times 72$
$1 \times 2 \times 36$
$1 \times 4 \times 18$
$2 \times 2 \times 18$
$2 \times 3 \times 12$
$1 \times 6 \times 12$
$1 \times 8 \times 9$
$2 \times 4 \times 9$
$3 \times 3 \times 8$

2 × 6 × 6
3 × 4 × 6.

Nous pouvons éliminer les deux premières combinaisons. Toutes les filles doivent avoir moins de vingt ans. Nous pouvons probablement éliminer 2 × 6 × 6 aussi. Mais n'oublions pas que B n'a mentionné « l'aînée » qu'à la fin, et que A a mené l'essentiel de son raisonnement sans profiter de ce commentaire. Et si nous faisions la somme des âges, pour voir ? Si l'histoire mentionne un numéro sur un immeuble, c'est bien qu'il y a une raison.

1 + 1 + 72 = 74
1 + 2 + 36 = 39
1 + 4 + 18 = 23
2 + 2 + 18 = 22
2 + 3 + 12 = 19
1 + 6 + 12 = 19
1 + 8 + 9 = 18
2 + 4 + 9 = 15
3 + 3 + 8 = 14
2 + 6 + 6 = 14
3 + 4 + 6 = 13.

Treize ! La somme des âges 3, 4 et 6 donne un chiffre « porte-malheur » qui n'a aucun risque d'être un numéro d'immeuble dans notre superstitieuse Amérique du Nord. Là aussi, cette déduction n'est pas inattaquable. Le 13 est parfois utilisé comme numéro dans une rue, et il y d'autres raisons pour lesquelles un 13 pourrait figurer sur un immeuble (comme une publicité pour le film *Vendredi 13*). Or c'est exactement le genre de péripétie que vous devriez rechercher dans une énigme logique. Vous

vous attendez à une déduction mathématique, et il s'y ajoute une déduction culturelle.

Éliminons la combinaison 3-4-6, puisque la somme, 13, ne pourrait probablement pas se trouver sur un immeuble. Cette « brillante » déduction ne nous mène strictement nulle part (ce qui est aussi typique des énigmes de ce style). Il reste au moins sept combinaisons plausibles d'âges dont le produit est 72 et dont la somme n'est pas honnie dans l'immobilier.

Attendez ! Les deux compères dans l'histoire savent quelque chose que nous ignorons – le numéro de l'immeuble. Ils le voient tous les deux, et c'est pourquoi ils ne prennent pas la peine de le mentionner. Malgré cela, A est perplexe après avoir entendu B dire que la somme des âges correspond au numéro de l'immeuble. Comme rien ne peut échapper à un diplômé du MIT (encore une supposition pas vraiment en béton), il semble que, par lui-même, le numéro de l'immeuble ne donne pas assez d'informations pour résoudre l'énigme. C'est uniquement possible si le numéro de l'immeuble est 14. Il y a deux combinaisons où la somme des âges donne 14. Si le numéro de l'immeuble était 18, par exemple, A saurait *immédiatement* que les âges seraient forcément un, huit et neuf ans.

Les deux combinaisons possibles sont donc :

3, 3, 8
2, 6, 6

Lorsque B dit que « l'aînée » vient de commencer le piano, l'affaire est dans le sac. Ce détail élimine 2-6-6, où les deux sœurs aînées sont du même âge. Ce qui signifie que les sœurs ont trois ans, trois ans et huit ans. C'est la seule et unique réponse correcte. Cette élucidation est obtenue au prix d'un raisonnement à multiples rebondissements et retours en arrière plutôt qu'avec un éclair d'intuition unique. C'est un peu comme lorsqu'on débrouille la connectique derrière un bureau.

Dans la chronique qu'il assura longtemps pour le *Scientific American*, Martin Gardner a publié une variante de cette énigme en désignant Mel Stover, de Winnipeg, comme le premier des lecteurs qui la lui avaient envoyée[3]. Gardner n'en identifiait pas autrement l'origine, ce qui suggère qu'elle était peut-être inédite à l'époque. Dans cette version, le produit des âges était 36, la somme correspondait au numéro non précisé d'une maison, et le père des enfants indiquait que l'aîné avait une verrue au pouce gauche.

Quand le produit des âges est 36, il y a moins de combinaisons à examiner. Le numéro de la maison est forcément 13, car c'est la seule somme qui permette deux solutions. (La réponse correcte est deux, deux et neuf ans.) Quelqu'un s'est peut-être rendu compte que 13 est un numéro improbable pour une maison et aurait alors modifié l'énigme en conséquence.

Vous vous dites sans doute : « Super ! Maintenant, je sais répondre à cette question, au cas où je la retrouve sur mon chemin un jour. Et si on me demandait autre chose ? »

Il y a là, jusqu'à un certain point, comme un schéma. À l'instar des blagues, des parcours de golf et des haikus, les énigmes logiques aspirent à une certaine forme de subtilité et observent certaines règles pour y parvenir. En décomposant rétroactivement cette structure, on peut aboutir à un processus en trois parties qui s'applique *grosso modo* à la solution de la plupart de ces énigmes :

1. Méfiez-vous de la première idée ou stratégie d'attaque qui vous vient à l'esprit. Ça ne marchera pas, parce que si c'était le cas, l'énigme serait trop facile.
2. Déterminez quel trait du libellé de la question ne « colle » pas et servez-vous-en comme d'un indice.
3. Cherchez une solution qui surprenne d'une manière ou d'une autre.

La réaction instinctive à l'énigme des deux anciens du MIT est que c'est « un problème en forme d'histoire » qu'il faut traduire en équations algébriques et résoudre. Comme on vient de le voir, quiconque se cantonne à l'algèbre finit par se heurter à un mur.

L'interlocuteur B produit deux énoncés qui ne « collent » pas. Il fait allusion au numéro d'un immeuble, mais on ne nous dit pas quel est ce numéro. Sa mention des cours de piano de sa fille aînée semble totalement hors sujet, mais c'est pourtant ce détail qui va permettre à l'interlocuteur A et, en fin de compte, aux destinataires de l'énigme d'élucider le mystère.

La troisième étape est peut-être la plus importante. Les bonnes énigmes intègrent un élément de surprise. Ou bien c'est la réponse elle-même qui surprend, ou alors une certaine étape de l'élucidation. En l'occurrence, l'inattendu est qu'il y a deux combinaisons possibles d'âges dont la somme est 14 – et que cette ambiguïté fournit la réponse au lieu de l'empêcher.

Questions intuitives

Contrairement à ce qui arrive dans le cas des énigmes logiques classiques, il est difficile de répondre à ces questions par un enchaînement de déductions. On a besoin d'une intuition qui brûlera les étapes. Soit vous tombez pile, soit vous séchez. Les candidats qui n'atteignent pas le stade *eurêka !* – et ce avant que le recruteur passe à autre chose – jouent de malchance.

Google utilise parfois cette question :

> Soit un échiquier avec deux coins opposés rognés, ce qui donne 62 cases au lieu des 64 habituelles. On vous donne 31 dominos, chacun de la taille exacte pour occuper deux cases adjacentes. Disposez les dominos pour recouvrir l'échiquier.

Le candidat va faire chauffer ses neurones : la tâche est impossible à réaliser. Le défi à relever est d'abord de s'en rendre compte, et ensuite de prouver que c'est impossible.

Les questions intuitives sont souvent amusantes, car la solution est une sorte de chute. Mais elles mettent le candidat à leur merci. Il n'y a pas vraiment de processus de pensée à verbaliser.

Dans celle de l'échiquier, il faut s'apercevoir que les deux cases d'angle supprimées sont forcément de la même couleur. Un domino, en revanche, recouvre toujours une case blanche et une case noire. Vous pouvez poser 30 dominos qui recouvriront 60 cases, et ensuite il vous restera 2 cases de la même couleur. Elles ne peuvent être adjacentes – au mieux, elles se toucheraient par les coins –, et le domino restant ne peut en aucune manière les recouvrir.

Le meilleur moyen de se préparer à ces questions est de connaître celles qui sont communément posées. Le nombre en est fini, et la plupart sont d'un âge respectable. Martin Gardner mentionna celle de l'échiquier en 1957 dans sa rubrique du *Scientific American*[4].

Énigmes sollicitant la pensée latérale

Comme un vieil oncle gâteux qui raconte la même blague tous les ans au réveillon, certains recruteurs ne peuvent s'empêcher d'introduire ce type de questions. Elles reposent sur l'ambiguïté verbale et servent principalement à voir si vous les avez déjà rencontrées. En voici une :

> Il y a trois femmes en maillot de bain. Deux sont tristes et une est heureuse.
> Les femmes tristes sourient. La femme heureuse pleure.
> Pourquoi ?

Les recruteurs qui se servent de questions comme celle-là les trouvent probablement drôles.

La réponse attendue à la question ci-dessus est : « Elles viennent de participer à un concours de beauté. »

Le libellé des énigmes du type *pensée latérale* est succinct et ne semble pas contenir assez d'informations pour permettre leur résolution. Ce qui devrait vous mettre la puce à l'oreille.

Tests de pensée divergente

Ils ressemblent beaucoup aux tests classiques utilisés par les psychologues pour évaluer la créativité. Ce sont des questions ouvertes qui encouragent le remue-méninges. Il n'y a pas de « réponse correcte » à déduire. Le but est de lancer un maximum de bonnes idées, si possible originales.

Comment compareriez-vous deux moteurs de recherche ?

Il est souvent utile de commencer par identifier un objectif qui n'est pas toujours explicite dans la question même. Un moteur de recherche est un peu comme une voyante de baraque foraine. On lui demande de lire les pensées de l'utilisateur à partir de quelques vagues indices. Le moteur de recherche (ou la voyante) est réputé excellent pour convaincre l'utilisateur (ou le client) qu'il en sait plus que lui. Le pire qu'un moteur de recherche puisse faire est de réagir d'une manière qui suggère un trucage ou une erreur. Exemples de quelques bonnes réactions typiques à cette question :

Mesurer la rapidité. En combien de secondes les résultats s'affichent-ils ?

Effectuer une recherche sur soi-même. Chacun d'entre nous est son propre expert. En soumettant vos nom et prénom à un moteur de recherche, vous serez le meilleur juge de la pertinence des liens proposés.

Essayer une expression composée de mots courts et communs. Un utilisateur qui tape « être ou ne pas être » espère savoir de quelle pièce cette citation est tirée, ou retrouver la caricature du *New Yorker* dont c'est la légende (le souffleur tente d'aider un Hamlet en difficulté). L'utilisateur ne veut pas se voir répondre que les mots affichés sont trop communs pour servir de termes de recherche. Le moteur est-il plus performant si la chaîne de recherche est encadrée par des guillemets ?

Estropier un des termes de recherche. « Institut pisteur » devrait proposer des liens vers la bactériologie et non vers le cyclisme.

Voir comment sont traitées les majuscules. Un moteur de recherche ne peut exiger l'usage des majuscules, car la plupart des utilisateurs les négligent. Il devrait toutefois tirer le meilleur parti des indices qu'il reçoit, y compris les majuscules. Essayez « *googol* » (le nombre), « Google » (la société) et « Gogol » (l'écrivain) avec et sans majuscule à l'initiale. Un « *gogol* » tout en miniscules pourrait conduire le moteur de recherche anglophone à demander si *googol* n'était pas le terme envisagé.

Déterminer à quel point on peut manipuler les classements. Toutes les entreprises voudraient que leur site se retrouve dans les premiers cités sur la page des résultats de recherche. Ceux-ci sont l'objet d'une technologie de manipulation en évolution constante et en compétition avec les moteurs de recherche eux-mêmes. Vous pourriez organiser un test avec quatre ou cinq référenceurs en leur demandant de faire le maximum pour placer un site factice dans le peloton de tête des résultats, et voir ensuite si les moteurs de recherche se laissent abuser.

Vérifier la vulnérabilité au « bombardement Google ». En 2003, le blogueur George Johnson lança une campagne pour faire du président George W. Bush la tête de liste des résultats correspondant aux termes de recherche « échec lamentable ». Cette expression ne figurait manifestement pas sur la page présidentielle à l'adresse whitehouse.gov. Au lieu de quoi Johnson incita les blogueurs à la reprendre avec un lien vers la page de Bush. Ce qui aboutit rapidement au résultat souhaité. Même le simple fait de taper « échec » avec l'option Google « J'ai de la chance » vous conduisait directement sur la page de G. W. B. Ce canular générait plus de clics vers la page de Bush que les recherches normales. Les moteurs de recherche essaient désormais de résister au *Google bombing.* Organisez un test et comparez les performances des moteurs de recherche.

L'origine de cette question remonte à un test authentique. En 1998, Larry Page et Sergey Brin vantèrent les mérites de Google au capital-risqueur endurci Ram Shriram. Peu convaincu, il insista pour faire un test en aveugle[5]. Il choisit des mots-clés, et les proposa à Google et aux principaux moteurs de recherche de l'époque. Google fut le plus rapide et Shriram finit par signer un chèque de 250 000 dollars.

Questions du type Fermi

Un type populaire de questions d'entretiens demande l'estimation rapide et improvisée d'une quantité inconnue. L'objectif n'est pas d'obtenir la réponse « exacte ». Pour commencer, le recruteur ne connaîtra pas la réponse exacte. Le principe est de prouver que vous pouvez élaborer un processus logique menant à une réponse. Ces questions évoquent la mémoire du physicien Enrico Fermi (1901-1954), qui s'en servait dans son enseignement.

> « Combien de balles de tennis pouvez-vous mettre dans cette pièce ? »

Commencez par jeter un coup d'œil rapide à la pièce et à en estimer les dimensions. Un box cubique de 3 mètres de côté ferait 3 × 3 × 3 = 27 mètres cubes. La plupart des entretiens se passent dans des bureaux plutôt modestes, donc tablez sur un volume entre 30 et 60 mètres cubes.

Le diamètre d'une balle de tennis réglementaire est compris entre 6,350 et 6,668 cm. Vous n'êtes évidemment pas censé le savoir. Au pifomètre, vous diriez vraisemblablement « environ 7 centimètres de diamètre ». Ce qui vous donne approximativement 14 balles pour un mètre, et donc 14 × 14 × 14 = 2 744 balles entassées dans une matrice cubique.

Multipliez ce chiffre (que vous pourriez arrondir à « moins de 3 000 ») par votre estimation du volume de la pièce. À moins que vous passiez l'entretien dans la suite du P-DG, la réponse sera de l'ordre de 100 000.

Questions à algorithme

J'emploierai le terme de *questions à algorithme* pour une catégorie devenue très populaire dans les sociétés du Top 100 de *Fortune* tout comme à Silicon Valley. On vous demande comment vous accompliriez une tâche qui peut être terre à terre ou d'amplitude cosmique. Il y a souvent des indices suggérant que l'efficacité compte – que vous serez noté sur la manière dont votre solution économise du temps, des efforts ou de l'argent. Certaines questions à algorithme sont tellement vagues et apparemment futiles que les non-initiés pourraient croire qu'on s'attend à ce qu'ils produisent des slogans motivants. Or on veut vraiment que vous preniez la question au sérieux et trouviez un plan détaillé pour accomplir la tâche fixée. Par exemple :

> Vous avez une penderie pleine de chemises et de T-shirts, et il est très difficile de retrouver l'article dont vous avez besoin. Comment rangeriez-vous vos chemises et T-shirts pour les retrouver facilement ?

« J'achète un organiseur de penderie » n'est pas ce que le recruteur veut entendre. Vous êtes censé inventer l'organiseur de penderie.

Avec des questions comme celle-là, il est d'ordinaire préférable de commencer par une idée exploitable et de l'améliorer sans arrêt. Une première étape prometteuse consiste à faire un arc-en-ciel de chemises et de T-shirts. Vous les disposez sur une tringle, rangés par couleur dans l'ordre du spectre. Vous pouvez embrasser l'ensemble d'un coup d'œil et voir exactement où se trouve – ou devrait se trouver – chaque chemise ou T-shirt. Une chemise vert pomme se place entre les chemises bleues et les chemises jaunes, ou, plus exactement, entre le vert pistache et le vert chartreuse.

Réflexion faite, ce n'est pas si facile que ça. Vous devez tenir compte de couleurs non spectrales comme le blanc, le marron, le gris et le noir. Elles pourraient être ajoutées au bout de l'arc-en-ciel. Vous devez aussi considérer les chemises écossaises, les T-shirts avec des logos multicolores, etc.

Sinon, vous pouvez classer vos chemises selon un autre trait que la couleur : les manches (longues ou courtes), la forme (tunique ou boutonnée), le style (travail, sport, loisirs, habillé), le tissu, la marque. Certaines de ces distinctions sont ambiguës. Les frontières sont minces entre les styles « travail », « sport » et « loisirs », surtout chez Google. Les tissus peuvent être des mélanges, et tout le monde ne prête pas attention à la marque. L'objectif est de pouvoir dire au premier coup d'œil à quel endroit précis il faut placer la chemise ou le T-shirt.

Une manière radicale de supprimer l'ambiguïté consiste à s'inspirer du teinturier et à mettre une étiquette numérotée à chaque chemise ou T-shirt. Vous les classez par numéro. L'ennui avec cette méthode, c'est qu'à moins de maîtriser parfaitement la numérotation vous serez obligé de regarder pas mal d'étiquettes avant de trouver ce que vous cherchez. Combien de temps faut-il à votre teinturier pour retrouver votre chemise ? Si les numéros sont attribués sans rime ni raison, chemises et T-shirts sont pratiquement en ordre aléatoire. Ce qui n'est pas un progrès par rapport à l'absence de tout « système ».

Voici une solution pratique : divisez vos chemises et T-shirts en autant de catégories non ambiguës que vous le pourrez. Réservez un casier de penderie modulable ou une section de tringle à chaque catégorie. Le choix des catégories optimales dépendra de votre garde-robe. Par exemple :

> Couleurs unies : violet, bleu, vert, jaune, orange, rouge/rose, blanc, gris, noir, marron clair/foncé (10 casiers)
> Rayures (1 casier)
> Écossais (1 casier)
> T-shirts avec slogans imprimés, classés par ordre alphabétique : A-L et M-Z (2 casiers)
> T-shirts avec images seules (1 casier)

L'inconvénient du système des casiers est qu'il y aura parfois (beaucoup) plus qu'un article dans un casier. Ça ne devrait pas poser de problème à un employé de bureau qui a vingt chemises à col boutonné en oxford bleu clair, toutes interchangeables. On sort une chemise du casier, n'importe laquelle, et quand elle revient de chez le teinturier, on la remet n'importe où dans le casier. Les recruteurs s'attendent cependant à ce que vous puissiez traiter le cas plus répandu d'une chemise ou d'un T-shirt particulier qu'on voudrait bien retrouver. Il se peut que vous n'ayez qu'un seul T-shirt des Miami Dolphins dans le casier marqué « M-Z (T-shirts avec slogans imprimés) ». Vous avez besoin de ce T-shirt précis, et peut-être y en a-t-il beaucoup d'autres dans ce casier. Comment répartir d'une manière efficace les articles à l'intérieur d'un casier ?

La réponse évidente est de répartir les chemises ou T-shirts selon un ordre linéaire approprié. Ce pourrait être l'ordre alphabétique, le spectre des couleurs ou encore autre chose. C'est une solution efficace et – théoriquement – transposable à une échelle supérieure.

Une réponse plus intelligente et plus réaliste serait peut-être d'appliquer à vos T-shirts et chemises la règle des 80-20 %. Vous portez probablement 20 % de vos chemises ou T-shirts environ 80 % du temps. La plupart des vêtements sont rarement portés (mais sont « en trop bon état pour être jetés »).

Afin de profiter de ces indications, concevez les catégories de vos casiers de façon qu'il n'y ait qu'un nombre restreint d'articles fréquemment portés dans chaque casier. Vous pouvez toujours faire ceci : s'il arrive qu'une des catégories comporte trop d'articles, divisez-la en catégories plus restrictives (comme « chemises bleues à manches longues » et « chemises bleues à manches courtes »). Votre chemise favorite se retrouvera en haut de la pile dans chaque casier. L'article est facile à trouver et à remettre en place : vous n'avez pas à fouiller en dessous, sauf si vous cherchez un article moins apprécié. À l'intérieur de chaque casier, les autres chemises ou T-shirts devraient être rangés par ordre de popularité descendant. Ainsi, les articles que vous avez le plus de chances de chercher seront-ils les plus faciles à trouver.

Les programmeurs à qui l'on pose ce type de questions sont censés y voir des parallèles avec la conception de logiciels. Le tri des chemises par couleur ou par motif est une *fonction de hachage*, et la disposition linéaire des chemises à l'intérieur d'un casier permet une *recherche binaire*. Pour tous les autres candidats, les questions à algorithme sont des tests informels de l'aptitude organisationnelle. Dans votre réponse, il est vital de comprendre ce que vous économisez (en l'occurrence, le temps ou l'effort exigés pour trouver une chemise précise).

QUESTIONS
Identification des catégories

Voici un assortiment de questions d'entretiens ardues typiques des catégories populaires. Essayez d'abord de déterminer à quelle catégorie la question appartient, puis répondez-y. (Les réponses commencent p. 279.)

- Combien demanderiez-vous pour nettoyer toutes les vitres de Seattle ?

- Un homme a poussé sa voiture jusqu'à un hôtel et a perdu sa fortune. Que s'est-il passé ?

- Vous prenez le télésiège au bas de la montagne et allez jusqu'au sommet. Quelle fraction des sièges croisez-vous ?

- Expliquez ce qu'est une base de données à votre neveu de huit ans, en trois phrases.

- Considérez cette suite :

1

1 1

2 1

1 2 1 1

1 1 1 2 2 1

Quelle est la ligne suivante ?

- Vous avez vingt-cinq chevaux. Combien de courses vous faut-il pour trouver les trois chevaux les plus rapides ?

7.

LE TABLEAU BLANC

L'art de la solution visuelle

Le *whiteboarding* (qui rappelle le sinistre *waterboarding*) est la procédure incitant les candidats à un emploi à s'exprimer sur le tableau blanc – en écrivant ou à l'aide de graphiques – lorsqu'ils répondent à une question difficile. Couramment utilisée aujourd'hui dans les entretiens de recrutement, c'est une sorte de psychanalyse qui force les candidats à révéler leurs pensées les plus intimes à un auditoire qui n'est pas toujours bien disposé à leur égard. Le recours au tableau blanc est obligatoire pour des questions très techniques, mais il peut aussi s'avérer utile dans les catégories évoquées au chapitre précédent. « Même si ce n'est pas une question de programmation, schématisez votre logique au tableau blanc », conseille Todd Carlisle[1], recruteur chez Google. C'est utile pour des questions comportant un élément visuel manifeste et, souvent, pour celles exigeant des déductions complexes. Voici un exemple de question posée chez Google :

Cassez un bâton au hasard en trois morceaux. Quelle est la probabilité que les morceaux, une fois assemblés, forment un triangle ?

La première chose qu'il faut comprendre est que les trois morceaux peuvent *ne pas* former un triangle. Vous commenceriez sûrement par dessiner quelque chose comme ceci :

Quand vous brisez un bâton en trois morceaux plus ou moins égaux, ils formeront *toujours* un triangle. Ce ne sera pas nécessairement un beau triangle régulier, mais il aura trois côtés et trois angles.

Or trois morceaux peuvent ne pas faire un triangle. En voici deux exemples. Dans chaque cas, l'un des côtés est plus long que les deux autres mis ensemble. Les deux petits côtés ne pourront jamais faire le pont au-dessus du grand.

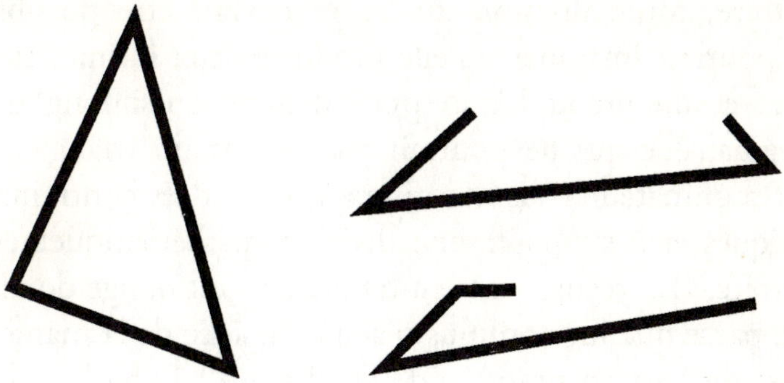

Définissons la longueur du bâton initial comme 1 unité. Si la longueur du plus grand des morceaux excède 0,5 unité, les deux autres segments mis ensemble feront moins de 0,5 unité et ne formeront pas de triangle. Sinon, ils en formeront un. C'est aussi simple que ça.

La question devient alors : quelle est la probabilité que le plus grand fragment n'excède pas la moitié de la longueur du bâton initial ? La réponse dépend de ce qu'on entend par « casser un bâton au hasard ». Il convient alors de demander des précisions à votre interlocuteur.

Si un prestidigitateur me faisait monter sur la scène et me demandait de briser un bâton « en trois morceaux au hasard », je saisirais le bâton à deux mains et le plierais jusqu'à ce que le bois craque et se casse. Je n'essaierais pas de le casser en deux moitiés égales, et je ne chercherais pas non plus à faire des morceaux extrêmement inégaux. Je choisirais ensuite le plus gros des deux morceaux (en supposant que la différence soit manifeste) et je le briserais de la même manière.

Cette procédure n'est pas particulièrement aléatoire. La physique des fibres ligneuses et la taille du poing humain influent sur la dislocation. Dans une dislocation vraiment aléatoire, toute division du bâton devrait être possible. On pourrait imaginer qu'elle produise deux infimes rondelles et un grand bâton pratiquement aussi long que l'original. Ce qui ne pourrait pas former un triangle.

L'examinateur vous autorisera à oublier les contraintes pratiques et à supposer une division mathématiquement aléatoire. (En réalité, votre interlocuteur est obligé de dire cela, parce que lui non plus n'a aucune idée de la manière de traiter l'aspect pratique de l'opération.) D'où la reformulation suivante de la question. Supposez que le bâton soit un mètre linéaire, avec une extrémité marquée 0 et l'autre 1, et des graduations sur toute sa longueur. Choisissez un nombre entre 0 et 1 à l'aide du générateur de nombres aléatoires (dispositif physique ou fonction mathématique) de votre choix. Brisez le bâton en ce point-ci. Choisissez ensuite un autre nombre aléatoire entre 0 et 1. Cassez le bâton en ce point-là. (Le point de la seconde fracture peut se trouver sur l'un ou l'autre des deux bâtons résultant de la fracture initiale. C'est pourquoi il est commode d'utiliser un bâton gradué comme une règle.) Cette procédure devrait donner trois segments authentiquement aléatoires. La longueur de chaque segment peut être n'importe quel nombre entre 0 et 1.

Cette interprétation débouche sur un graphique simple. Portez la position de la seconde fracture sur l'axe des abscisses, et celle de la seconde fracture sur l'axe des ordonnées. Ce qui produit un carré. Tout point à l'intérieur du carré représente une manière possible de briser un bâton en trois segments. Tous ces points sont également vraisemblables, et les différentes régions du graphique correspondent donc à des probabilités.

Voici ce graphique (pour plus de clarté, il est un peu plus élaboré que ce que vous dessineriez lors d'un entretien) :

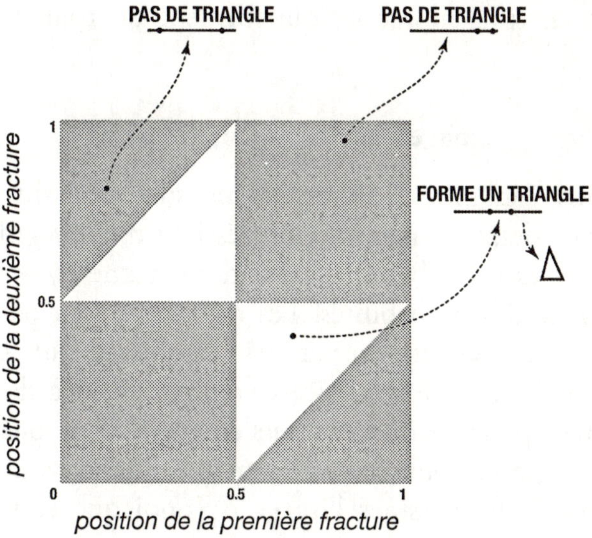

Partagez le carré en deux – horizontalement et verticalement – pour obtenir quatre carrés plus petits. Les cas où les deux fractures sont du même côté du milieu (0,5) sont représentés par les quadrants sud-ouest et nord-est. Ces régions sont hachurées pour indiquer que les morceaux résultants ne formeront pas de triangle.

Les deux autres quadrants contiennent les cas où les fractures se trouvent de part et d'autre du milieu. Ces quadrants peuvent être divisés en deux diagonalement. Dans les régions hachurées triangulaires, $x - y$ ou $y - x$ sont inférieurs à 0,5. Ce qui signifie que le segment médian est trop long pour autoriser un triangle. Dans la région blanche en forme de nœud papillon, le segment médian est inférieur à 0,5 et les morceaux peuvent former un triangle. Il est facile de voir que les régions blanches occupent un quart de la surface totale du graphique. Par conséquent, la probabilité de casser aléatoirement un bâton en trois morceaux qui forment un triangle est de 1 sur 4.

Images, cartographie (et pizza)

Dans l'énigme ci-dessus, je me suis servi du tableau blanc de deux manières : pour dessiner une *image* littérale des morceaux du bâton et pour donner une *représentation graphique* des probabilités. Les recruteurs sont particulièrement impressionnés par les candidats qui peuvent recourir à des représentations graphiques ou à des cartographies pour résoudre visuellement un problème. Le tableau blanc peut être utile même quand vous n'avez pas besoin de dessiner l'image de quoi que ce soit. Par exemple :

> Un ami et vous-même partagez une pizza. Vous mettez x secondes pour manger une part de pizza, et votre ami met y secondes. Les bonnes manières voudraient qu'on ne mange qu'une part à la fois. Vous ne pouvez donc pas prendre une nouvelle portion avant d'avoir terminé celle que vous êtes en train de manger. Si votre ami et vous-même tendez la main vers le dernier morceau exactement au même moment, c'est lui qui le prend (c'est la règle du « tie-break »). La pizza doit être coupée en parts égales. Combien de morceaux devrait-il y avoir pour vous donner le plus de pizza possible ?

Votre réaction instinctive sera peut-être de dessiner une pizza coupée en parts. Oui, pourquoi pas, mais ça ne va probablement pas vous mener très loin. Ce problème est plus centré sur le temps que sur la pizza.

Comme chacun sait, le mangeur de pizza le plus rapide est avantagé. Il entame sa deuxième part avant que les autres aient terminé leur première portion. C'est toujours vrai, que la pizza soit partagée en 8 parts ou un nombre quelconque de parts, qu'elle soit ronde, rectangulaire, que la croûte soit mince ou épaisse.

Examinons quelques cas extrêmes. Supposons que vous n'ayez pas coupé la pizza et l'ayez laissée entière. Votre ami et vous-même tendez en même temps la main pour la prendre, et la règle du tie-break s'applique. La première « portion » est aussi la dernière, et c'est lui qui l'obtient – toute la pizza !

Vous voudrez donc absolument couper la pizza. Le deuxième cas le plus simple est une pizza coupée en 2 moitiés. Chacun de vous obtient sa part, manifestement, et c'est un bon partage fifty-fifty. Il est important de le savoir. Vous n'avez jamais besoin de vous contenter de moins de 50 % de la pizza.

Autre cas extrême : découpez la pizza en un nombre infini de parts infinitésimales. Avec un tel fractionnement, peu importe à qui reviendra la microscopique dernière portion. Ce sera la vitesse qui vous départagera. Si votre ami et vous-même mangez à vitesse équivalente, vous allez chacun consommer la moitié de la pizza. Si vous mangez deux fois plus vite que lui, vous mangerez deux fois plus de pizza.

Ce qui suggère une stratégie :

- Si votre ami mange plus vite que vous, coupez la pizza en deux. Ce qui vous garantira la moitié de la pizza.
- Si vous mangez plus vite que lui, coupez la pizza en un nombre infini de morceaux. Ce qui vous garantit un partage selon la vitesse (de façon que vous obteniez plus de la moitié de la pizza).

Autrement dit, c'est « pile, je gagne ; face, tu perds ». Vous ne devriez jamais vous hâter de choisir la première solution utilisable. Pouvez-vous faire mieux ?

La stratégie ci-dessus a un défaut : l'obligation de couper la pizza en un nombre infini de parts. La découpe prendrait un temps infini – au terme duquel le Soleil serait un bloc de cendres et la pizza hyper-froide. Même si vous vous contentez de « pas mal » de portions dans une approximation de l'infini, vous allez perdre « pas mal » de temps.

Il y a une bien meilleure stratégie. Dessinez la chronologie de la prise de morceaux. Votre ami et vous commencez avec chacun 1 part. Puis, le mangeur le plus rapide termine sa portion le premier et en prend une deuxième. Arrêtez le chronomètre : à cet instant, le mangeur le plus rapide a 2 parts ; et l'autre, 1 seulement.

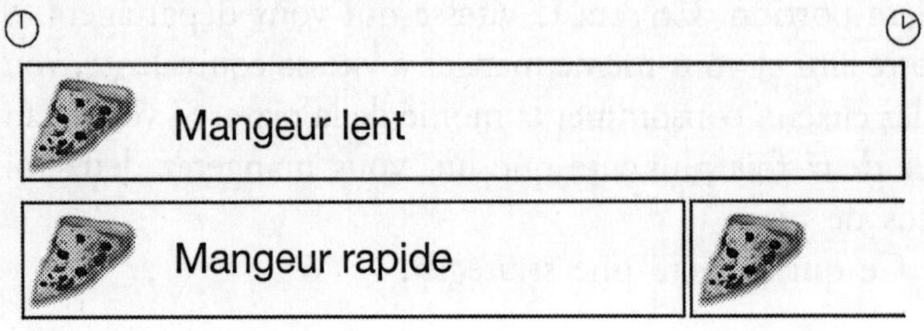

Et s'il n'y avait que ces 3 parts ? Alors, le mangeur le plus rapide s'octroierait les deux tiers de la pizza. Notez que le mangeur plus rapide n'a pas besoin d'être *beaucoup* plus rapide. Il pourrait devancer l'autre d'une fraction de seconde. C'est bien mieux que le système de portions infinies, où un mangeur légèrement plus rapide n'obtient que légèrement plus de la moitié.

Supposons que le mangeur le plus rapide soit plus de deux fois plus rapide que le mangeur lent. Il peut engloutir 2 parts et en entamer une troisième tandis que son concurrent n'en est encore qu'à sa première. Si c'est une pizza de 4 parts, le mangeur le plus rapide obtiendrait les trois quarts du tout. Pour lui, l'essentiel est d'attaquer sa deuxième (ou troisième, quatrième, etc.) portion pendant que le mangeur lent n'en est encore qu'à sa première.

La meilleure stratégie est donc de trouver combien de parts vous pouvez saisir alors que votre ami en est encore à sa première portion. D'après le libellé de la question, vous mettez x secondes pour manger une portion de pizza et votre ami y secondes. Plus y sera grand, plus vous aurez de temps pour vous empiffrer. Plus précisément, vous pourrez attraper $y|x$ parts (arrondies, si nécessaire, en nombres entiers) tandis que votre ami mange sa première. Divisez la pizza en ce nombre de portions *plus 1*. Ce qui vous garantit d'obtenir toutes les parts sauf une.

Je vais vous faciliter les choses. Dans la réalité quotidienne, x et y sont vraisemblablement assez proches. Il se peut qu'une personne mette 30 % de temps en plus pour terminer une part, mais elle ne mangera pas trois fois plus vite ni dix fois plus lentement. Il y a deux situations plausibles. Quand vous êtes le mangeur lent, coupez la pizza en deux et vous en aurez la moitié. Quand vous êtes le plus rapide, coupez-la en trois et vous en aurez les deux tiers.

Le secret dans l'emploi du tableau blanc consiste à trouver les représentations graphiques appropriées. (C'est le secret de la résolution de n'importe quel problème, bien que ces « représentations » soient habituellement mentales.) N'hésitez pas à faire usage du meilleur accessoire du tableau blanc : l'effaceur.

QUESTIONS
Solutions visuelles

Voici quelques autres questions d'entretiens qui peuvent se résoudre en dessinant une image ou un graphique. (Les réponses commencent p. 288.)

? Imaginez que vous disposez d'un disque rotatif, comme un CD. On vous donne deux couleurs de peinture, le noir et le blanc. Un capteur fixé en un point près du bord du disque peut détecter la couleur de la peinture et produire un signal. Comment peindrez-vous le disque de façon que vous puissiez dire dans quel sens il tourne rien qu'en regardant la modulation affichée par le capteur ?

? Combien de droites peuvent être tracées sur un plan de manière telle qu'elles soient équidistantes de trois points non colinéaires ?

? Ajoutez des signes arithmétiques courants pour que cette équation soit vraie.

$$3 \quad 1 \quad 3 \quad 6 = 8$$

? Dans un bar où tous les clients sont asociaux, il y a 25 tabourets alignés devant le comptoir. Chaque fois qu'un client entre, il s'assoit toujours le plus loin possible des autres clients. Personne ne veut s'asseoir juste à côté de quelqu'un d'autre, et si un client entre et s'aperçoit qu'il n'y a pas de siège suffisamment isolé, il ressort illico. Le tenancier veut naturellement accueillir un maximum de clients. S'il lui est permis de dire au premier client où il doit s'asseoir, où cela devra-t-il être ?

? De combien de façons différentes peut-on peindre un cube avec trois couleurs ?

8.

LE DR FERMI ET LES EXTRATERRESTRES

Comment évaluer pratiquement n'importe quoi en 60 secondes maximum

« Je vais vous poser quelques questions qui pourront vous paraître étranges », annonça la voix au téléphone. L'interlocuteur s'appelait Oliver, et il interrogeait Alyson Shontell, étudiante en publicité de l'université de Syracuse et candidate à un poste de chef de produit adjoint. « Ces questions sont conçues pour tester votre pensée analytique. Je veux que vous estimiez combien, à votre avis, Google gagne par jour avec les pubs de Gmail.

— Hum… vous voulez dire, un chiffre concret ? demanda Alyson. Peut-être… 70 000 dollars ? »

Oliver s'esclaffa. Bien sûr qu'il voulait un chiffre concret, mais ce n'était pas 70 000 dollars.

« Attendez, protesta Alyson. Pouvez-vous totalement ignorer cette réponse ? La rayer de votre carnet et faire comme si je n'avais jamais dit ça ?

— Vous n'êtes pas obligée de me donner un chiffre exact, dites-moi simplement comment vous feriez pour trouver la réponse.

— D'accord, improvisa Alyson. Google place 4 pubs par page ouverte sur Gmail… Disons que chaque utilisateur de Gmail ouvre 7 nouveaux e-mails par jour. Il verrait donc 28 pubs. S'il clique sur un quart de ces pubs, alors ça n'en fait que 7 d'activées. Si on fait payer à tous les annonceurs 5 cents par annonce activée, alors le revenu total serait de 5 cents multipliés par 7 pubs multipliées par le nombre d'utilisateurs de Gmail… Est-ce que ça tient debout ?

— Plus ou moins, dit un Oliver peu convaincu. Je ne vous suis plus après "S'il clique sur un quart seulement des pubs"… Bon, passons à autre chose. »

Pour son deuxième entretien, également par téléphone, Alyson eut Anna au bout du fil. « Citez-moi une information technologique que vous avez lue récemment », commença Anna.

Ça, c'était facile ! « Bon, alors, aujourd'hui, je lisais un article disant que Nike et Apple travaillaient ensemble pour fabriquer une chaussure avec une puce incorporée qui vous aide à courir en cadence avec la musique choisie.

— Décrivez-moi maintenant votre projet créatif d'un spot publicitaire pour ce produit. »

Alyson donna une représentation verbale parfaite de sa pub. Il y avait un coureur, un iPod et un spectaculaire franchissement de la ligne d'arrivée. Anna riait doucement – parce que c'était stupide, ou parce que c'était brillant ?

« Maintenant, je vais vous demander de résoudre un problème d'arithmétique, dit Anna. Supposons qu'une agence publicitaire gagne 10 cents chaque fois qu'un internaute clique sur une pub. Vingt pour cent seulement des gens qui visitent le site cliquent sur cette pub. Combien faut-il de visiteurs sur le site pour que l'agence gagne 20 dollars ?

— Euh.. bon, alors 20 personnes sur 100 cliquent sur la pub. Il faut 10 clics pour gagner 1 dollar... et il en faut 20... » Ça ne se passait pas très bien. Alyson commença à essayer de deviner, à tâtonner aveuglément.

Finalement, Anna lui expliqua la réponse correcte. Il faut 5 visiteurs du site pour générer un clic qui vaut 10 cents. Vingt dollars, c'est deux cents fois ce montant, donc il faudrait cinq fois 200, soit 1 000 visiteurs.

Alyson avait l'impression de passer pour une parfaite idiote. Anna décida qu'il était temps d'enchaîner sur un autre problème d'arithmétique.

« Estimez le nombre d'étudiants qui sont en dernière année d'études, dans un cycle de quatre ans d'études, et qui, une fois diplômés, trouvent du travail chaque année aux États-Unis, demanda-t-elle.

— Il y a environ 300 millions d'habitants aux États-Unis, dit Alyson. Disons que 10 millions étudient dans des universités à cycle de quatre ans d'études. Seulement un quart de ces 10 millions sont des étudiants de quatrième année, ce qui ferait *grosso modo* entre 2 et 3 millions. Si la moitié de ces étudiants-là trouvent un job avec leur diplôme, ça représente environ 1,5 million de personnes.

— Diriez-vous que ce chiffre vous semble élevé, faible ou à peu près juste ?

— Je dirais qu'il me semble faible, mais c'est peut-être parce que je suis moi-même en train de chercher un emploi et que j'aimerais mieux que ce chiffre soit plus élevé. »

Pas même un rire.

« Ça sera tout, dit Anna. Bonne chance pour vos recherches[1]. »

Un déjeuner à Los Alamos

Les extraterrestres sont responsables de ce style d'entretiens. À Los Alamos, un jour de 1950, à l'heure du déjeuner, les savants vinrent à parler de soucoupes volantes.

« Edward, qu'est-ce que tu en penses ? » demanda le physicien Enrico Fermi à son voisin de table, Edward Teller. Se pouvait-il que des créatures de l'espace soient en train de visiter la Terre dans leurs vaisseaux spatiaux ? Teller trouvait cela hautement improbable. Fermi n'en était pas si sûr. Il passa une bonne partie du déjeuner à calculer combien de civilisations extraterrestres il y avait dans l'univers et à quelle distance serait la plus proche.

C'était la « question Fermi » typique. Quand il retourna à l'université de Chicago, Fermi tourmenta ses étudiants avec des questions plus faciles – mais seulement un peu plus faciles. Son énigme la plus célèbre était : « Combien y a-t-il d'accordeurs de piano à Chicago ? » Fermi croyait farouchement que tout titulaire d'un doctorat en physique devait être capable d'estimer à peu près n'importe quoi. Quelque part en chemin, on a oublié la partie « doctorat en physique ».

Les employeurs d'aujourd'hui se sont mis dans l'idée que tout le monde, y compris les diplômés de spécialités non scientifiques, devrait pouvoir estimer des quantités fantaisistes lors d'un entretien de recrutement. (On ne s'attend pas à ce que les candidats produisent de telles évaluations insolites une fois qu'ils sont recrutés.) Ces questions sont l'équivalent actuel des énigmes du Sphinx. Elles déterminent souvent qui a le droit de passer de l'entretien par téléphone au campus de l'entreprise. Certaines sont vaguement en rapport avec la spécificité de la société :

> Combien y a-t-il de stations-service aux États-Unis ? (Question posée chez General Motors.)

Mais, plus souvent, il n'y a pas de rapport visible :

> Combien y a-t-il d'éboueurs en Californie ? (Apple)
> Évaluez le nombre de taxis à New York. (KPMG, cabinet d'expertise comptable)
> Combien de balles de golf tiendraient dans un stade ? (JPMorgan Chase)
> Estimez le coût de production d'une bouteille de Gatorade. (Johnson & Johnson)
> Combien fabrique-t-on d'aspirateurs par an ? (Google)

L'avantage des questions Fermi – pour les employeurs – est qu'il est facile d'en inventer de nouvelles. Ainsi peut-on présenter au candidat une question toute neuve qui n'a jamais figuré dans un manuel ou sur Internet. Intel est particulièrement habile : ses recruteurs demandent parfois à des ingénieurs de déterminer le nombre de lignes de code en C ou C++ qu'ils ont écrites. Et ce pour au moins trois raisons. D'abord, c'est une question Fermi. Ensuite, elle renseigne sur l'expérience du candidat en matière de programmation. Enfin, puisque la réponse implique des estimations du nombre d'heures de travail, c'est une manière sournoise de demander si le candidat est disposé à travailler la nuit ou le week-end.

Un inconvénient de cette liberté d'invention est que les recruteurs risquent de sous-estimer la difficulté d'une question Fermi inédite, ou même d'ignorer la réponse correcte. Quelque temps après son entretien par téléphone, Alyson Shontell tomba par hasard sur Oliver lors d'un colloque. Il lui avoua qu'il ne savait pas combien Google gagne avec les pubs sur Gmail[2].

« L'entretien marchait comme sur des roulettes jusqu'à ce que je tombe sur un recruteur apparemment antimilitariste, se rappelle un candidat malheureux qui avait une expérience de six ans dans le renseignement militaire. En se servant comme prétexte du mantra Google "Ne fais point de mal", il m'a demandé combien de personnes j'avais tuées quand j'étais en service. Quand je lui ai expliqué que j'étais dans [le renseignement], il m'a alors demandé si je pouvais estimer le nombre de personnes qui avaient été tuées à cause des renseignements que j'avais recueillis. Ce qui sous-entendait que j'étais soit un tueur méchant et efficace, soit un tueur incompétent[3]. »

Les gens de Los Alamos auraient peut-être eu des problèmes avec cette équation éthique. Fermi, en tout cas, croyait à l'interconnexion des connaissances. C'est lui qui avait noté qu'un individu disposant d'une masse critique de faits et de chiffres pouvait s'en servir pour estimer des choses très singulières, comme le nombre d'années-lumière nous séparant de la civilisation la plus proche. Ces questions supposent donc qu'on élabore un cheminement raisonnablement direct à partir de faits connus pour aboutir aux statistiques farfelues demandées. Ce qui signifie qu'on est obligé d'avoir un minimum de connaissances et de pouvoir établir des connexions. On peut arrondir les chiffres dans les calculs, mais on ne devrait pas les tirer de nulle part.

Et c'était le problème d'Alyson dans la question sur Gmail. Au lieu de partir de données qu'elles connaissait, elle a essayé de deviner une avalanche de statistiques inconnues et jalousement gardées. (Google ne montre pas son jeu quand il s'agit des détails financiers de produits spécifiques.) Il aurait été plus judicieux de démarrer à partir de deux données financières de base. À savoir (a) que Google tire le plus clair de ses revenus de la publicité, et (b) que ses revenus annuels sont d'environ 25 milliards de dollars.

Vous vous demandez peut-être : « Mais comment diable saurais-je le montant des revenus de Google ? » Réponse : vous vous renseignez avant l'entretien. C'est l'une des rares données financières que vous devriez connaître lorsque vous postulez pour un emploi dans une grande société.

Sur ces 25 milliards de dollars, combien proviennent des publicités sur Gmail ? Ici, vous avez parfaitement droit à l'ignorance. Ce détail est l'objet de maintes hypothèses de la part de la presse spécialisée. Idéalement, vous devriez avoir suffisamment lu d'articles sur les affaires de Google pour savoir que les pubs Gmail sont un élément assez insignifiant du tout. Lorsque Gmail a été introduit en Bourse en 2004, on espérait chez Google que les pubs Gmail finiraient par être aussi importantes que les pubs du moteur de recherche. Il n'en a pas été ainsi. Loin de là.

Il est peu vraisemblable qu'un recruteur vous reproche de dire : « Supposons que Gmail représente 1 % du revenu total[4]. Si c'est plus ou moins que cela, je peux facilement le corriger. » Cela facilite aussi les calculs. Les revenus de Gmail atteindraient donc 250 millions de dollars par an. Divisez la somme par 365 et vous avez un chiffre quelque part en dessous du million de dollars par jour. Ce qui illustre la règle fondamentale des questions Fermi : économisez sur l'arithmétique, pas sur la logique.

Alyson avait bien démarré sur la question des étudiants de dernière année. Elle savait que la population des États-Unis est d'environ 300 millions d'habitants. Son raisonnement a dérapé lorsqu'elle a déclaré : « Disons que 10 millions étudient dans des universités à cycle de quatre ans d'études. » Elle avait produit un chiffre exact avant de gâcher ses chances avec un chiffre totalement improvisé.

Une meilleure réponse s'articulerait comme suit. La population des États-Unis est d'environ 300 millions d'habitants, et l'espérance de vie est d'environ soixante-dix ans. Ces deux chiffres impliquent que, chaque année, 300 millions/70 Américains atteignent un certain palier d'âge – leur vingt et unième anniversaire, par exemple.

Vous pouvez modifier ces chiffres avant d'effectuer la division. Le nombre d'Américains atteignant les vingt et un ans serait en fait plus élevé, car il y a plus de gens qui atteignent les vingt et un ans que de gens qui atteignent les soixante-dix ans. « Plus élevé », c'est-à-dire ? Vraisemblablement, ni vous ni le recruteur ne savez l'écart exact. Ce qui fournit un prétexte pour simplifier les calculs. Répondre à ce type de questions, c'est comme enchaîner les sauts dans un parcours d'escalade urbain. Vous avez besoin d'aller d'un chiffre opportunément arrondi à un autre sans jamais trébucher. Au lieu de prendre 300 millions/70, prenons 300 millions/50. Ce qui ferait 6 millions d'Américains atteignant les vingt et un ans chaque année.

Tous ne sont pas en quatrième année de fac. Beaucoup d'Américains ne font pas d'études supérieures ; d'autres s'inscrivent à l'université, mais pour des licences courtes de deux ans, ou décrochent avant la quatrième année. Cela devrait être compensé par le fait que certains individus plus âgés que des étudiants normaux s'inscrivent et vont jusqu'à la quatrième année. Utilisez tout cela pour réduire le nombre d'étudiants de quatrième année de 6 millions à 3 millions.

La dernière partie de la question d'Anna était : combien d'étudiants de quatrième année obtiennent un emploi à l'issue de leurs études ? Ce qui pourrait désigner ceux qui ont déjà une offre d'emploi ferme avant même d'obtenir leur diplôme. Une interprétation plus large serait : ceux qui obtiennent un emploi dans un laps de temps « raisonnable » (pour ce que cela vaut sur le marché du travail actuel). Vous devriez demander ces précisions au recruteur.

Réponses typiques :

> « Un emploi qui les attend dès qu'ils sont diplômés » : 25 % des quatrième année, soit 750 000 étudiants[5].
>
> « Un emploi obtenu dans un laps de temps raisonnable » : 50 % des quatrième année, soit 1,5 million d'étudiants.

Vous remarquerez que ce 1,5 million est exactement le chiffre donné par Alyson. C'est l'inverse du « vous n'êtes pas obligé de donner la réponse exacte ». Vous pouvez échouer même quand vous donnez une « réponse exacte ». C'est le parcours qui compte, pas la destination.

Une antisèche pour entretiens de recrutement

Les recruteurs ne s'attendent pas à ce que les candidats aient des masses d'obscures statistiques sur le bout de la langue. Les seules choses qu'il est gênant de ne pas savoir sont des données chiffrées importantes dans le cadre de votre spécialité, quelques données démographiques de base et quelques statistiques concernant la société. Voici une antisèche pratique en chiffres ronds (remplacer les données de Google par celles de la société où vous postulez) :

Population mondiale : 7 milliards d'individus
PNB mondial : 60 billions de dollars ($60\$ \times 10^{12}$)
Population des États-Unis : 300 millions d'habitants
Salaire minimum fédéral : 7 dollars de l'heure (en réalité 7,25 dollars)
Population de la zone urbaine de San Francisco, y compris la Silicon Valley : 8 millions d'habitants
Valeur en Bourse de Google : 100 milliards de dollars
Revenus annuels de Google : 25 milliards de dollars
Bénéfices annuels de Google : 10 milliards de dollars
Prix d'une action Google : 600 dollars
Nombre de sphères contenues dans un volume important avec entassement aléatoire : 1,2 fois ce que vous calculeriez en supposant un réseau cubique (pour plus de précisions, voir p. 309)

QUESTIONS
Estimations impromptues

Pour vous entraîner, encore quelques questions Fermi. (Les réponses commencent p. 305.)

? Combien de cannelures y a-t-il sur la tranche d'une pièce de 25 cents ?

? Combien de flacons de shampooing sont produits dans le monde par an ?

- Quelle quantité de papier hygénique faudrait-il pour recouvrir entièrement un État des États-Unis ?

- Quelle est la valeur de 2^{64} ?

- Combien de balles de golf peut-on faire entrer dans un car de ramassage scolaire ?

9.

L'ŒUF INCASSABLE

Les questions du genre : « Comment feriez-vous pour… ? »

Douglas Appleton, directeur de la Carr Mill Junior School, dans le Lancashire, créa la sensation dans les médias britanniques en 1970[1]. Il s'était contenté de produire la démonstration d'un fait simple, mais contraire à l'intuition : en règle générale, un œuf cru qui tombe sur l'herbe ne se cassera pas, et ce quelle que soit la hauteur de la chute. Les élèves de Douglas Appleton lancèrent des œufs par une fenêtre du second étage de l'école[2]. Les œufs qui tombèrent sur l'herbe ne se cassèrent pas. Un pompier grimpa obligeamment en haut d'une échelle de 25 mètres et laissa choir 10 œufs sur l'herbe. Sept sur 10 furent indemnes. Un officier de la Royal Air Force enchaîna avec une expérience similaire : il lâcha 18 œufs depuis un hélicoptère à 50 mètres du sol. Quinze (soit 83 %) restèrent intacts. Le quotidien britannique *Daily Express* affréta un petit avion pour qu'il largue 60 œufs sur une pelouse en volant à

250 kilomètres à l'heure. Environ 60 % des œufs arrivèrent intacts.

Je mentionne tout cela pour prouver que l'une des questions de chez Google n'est pas complètement farfelue.

> Vous travaillez dans un immeuble de 100 étages et on vous donne deux œufs identiques. Il vous faut déterminer l'étage le plus haut duquel on peut laisser tomber un œuf sans qu'il se casse. Vous avez le droit de casser les deux œufs dans l'opération. Combien de lâchers vous faudrait-il pour y parvenir ?

Soyons clairs, l'immeuble et les œufs sont strictement imaginaires. Il s'agit d'une question à algorithme. Elle teste votre capacité à élaborer un moyen intelligent et pratique de faire quelque chose. C'est important dans l'ingénierie, la gestion d'entreprise et tout le reste.

Tout cuisinier sait qu'un œuf cru qui roule sur la table et tombe sur du carrelage est perdu. Mais si le gratte-ciel de Google est entouré d'un matériau plus meuble que le béton et plus dur que l'herbe, la réponse n'est pas évidente. Pour répondre dans l'esprit de la question, il faut que vous supposiez que l'étage le plus élevé d'où l'œuf puisse choir sans risque pourrait être n'importe quel étage, du premier au centième. En fait, vous devriez envisager la possibilité qu'aucun étage ne soit sans risque (confirmant pour ainsi dire l'expérience des cuisiniers).

Vous avez le droit d'ignorer le puissant facteur aléatoire dans la défenestration des œufs (manifeste dans les expériences britanniques). Supposez que le lâcher d'un œuf à partir d'un étage donné produit toujours le même résultat. L'œuf se casse ou ne se casse pas.

L'examinateur ne s'attend pas à ce que vous désigniez le dernier étage sans risque pour l'œuf. Il n'y a pas d'œufs et il n'y a pas de gratte-ciel de 100 étages : la situation est entièrement fictive, vu ? On vous demande seulement de concevoir une méthode efficace pour déterminer l'étage, et d'expliquer votre raisonnement. La seule question à laquelle vous êtes censé répondre par un chiffre concret est : de combien de lâchers auriez-vous besoin ? Le résultat est comme au golf : plus le nombre de coups est limité, mieux ça vaut.

Bits et œufs

Laisser choir un œuf est une expérience simple qui produit un seul bit d'information. Pour tirer le meilleur profit de ce bit, vous devriez commencer à mi-hauteur du gratte-ciel. Ce qui serait l'étage 50 ou 51, puisqu'il n'y a pas d'étage exactement « à mi-hauteur » d'un immeuble avec un nombre d'étages pair. Essayez de laisser tomber un œuf du cinquantième étage. Disons qu'il se casse. Ce qui signifierait que l'étage sans risque que vous recherchez doit être en dessous du cinquantième. Faites une nouvelle division par deux en lâchant l'autre œuf du vingt-cinquième étage. Aïe ! Celui-ci aussi se casse. Maintenant, vous n'avez plus d'œufs. Vous pouvez conclure que l'étage le plus élevé d'où l'on peut laisser tomber un œuf sans qu'il se casse se trouve en dessous du vingt-cinquième. Mais vous ne savez pas quel étage exactement, ce qui signifie que cette méthode a échoué.

Il est possible de réutiliser un œuf jusqu'à ce qu'il se casse. Commencez par le premier étage et jetez le premier œuf. S'il survit, répétez l'opération au deuxième étage. Puis au troisième, au quatrième, au cinquième, et ainsi de suite jusqu'à ce que l'œuf se casse. Ce qui vous indiquera l'étage le plus élevé d'où l'on peut laisser tomber un œuf sans qu'il se casse. Vous l'aurez déterminé avec un œuf seulement.

Appelons cette méthode « l'algorithme lent ». Elle est économe en œufs et prodigue en lâchers d'œufs. On risque d'être obligé de tester tous les étages, mais le résultat est là.

Le défi à relever est de créer une solution qui utilise à bon escient les deux œufs. Supposons que l'algorithme Google optimal pour l'expérience du lâcher d'œufs soit décrit dans un livre quelque part. Vous n'êtes même pas obligé de le supposer, puisqu'il est effectivement décrit dans un livre – celui que vous êtes en train de lire. Allez à la page 172 (euh… vous y êtes déjà) et regardez discrètement comment débute cet algorithme. Ça ressemble à ceci :

1. Allez à l'étage *n* et laissez tomber le premier œuf.

Comment puis-je savoir que l'algorithme commence ainsi ? Bon, je ne prends pas trop de risques. Un algorithme est une liste d'instructions blindée contre la bêtise, et qui commence par l'instruction 1. Celle-ci vous dit de laisser tomber un œuf, et c'est normal, parce que c'est le mode opératoire incontournable ici. Il n'y a rien d'autre à faire que de laisser tomber des œufs. La seule partie intéressante de l'instruction (étage *n*) est dissimulée sous un voile algébrique. Le véritable algorithme, lui, donne un étage spécifique, comme 43, à la place de *n*.

Déduction complémentaire : puisque l'expérience de l'instruction 1 a deux résultats possibles, il faut des instructions pour le suivi des deux éventualités. Appelons-les 2a (que faire si l'œuf se casse) et 2b (que faire s'il reste entier).

Une fois que vous aurez cassé le premier œuf, vous serez obligé de ménager le second. Vous ne pouvez prendre le risque de sauter un étage, de peur que vous cassiez le second œuf sans pouvoir déduire l'étage correct.

L'instruction 2a de l'algorithme Google doit dire exactement ceci :

> 2a. (À utiliser si l'œuf se casse à la suite de 1.) Descendez à l'étage 1. Adoptez « l'algorithme lent » avec l'œuf restant. Testez-le à partir de chaque étage, en remontant vers le sommet de l'immeuble, jusqu'à ce que l'œuf se casse. Le dernier étage où l'œuf ne risque rien est l'étage juste en dessous.

Par exemple, imaginez que le premier lâcher se fasse à partir du cinquantième étage, et que l'œuf se casse. Vous ne pouvez pas prendre le risque de laisser tomber le second œuf du vingt-cinquième étage, parce qu'il pourrait se casser lui aussi. Au lieu de quoi il vous faut essayer les étages 1, 2, 3… jusqu'au quarante-neuvième. Et puisque vous aviez commencé par le cinquantième, cela pourrait signifier cinquante lâchers en tout.

Il n'est pas nécessaire d'avoir une puissante intuition de programmeur pour se rendre compte qu'une procédure nécessitant cinquante tests pour trouver une chose sur cent n'est pas optimale. Elle est nulle.

Il vaut mieux tabler sur un premier lâcher à partir d'un étage moins élevé. Si nous commençons à l'étage 10 et que l'œuf se casse, il se pourrait qu'il nous faille jusqu'à 10 lâchers. Eurêka ! En général, quand l'œuf se casse à la suite d'un lâcher initial à partir de l'étage n, il faudra au total jusqu'à n lâchers pour identifier l'étage cherché.

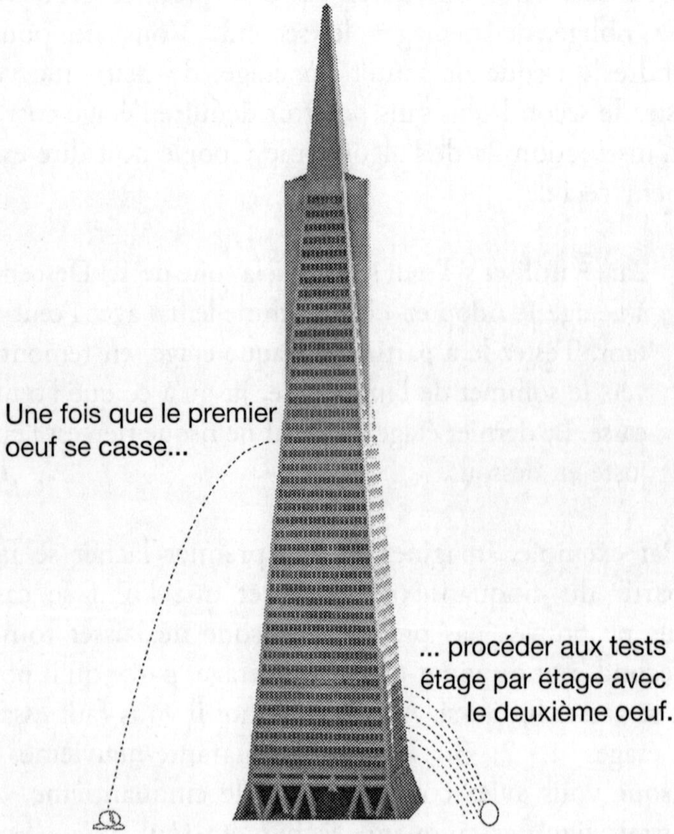

Ce qui suggère fortement que le premier lâcher devrait s'effectuer à partir d'un étage bien en dessous du cinquantième. Ce choix a une particularité séduisante : on utilise le premier œuf pour déduire le chiffre des dizaines de l'étage désirable, et le second œuf pour préciser le chiffre des unités. Par exemple, testez l'œuf à partir des étages 10, 20, 30, 40, 50, etc. Disons qu'il se casse quand on le lâche de l'étage 60. Cela nous indique que le dernier étage sans risque pour l'œuf est compris entre 51 et 59.

Redescendez à l'étage 51 et remontez étage par étage avec l'autre œuf. Si celui-ci se casse à l'étage 58, par exemple, cela signifie que l'étage cherché est le 57.

Quelle est l'efficacité de cette procédure ? Le pire scénario serait d'essayer les étages 10, 20, 30, et ainsi de suite jusqu'à 100, où l'œuf finit par se casser. Ensuite, vous redescendriez à 91, puis remonteriez étage par étage. Il se pourrait que vous ayez besoin d'un total de 19 lâchers pour déterminer que 99 est l'étage correct.

Ce n'est pas si mal que ça. Mais il y a mieux.

Situations à haut risque

N'oubliez pas que la question demande : « Combien de lâchers vous faudrait-il pour y parvenir ? » Ce qui suggère fortement que vous allez être jugé sur votre aptitude à en réduire le nombre. (Plus exactement, vous devez réduire au minimum le nombre de lâchers exigé dans le pire des cas. Parfois, vous aurez peut-être de la chance et aboutirez à la réponse en quelques lâchers seulement.)

Vu que le premier œuf joue le rôle du mannequin dans une simulation d'accident, vous allez vouloir le placer dans des situations à haut risque, car c'est ainsi qu'on apprend un maximum de choses en un minimum de temps. Le second œuf est un remplaçant. Une fois que c'est le seul œuf restant, vous allez être obligé de le ménager.

C'est l'œuf-mannequin qui est crucial pour obtenir une bonne solution. C'est l'œuf qui peut éliminer de nombreux étages en un seul lâcher. Oui, mais combien d'étages exactement ? La réponse à cette question exige un peu de gymnastique mentale. Beaucoup de gens intelligents butent là-dessus. Je vais commencer par une analogie. Golfeur professionnel, vous êtes au dix-huitième trou et disputez un tournoi richement doté. Pour gagner, vous devez faire ce trou en 3 coups. Cette nécessité vous dicte le choix de vos clubs et vous impose de décider entre prendre le risque d'envoyer une balle dans le sable et jouer la prudence. Elle vous obligera à viser le trou au troisième coup (au lieu de vous contenter d'arriver sur le green). Votre stratégie est soumise à la contrainte des 3 coups.

L'algorithme Google idéal a lui aussi une limite : un nombre maximal de lâchers nécessaires pour déterminer l'étage correct. Appelons ce nombre D. Votre stratégie est soumise à la contrainte des D lâchers.

Pour donner un exemple concret, imaginons que le maximum permis soit 10. Dans ce cas, vous pourriez tout aussi bien lâcher le premier œuf du dixième étage. Vous voyez pourquoi ? Vous voulez choisir un étage aussi élevé que possible pour éliminer autant d'étages que possible. Le dixième étage est l'option la plus élevée, pour la raison suivante : si le premier œuf se cassait, il se pourrait que, pour déterminer l'étage correct, vous ayez besoin des 10 lâchers autorisés.

(Le paragraphe ci-dessus est ce qu'il y a de plus difficile à comprendre, je le promets.)

Tout le reste découle de cette intuition. Après le lâcher initial, il vous en reste 9. En supposant que l'œuf reste entier, vous voudrez encore remonter le plus d'étages possible pour le deuxième lâcher. Vous pourriez croire que vous pouvez monter 10 étages plus haut. Pas tout à fait. Puisqu'il ne vous reste que 9 lâchers, vous pouvez au maximum monter de 9 étages. C'est parce que l'œuf pourrait se casser au deuxième étage, vous forçant alors à utiliser une recherche étage par étage. Vous pourriez être obligé de tester tous les étages entre le dixième et celui que vous venez d'essayer, le dix-neuvième, épuisant ainsi votre allocation de lâchers. Et si d'aventure vous montiez un étage plus haut, vous pourriez être pris de court et ne pas être en mesure d'isoler l'étage correct.

Ou alors, supposons que l'œuf résiste aux deux premiers lâchers. Ce qui en laisse 8. Vous monteriez de 8 étages pour le prochain lâcher.

Les étages que vous testez, en considérant une série d'œufs intacts, forment une suite simple :

10
10 + 9 = 19
10 + 9 + 8 = 27
10 + 9 + 8 + 7 = 34
etc.

Un instant, s'il vous plaît. L'étage le plus élevé que vous puissiez atteindre aurait le numéro 10 + 9 + 8 + 7 + 6 + 5 + 4 + 3 + 1. Ce qui donne 55. Ce système marcherait parfaitement pour un immeuble de 55 étages. Mais la question précise un immeuble de 100 étages.

C'est facile à corriger. N'oublions pas que j'ai choisi 10 au hasard. Remplaçons 10 par D, le nombre maximal de lâchers dans l'algorithme le plus performant. L'étage le plus élevé que puisse atteindre une méthode optimale est :

$$D + (D - 1) + (D - 2) + (D - 3) + \ldots + 3 + 2 + 1.$$

Ce qui doit être égal ou supérieur à 100.

À partir d'ici, il n'y a plus que de l'algèbre. La somme ci-dessus correspond à D plus tout nombre entier plus petit que D. D est ce qu'on appelle un nombre triangulaire. Représentez-vous un cadre de boules de billard. Il contient 5 + 4 + 3 + 2 + 1 boules. Vous avez dû apprendre au lycée qu'on peut calculer le total en multipliant 5 par (5 + 1) et en divisant le résultat par 2. On a donc 5 × 6/2 = 15, et c'est le nombre de boules dans le cadre.

Dans le cas étudié ici, la somme de D et de tout nombre entier plus petit que lui est égale à D × (D + 1) divisé par 2. Donc :

$$D \times (D + 1)/2 \geq 100.$$

Multipliez les deux côtés par 2, et vous obtenez :

$$D^2 + D \geq 200.$$

Concentrez-vous sur D^2 et ignorez D, bien plus petit. Cette équation indique que D^2 est au moins aussi grand que 200. La racine carrée de 200 est un peu plus de 14. Essayez cette valeur pour D.

$$14^2 + 14 = 196 + 14 = 210 \geq 200.$$

Ça marche. À tout hasard, essayez 13 :

$$13^2 + 13 = 169 + 13 = 182.$$

Et non, 182 n'est ni supérieur ni égal à 200. Mais avec 14, ça marche. Vous lâchez le premier œuf du quatorzième étage, et vous avez l'assurance de trouver la réponse en 14 lâchers, sinon moins.

Résumé : D'abord, lâchez l'œuf du quatorzième étage. S'il se casse, redescendez au premier étage et remontez étage par étage. Vous obtiendrez ainsi la réponse en 14 lâchers, sinon moins.

Au cas où l'œuf ne se casserait pas au premier lâcher, montez au vingt-septième étage – c'est-à-dire (14 – 1) étages au-dessus du quatorzième – et essayez à nouveau. Si cette fois l'œuf se casse, vous serez obligé de redescendre au quinzième et de remonter étage par étage. Ce qui donnera encore la réponse en 14 lâchers, sinon moins.

En postulant une série d'œufs intacts, vous testeriez les étages 39, 50, 60, 69, 77, 84, 90, 95, 99 et 100 (en fait, si l'immeuble était plus haut, l'étage suivant serait le 102). Ce qui signifie qu'il faudrait 12 lâchers et pas un seul œuf cassé pour déduire que l'œuf peut rester intact lancé de n'importe quel étage. Si l'œuf venait à se casser en un point quelconque de ce processus, vous seriez orienté vers l'algorithme lent et pourriez avoir besoin d'épuiser les 14 lâchers permis.

Comment repérer une question à algorithme

Les entreprises du secteur technologique ont commencé à poser des questions à algorithme afin de vérifier que les candidats ingénieurs sachent mettre en pratique ce qu'ils ont appris. Au lieu de leur proposer un exercice de programmation de plus, elles ont inventé un type d'énigmes à texte plus ou moins amusantes. Ce type de questions s'est ensuite étendu aux entretiens concernant des postes non techniques. Une secrétaire ou un gestionnaire essaie en permanence de trouver comment effectuer une tâche en économisant au maximum le temps, l'argent ou l'effort.

Indices suggérant que vous avez affaire à une question à algorithme :

- une tâche farfelue qui n'a habituellement rien à voir avec l'emploi auquel vous postulez ;
- une contrainte bizarre imposée à cette tâche (comme utiliser deux œufs seulement) ;
- le but, explicite ou non, est d'économiser quelque chose (ici, les lâchers d'œufs) ;
- un nombre *n* algébrique, un grand nombre rond comme 100 ou 1 billion, ou une quantité indéfinie (indice suggérant que l'examinateur veut une solution extrapolable à une autre échelle).

Efficace est un terme que tout le monde emploie, mais qui peut avoir de nombreux sens. Si la question ne précise pas clairement quelles sont les contraintes, il conviendra d'interroger votre interlocuteur. Autre conseil souvent utile pour ce type de questions : au début, faites simple. Si la question mentionne un grand nombre (comme 100 étages), voyez comment vous aborderiez les cas les plus simples (un immeuble d'un étage, un appartement d'une seule pièce, etc.). La réponse est d'ordinaire évidente. Extrapolez ensuite à des valeurs plus élevées. Il émergera souvent un schéma que vous pourrez prolonger.

Il y a habituellement plus d'une démarche pour résoudre une question à algorithme. Votre première idée applicable peut ne pas être la meilleure, aussi devriez-vous être disposé à explorer d'autres démarches (à moins que le recruteur soit enchanté de votre première idée et passe à la question suivante).

À propos de démarches alternatives, un lecteur du blog Classic Puzzles a fourni la réponse suivante à la question des œufs :

> 1. Laissez tomber l'œuf du deuxième étage. Regardez-le se casser. Étouffez un juron.
> 2. Redescendez au premier étage, lâchez le deuxième œuf. Comprenez rapidement que même une chute d'un étage est trop pour un œuf de m…
> 3. Humiliez le recruteur et mettez-le au défi de lâcher un œuf sans qu'il se casse plus d'une fois en tombant de n'importe quelle fenêtre de m… de tout cet immeuble à la c…
> 4. Montez en grade.

QUESTIONS
Énigmes du type : « Comment feriez vous pour… »

Voici une sélection de questions à algorithme, dont la plupart n'exigent pas de connaissances particulières. Les deux dernières questions – « de A à B » et « le couple d'étoiles les plus rapprochées » – sont posées à des ingénieurs en logiciel chez Google et sont plus techniques que les autres questions figurant dans ce livre. Je les ai citées parce qu'elles ressemblent à des *koans* zen et qu'elles inspirent occasionnellement des réponses intelligentes autres que celle prévue. (Les réponses commencent p. 311.)

? Il pleut et vous êtes obligé d'aller à votre voiture, qui est garée tout au bout du parking. Avez-vous intérêt à courir ou non, si le but est de vous mouiller le moins possible ? Et si vous aviez un parapluie ?

? Vous avez un bocal plein de billes et pouvez déterminer à tout moment le nombre de billes dans le bocal. Vous jouez avec un ami : chacun à votre tour, vous retirez 1 ou 2 billes du bocal. Le gagnant est celui qui retire la dernière bille.

Quelle est la meilleure stratégie ? Pouvez-vous prédire qui gagnera ?

❓ Vous avez une flottille de 50 camions, chacun avec un réservoir de carburant plein qui permet une autonomie de 100 milles. À quelle distance maximale pourrez-vous livrer un chargement ? Et si vous avez *n* camions ?

❓ Simulez un dé à sept faces avec un dé à cinq faces. Comment produiriez-vous un nombre aléatoire entre 1 et 7 avec un dé à cinq faces ?

❓ Vous avez une pièce vide et un groupe de personnes qui attendent dehors. Un « mouvement » consiste soit à laisser entrer une personne, soit à en laisser partir une. Pouvez-vous élaborer une séquence de mouvements de façon que toutes les combinaisons possibles de personnes dans la pièce se produisent une fois seulement ?

❓ Vous disposez d'une réserve illimitée de briques. Vous voulez les empiler de façon que chaque brique soit en porte-à-faux par rapport à celle en dessous. Quel est le surplomb maximal que vous puissiez obtenir ?

❓ Vous devez aller du point A au point B. Vous ne savez pas si vous pouvez arriver en B. Que faites-vous ?

❓ Comment trouver le couple d'étoiles les plus rapprochées dans le ciel ?

10.

PESER VOTRE TÊTE

Que faire quand on sèche ?

Lors du Big Daddy Burger Eating Contest de 2006, qui se tenait au Plaza Hotel & Casino de Las Vegas, les concurrents s'affrontaient en contre-la-montre pour dévorer un hamburger annoncé sur l'affiche comme étant plus gros que la tête de David Hasselhoff. Ce détail avait été inventé par un attaché de presse esclave de la théorie voulant qu'il y ait chez David Hasselhoff quelque chose d'intrinsèquement drôle. L'ennui, c'était que personne ne savait combien pesait la tête de David Hasselhoff. Hasselhoff lui-même ne le savait probablement pas. « À moins d'en connaître le poids avec certitude, il est irresponsable d'utiliser la tête de M. Hasselhoff comme étalon pour mesurer ce hamburger », déclara dans un communiqué de presse facétieusement libellé Richard Shea, président de l'IFCE (International Federation of Competitive Eating), la Fédération internationale d'alimentation sportive[1].

L'IFCE invita Hasselhoff à participer à une pesée non chirurgicale de sa tête. L'entourage de Hasselhoff refusa de collaborer, et les organisateurs de l'épreuve fixèrent donc arbitrairement le poids du hamburger à 9 livres. Sonya Thomas, dite la Veuve Noire, triompha en le dévorant en vingt-neuf minutes[2].

Cette information insolite est peut-être à l'origine d'une des questions les plus diaboliques des entretiens de recrutement actuels : « Comment pèseriez-vous votre tête ? » Si elle est utilisée depuis longtemps dans les entretiens de sélection à Oxford et Cambridge, c'est depuis quelques années seulement que les entreprises technologiques états-uniennes commencent à la poser. Contrairement aux autres énigmes du présent ouvrage, celle-ci est incroyablement difficile et n'a pas de réponse satisfaisante. C'est avant tout un moyen de mettre le candidat en difficulté, et de voir comment il va réagir à une exigence presque impossible à contenter et à un échec quasi certain.

En 1990, déjà, Joel Spolsky, ancien recruteur chez Microsoft, essaya de demander : « Comment fabrique-t-on les M&M's ? » Même lui ne connaissait pas la réponse[3]. Dans le même esprit, il y a la tradition du « releveur de barre », cet interrogateur du genre flic méchant qui pose des questions incroyablement difficiles en dehors du domaine de compétence du candidat. Amazon attache un certain prix aux généralistes, mais il n'existe pas de génie universel. Les candidats sont jugés sur l'énergie et le courage qu'ils mettent à affronter les énigmes quasi insolubles du releveur de barre.

Et cela devient une stratégie répandue en cette époque si cruelle pour les postulants à un emploi. Un autre exemple notoire de question impossible demande :

? Nage-t-on plus vite dans l'eau ou dans le sirop ?

Il se trouve que sir Isaac Newton réfléchit à cette question il y plus de trois cents ans. La réponse de Newton était fausse. Par bonheur, il ne tenta jamais de décrocher un job à Silicon Valley.

Comment se rattraper quand l'entretien tourne mal

J'ai donné dans ce livre de nombreux exemples de manières de répondre à des questions ardues. Tôt ou tard, vous tomberez sur une question à laquelle vous ne pourrez pas répondre. Il n'est pas nécessaire qu'elle soit aussi ardue que les questions ci-dessus. Si vous séchez, vous séchez, et le fait que certains puissent trouver la question facile ne sera qu'une piètre consolation. Il y a toutefois moyen de rattraper une réponse qui s'enlise.

Je ne suis pas en train de dire que vous pouvez y aller au bluff avec ce type de questions. Je dis que vous respecterez mieux l'étiquette de l'entretien en continuant d'essayer de répondre à la question jusqu'à ce que votre interlocuteur vous arrête. Les recruteurs devraient savoir que l'innovation exige de la persistance, de l'intuition et de la chance. Vous pouvez au moins assurer la partie « persistance ».

Votre objectif devrait être d'éviter les blancs. Le silence est embarrassant pour les deux interlocuteurs, et vous serez tenté de mettre fin à cette triste situation en annonçant que vous ne trouvez rien. Aux yeux de certains recruteurs, vous passerez alors pour un dégonflé. Parler est souhaitable aussi pour une autre raison : il arrive parfois que l'idée suive le discours. Tenir des propos décousus sur le sujet peut vous donner l'idée d'une démarche à laquelle vous n'auriez normalement pas pensé.

Le plus dur est de savoir quoi dire quand vous ne voyez vraiment pas comment traiter la question. Voici quelques suggestions :

Reformulez la question. Traduisez-la dans vos propres termes, ce qui permet de vérifier si vous avez bien compris les détails, et démasque parfois des questions pièges qui dépendent d'une interprétation littérale du libellé.

Réduisez les ambiguïtés. Quelle que soit la question, vous pouvez demander des éclaircissements ou des précisions. (« Quand vous dites “nager dans le sirop”, vous voulez dire un sirop spécifique, comme le sirop d'érable, ou tout liquide plus épais que l'eau ? ») Vous obtiendrez des indices sur le type de réponses attendu par l'examinateur. Demander des informations supplémentaires est vital dans les questions interactives pour lesquelles vous êtes censé extraire les détails complets du problème à partir des réactions de votre interlocuteur.

Expliquez pourquoi la réponse évidente est fausse. Il s'agit ici de question difficiles, et « difficile » signifie en général que la première réponse qui vous viendra à l'esprit ne sera pas la bonne. En adoptant un ton sceptique, essayez de prouver que la réponse ou la démarche évidentes sont erronées. (« Je crois que mon premier réflexe serait de dire qu'on nage plus lentement dans le sirop. Mais si c'est plus épais, il est plus facile de prendre appui… »)

Utilisez l'analogie. La formation d'analogies ou de représentations mentales est la clé de toutes les variétés de pensées créatives. Trouvez comment comparer le problème à quelque chose de familier – ou de carrément étranger. (« La différence entre nager dans le sirop et nager dans l'eau est un peu comme la différence entre faire voler un modèle réduit d'avion autour de la Terre et en faire voler un autour de la Lune, où il n'y a pas d'air. Comment se comporterait un modèle réduit d'avion sur la Lune ? »)

Remue-méninges. Avec un peu de chance, vos analogies vont suggérer des manières différentes – et pas trop évidentes – d'attaquer le problème. Essayez d'énumérer autant de démarches que possible. Toutes ne seront pas de « bonnes » réponses, mais ça ne fait rien. Mieux vaut trouver beaucoup d'idées mal dégrossies que pas d'idées du tout. En outre, s'adonner au remue-méninges est une manière de solliciter des indices. Il se peut que les recruteurs les plus inflexibles vous donnent quelques indications, du moment qu'ils voient que vous faites des efforts.

Critique. Vous devriez analyser les problèmes avec vos idées passées au remue-méninges. Ce qui d'ordinaire vous donne matière à parler abondamment, même si vous séchez, et peut solliciter d'autres indications. Idéalement, vous devriez fournir une manière de conclusion en disant quelle démarche est la plus prometteuse.

Bascules, scanographie intégrale, jumeau putatif

Je vais vous guider pas à pas vers une réponse possible à l'énigme « Comment peser votre tête ». La question pourrait être reformulée ainsi : « Vous voulez que je pèse ma tête, avec une sorte de balance, et sans la détacher de mon corps ? » C'est exact.

Il y a plusieurs ambiguïtés à résoudre en interrogeant l'examinateur. Par exemple : « Qu'entendez-vous précisément par "tête" ? Est-ce que la tête comprend le cou, ou seulement la moitié du cou, ou est-ce qu'elle se termine à ras du menton ? »

Vous devez aussi demander si vous avez le droit d'utiliser des calculs ou des estimations : « Est-ce que la balance doit vraiment donner le poids correct, ou alors est-ce que je peux effectuer plusieurs mesures et calculer le poids à partir d'elles ? »

Les examinateurs peuvent donner des réponses variables à la première question. En fait, une réponse idéale vous laisserait tracer à votre gré la frontière entre la « tête » et le « corps ». La réponse à la deuxième demande est qu'il ne s'agit pas ici d'une question Fermi. Vous n'avez pas simplement à estimer le poids d'une tête en général, mais à déterminer le poids réel de votre propre tête. Les calculs sont autorisés, pas les estimations.

La réponse évidente (1) est de vous allonger sur le plancher et de poser votre tête sur un pèse-personne. Ou alors de vous étendre sur une chaise longue, la tête en porte-à-faux et nichée dans la cuvette d'une balance de boucher maintenue à une hauteur confortable. Si votre nuque est totalement détendue et votre corps soutenu par ailleurs, la balance devrait donner le poids de votre tête, et seulement ce poids.

Vous avez dû deviner que ce n'est pas si facile que ça (bien que l'IFCE ait suggéré quelque chose dans ce style à David Hasselhoff). L'étape suivante de votre réponse serait peut-être de critiquer cette première réaction. La méthode de la tête sur la balance fonctionnerait, certes, mais seulement si le cou était un cordon inerte, de poids négligeable, reliant la tête et le corps. En réalité, le cou a un certain poids et ne peut pas se détendre complètement (il y a un morceau de colonne vertébrale à l'intérieur). La position de la tête et la tension du cou pourraient fausser la mesure. Ou pas. Qui sait ?

À titre expérimental, j'ai moi-même essayé cette méthode. Je me suis allongé sur la moquette, laissant ma tête reposer sur un pèse-personne à affichage numérique dont la surface du plateau était à environ 3 centimètres du tapis. La mesure variait fortement avec la position. Allongé sur le côté, j'obtenais des mesures dont la moyenne donnait 4 kilos. Sur le dos (position la plus confortable), le résultat moyen était d'environ 5 kilos. Sur le ventre, la tête tournée sur le côté, la mesure donnait environ 7,5 kg. Dans cette position, ma figure était inconfortablement pressée contre le plateau, et je sentais le poids transmis par mes épaules.

Je suis à peu près sûr que les 5 kilos représentent une moyenne réaliste. En outre, je suis fortement convaincu que vous ne rencontrerez jamais un recruteur qui ait essayé cette méthode – et c'est pour cette raison que vous devriez la proscrire. On ne croira jamais que ça puisse marcher.

L'étape suivante serait normalement de soumettre au remue-méninges d'autres méthodes possibles. En voici quelques-unes, communément citées :

> (2) La bascule : Allongez-vous sur une bascule, votre cou juste au-dessus du pivot, votre corps de l'autre côté. Son poids fera évidemment pencher la bascule, qui touchera le sol de ce côté. Additionnez des poids du côté

de la tête jusqu'à ce que la bascule soit en équilibre. Déduisez le poids ainsi.

(3) Le minimanège : C'est un appareil typique des terrains de jeux, qui consiste en un grand disque rotatif mis en mouvement par l'enfant lui-même. Montez sur le plateau et placez votre cou au centre du disque. Un ami fera tourner le manège tout en effectuant des mesures précises de la force nécessaire. Calculez le poids de votre tête à partir du moment angulaire.

(4) L'examen IRM du corps : Passez votre corps dans un appareil IRM (imagerie par résonance magnétique), qui mesure la densité de la masse. Ou essayez les nouveaux scanners des aéroports, qui utilisent des rayons X à faible dose. Utilisez les résultats pour déterminer le pourcentage de masse dans votre tête et déduisez votre réponse à partir de là.

(5) Le cadavre jumeau : Allez dans une faculté de médecine et trouvez un cadavre qui soit votre double exact, du point de vue de la stature, du poids et de la corpulence. Persuadez la direction de l'établissement de vous laisser peser le cadavre, de lui couper la tête et de la peser elle aussi. Ce qui vous donnera le pourcentage du poids corporel total attribuable à la tête. Appliquez ce coefficient à votre poids non habillé (en supposant que le cadavre ne soit pas habillé lui non plus). Si vous trouvez cette méthode trop macabre pour pouvoir l'envisager, vous découvrirez plus loin l'indication d'un raccourci.

Vous pouvez critiquer ces réponses aussi, d'autant plus qu'aucune ne semble particulièrement utilisable. Avec la bascule et le minimanège, la distance entre les poids et le pivot ou l'axe compte autant que les poids eux-mêmes.

C'est pourquoi un bambin obèse pourra être en équilibre avec un maigrichon en se rapprochant du pivot. Pour calculer le poids de votre tête, vous auriez besoin de savoir la répartition pondérale exacte de votre corps de la tête aux pieds. C'est précisément ce que vous ne savez pas.

Les appareils IRM comme les scanners d'aéroport fournissent une vision « aux rayons X » (littéralement, dans le cas des scanners d'aéroport, ce qui permet aux opérateurs de voir à travers les vêtements et de repérer tout ce qui est plus dense que la chair). Les appareils IRM mesurent la densité des protons. Ce sont principalement les noyaux des atomes d'hydrogène dans l'eau, et le corps humain est en grande partie constitué d'eau. Il y a aussi des atomes d'hydrogène dans les protéines et les graisses. Malheureusement, les atomes d'hydrogène ne sont pas une représentation exacte de la masse corporelle. Les os et les dents contiennent peu d'hydrogène, et ce sont les matériaux les plus denses du corps.

L'examen IRM intégral du corps est probablement moins efficace qu'il n'en a l'air. À moins de disposer d'un budget digne de la NASA, seriez-vous vraiment en mesure d'examiner les données et d'en déduire le poids de votre tête ? Songez à la somme de travail nécessaire et aux frais impliqués, et demandez-vous si, tout bien considéré, cette méthode serait vraiment plus précise que d'autres solutions plus rapides.

Ruminer des idées non abouties peut parfois produire des informations. Un problème souvent cité ici est que vous ne savez pas le poids de votre tête en termes de pourcentage du poids corporel total. Et vous ne pouvez pas aller plus loin à moins d'avoir une intuition du type *eurêka !*

Eurêka ! (Ou non.)

C'est à prendre à la lettre. Les lecteurs érudits se rappelleront l'histoire expliquant les origines du terme *eurêka*. Le roi Hiéron II de Syracuse avait commandé à un orfèvre une couronne en or pour un temple. Il soupçonnait l'artisan de l'avoir trompé en remplaçant un peu de l'or fourni par de l'argent. Hiéron demanda à Archimède, son conseiller en technologie, de déterminer s'il y avait eu substitution du métal moins cher. C'était bien longtemps avant l'apparition de la chimie. Tout le monde savait cependant que l'or était plus dense que l'argent.

La couronne était de forme irrégulière. On ne pouvait la placer sur une balance avec un volume égal d'or, puisque personne ne pouvait évaluer ce volume. Perplexe, Archimède décida d'aller prendre un bain. Il remarqua que le niveau de l'eau s'éleva quand il entra dans la baignoire. Ce qui lui donna la solution. Archimède bondit hors de sa baignoire et courut nu dans les rues de la ville en criant : « εύρηκα ! » – « J'ai trouvé ! » Il mesura le volume de la couronne en la plongeant dans l'eau. Cette valeur plus le poids de l'objet lui permit d'en calculer la densité. Il prouva qu'elle était inférieure à celle de l'or pur, et donc que l'orfèvre était un escroc.

Comme beaucoup d'histoires issues de l'Antiquité, celle-là est peut-être fictive. Elle fut rapportée par Vitruve, qui vécut deux siècles plus tard. L'anecdote est absente du *Traité des corps flottants* d'Archimède, et de ses autres ouvrages qui ont survécu jusqu'à nous. Qu'elle soit vraie ou fausse, la culture occidentale l'a adoptée en tant que paradigme montrant comment le raisonnement linéaire peut s'insinuer dans les circonvolutions complexes du monde.

Vous pouvez trouver une analogie entre le procédé d'Archimède et le problème à résoudre. L'un comme l'autre impliquent une balance et la mesure d'un objet de forme complexe. Essayez ceci : (6) Posez sur une cuvette un seau plein d'eau à ras bord. Penchez-vous et plongez votre tête dans le seau, suffisamment profond pour que le niveau de l'eau coïncide avec votre ligne imaginaire séparant la tête et le corps. Ce geste va répandre de l'eau dans la cuvette. Sortez la tête de l'eau, puis mesurez le volume de l'eau recueillie dans la cuvette. Il sera égal au volume de votre tête.

La même procédure, avec un récipient plus grand, vous permettra de mesurer le volume de votre corps tout entier. Utilisez ensuite un pèse-personne pour mesurer votre poids total. Divisez ce poids par le volume pour obtenir la densité générale de votre corps.

Ce calcul suppose que la densité de la tête est égale à la densité du corps. Hmmm… vous pourriez peut-être demander à votre interlocuteur si cette supposition est légitime. Mais ne soyez pas surpris s'il dit que non. La densité de la tête n'est pas la même que celle du corps.

À ce stade, il est facile de s'enliser. La première immersion mesure le volume de votre tête. Il doit bien y avoir un moyen de trouver sa densité, du moins le croyez-vous. De malheureux candidats remplissent le tableau blanc d'équations et de graphiques, élaborent des expériences de flottaison tortueuses et torturantes : elles impliquent souvent des pesées la tête en bas, le corps suspendu par les pieds et la tête sous l'eau.

Économisez-vous cette corvée. La tâche est impossible. La force de flottaison d'un corps immergé dépend du poids de l'eau qu'il déplace. (C'est le principe d'Archimède mentionné dans son ouvrage *Traité des corps flottants.*) Le poids de l'eau déplacée est égal au volume de l'objet créant le déplacement (votre tête, donc) multiplié par la densité de l'eau. C'est la densité de l'eau qui compte, et non celle de votre tête. Votre tête peut être remplie d'air ou d'une matière plus dense, ça ne change rien.

Contrairement à un casse-tête classique, cette question n'a pas de réponse magique où tout est résolu à 100 %. Y répondre s'apparente plutôt à la résolution d'un problème du monde réel. Vous êtes obligé de faire des concessions intelligentes et d'arriver à un résultat assez bon pour le but cherché.

Il existe des moyens d'affiner votre estimation de la densité de votre tête. Le corps humain est fait de diverses substances dont les densités sont connues. C'est le fondement de la pesée subaquatique, utilisée pour mesurer les proportions de muscle et de graisse (et fondée en dernière analyse sur le principe d'Archimède). Le sujet prend place dans un siège attaché à une balance à ressort. Le siège est plongé dans l'eau et la balance mesure l'allègement du sujet quand il est immergé. Des formules normalisées permettent à un clinicien de déterminer les proportions relatives de muscle et de graisse.

L'air est le joker de la pesée subaquatique. Il y a beaucoup d'air dans les poumons et dans tout le tube digestif. Presque tout cet air réside en dessous du cou. Normalement, on demande au sujet d'expirer à fond avant l'immersion. Personne ne peut complètement chasser l'air de ses poumons, et il reste de l'air dans l'estomac et les intestins. Ces volumes sont estimés et soustraits à l'aide de formules normalisées[4].

En utilisant ces formules, vous pouvez calculer une densité corporelle purgée d'air qui sera plus forte – et plus représentative de votre tête – que le résultat d'une simple immersion de tout le corps.

En fait, vous pourriez en profiter pour calculer aussi vos pourcentages de muscle et de graisse, et vous en servir pour affiner votre réponse. Un physique inhabituel – celui d'un culturiste, d'un anorexique, d'un obèse – se reflétera dans la densité corporelle, mais il ne devrait pas trop affecter la densité de la tête. (Un haltérophile n'ajoute pas beaucoup de poids à sa tête.) En pareil cas, vous devriez ajuster la densité en direction de la valeur moyenne et utiliser ce chiffre pour la densité de la tête.

Vous devriez toujours essayer de donner une conclusion à votre réponse. Une manière intéressante de le faire est de vous demander laquelle, parmi les méthodes que vous avez décrites, serait la plus précise. Si vous avez songé à toutes les méthodes que j'ai développées, vous pourrez peut-être comparer les mérites des deux démarches les plus prometteuses, celle d'Archimède et celle du cadavre jumeau. Dans les deux cas, vous commencez par votre poids tel qu'il est donné par le pèse-personne (facile et précis), et vous le multipliez par un coefficient obtenu à partir de deux mesures plutôt singulières. Avec la méthode Archimède, c'est le rapport volumique entre votre tête et votre corps, obtenu à partir de deux immersions ; et avec le cadavre jumeau, c'est le rapport des poids de la tête et du corps, déduit de deux pesées. Idéalement, ces deux coefficients devraient être corrigés pour tenir compte de l'air et de votre physique (Archimède), ou de changements dans la répartition du poids qui se produisent après le décès et les soins thanatologiques (cadavre jumeau). Dans l'un et l'autre cas, les corrections seront faites au jugé. Une conjecture raisonnable serait de dire que la méthode du cadavre jumeau est la plus précise. Peser un corps qui n'est pas en mouvement devrait être plus précis qu'une expérience d'immersion sur un corps qui bouge et qui peut être obligé de remonter pour respirer avant que l'eau se soit stabilisée.

D'aucuns se rappelleront peut-être une réplique du film *Jerry Maguire*, où Ray Boyd demande à Jerry : « Tu sais que la tête humaine pèse 3,5 kilos[5] ? » Ce qui prouve que vous ne devriez pas prendre vos données dans les films. Trois kilos et demi, ce serait plutôt léger pour un Américain adulte de corpulence moyenne. Danny Yee, du département d'anatomie et d'histologie de l'université de Sidney, a posé la question au personnel chargé de la dissection et a reçu cette réponse : « La tête d'un cadavre humain adulte, sectionnée au niveau approximatif de la vertèbre C3, pèse, sans cheveux, entre 4,5 et 5 kilogrammes et constitue environ 8 % de la masse corporelle totale[6]. » Bien qu'on ne s'attende pas à ce que vous connaissiez ce pourcentage, vous pouvez dire à votre interlocuteur qu'il doit être connu en médecine et qu'on peut le trouver sur Google – ce qui est exact. Si vous pesez 75 kilos, votre tête pèse environ 8 % de 75, soit 6 kilos.

Il n'y a pas de règles

La question « pesez votre tête » frise l'autodérision. Peser le contenu de votre tête est l'objectif des entretiens « en immersion » actuels. C'est un jeu dans lequel candidat et recruteur se sentent également privés de moyens, et où la frontière entre évaluation et exploitation est souvent floue.

Permettez-moi de terminer sur le conseil le plus important qu'on puisse trouver dans cet ouvrage. Vous pouvez améliorer votre performance dans les questions ardues en pratiquant le tâtonnement.

La plupart des gens ne le font pas. Ils s'imaginent que les types de questions dont j'ai parlé dans ce livre impliquent exclusivement la déduction logique, la connaissance de données ésotériques qui se trouvent avoir là une application, ou encore la possession d'une sorte de génie rare appelée « créativité ». Ils s'attendent à une trajectoire plus ou moins rectiligne entre question et réponse. Lorsque, en revanche, leur raisonnement les conduit dans une impasse, ils le voient comme un échec. À cause de ces fausses espérances, les impasses peuvent avoir un effet psychologique disproportionné, comme des obstacles maladroitement placés sur un parcours de golf. Le candidat se bloque et ne se ressaisit plus.

Il y a plus de preuves que jamais que la créativité implique le tâtonnement. La dernière mode en matière de recherche sur la créativité est la forme ultime de la pesée des têtes, l'encéphalographie IRM. Elle semble confirmer la distinction entre intelligence et créativité. Le cerveau de sujets qui ont de bons résultats aux tests psychologiques de créativité fonctionne en réalité plus lentement dans certaines situations que celui de sujets moins créatifs. « Le cerveau paraît être une autoroute superefficace pour amener du point A au point B, explique Rex Jung du Mind Research Network d'Albuquerque[7]. Mais, dans les régions du cerveau associées à la créativité, il semble qu'il y ait des tas de petites routes secondaires, avec des détours intéressants et des chemins de traverse sinueux. » Rex Jung présume que le ralentissement de l'influx nerveux « pourrait permettre l'association de plus d'idées disparates, plus de nouveauté et plus de créativité[8] ».

Notre esprit est optimisé pour voir les solutions évidentes des problèmes. Les solutions évidentes sont généralement correctes – sauf quand elles ne le sont pas. Le problème est alors considéré comme « difficile ». Les questions figurant dans ce livre sont toutes conçues pour être difficiles en ce qu'elles démentissent nos conjectures raisonnables. On y répond en soumettant au remue-méninges les démarches moins évidentes, et en les testant pour voir celles qui fonctionnent le mieux. La créativité peut être une tâche pénible, et il y a des gens qui la trouvent ennuyeuse. Les sujets dits créatifs sont ceux qui ne s'ennuient pas ou qui, en tout cas, sont assez motivés pour continuer vaille que vaille. Il n'existe pas d'algorithme magique pour résoudre un problème inhabituel. « Et zut, il n'y a pas de règles ici, comme le déclara un jour Thomas Edison. Nous essayons d'accomplir quelque chose[9]. »

Un scepticisme comparable s'incruste actuellement dans la culture de l'entretien de recrutement. C'est un scepticisme visant les définitions de postes, les organigrammes, les secteurs industriels, et même les rapports humains traditionnels. Nos réseaux de communication en croissance continue sont les moteurs de la destruction créative, dotés du pouvoir de créer et d'anéantir des projets d'entreprise. Tout sera complètement différent dans cinq ans – c'est devenu un axiome. Il y aura de nouvelles règles, de nouvelles manières de gagner de l'argent, de nouveaux modes de vie. Cette culture frénétique conduit les employeurs à mépriser les aptitudes et les qualifications fixes au profit du concept séduisant de flexibilité mentale. Une flexibilité pour quoi, au juste ? On est parfois obligé de se le demander. Le monde sera-t-il si différent dans cinq ans ?

C'est une énigme sur laquelle nous travaillons tous. En attendant, ceux qui triomphent aujourd'hui dans les jeux cérébraux des entretiens de recrutement savent comment assumer les faux pas : en trouvant le temps et les moyens de s'adonner à l'exploration d'idées inédites. Il se peut que le succès ne dépende pas vraiment d'une supériorité de l'intellect, mais plutôt d'une gestion plus modeste des attentes. Et la ténacité est un élément important de la créativité. C'est la thèse non écrite à la base de l'entretien éprouvant tel qu'il se pratique aujourd'hui. Comme le disait un recruteur Google : « L'objectif est de découvrir à quel moment les candidats sont à court d'idées[10]. »

RÉPONSES

Avec une énigme logique classique, il y a une bonne réponse ; ce n'est plus tellement vrai avec les plus intéressantes des questions d'entretiens actuelles. Chaque fois que c'est possible, j'indique les bonnes réponses et les réponses pas-si-bonnes-que-ça, et j'explique pourquoi il y a une différence. Il y a souvent d'autres bonnes réponses. Si vous en avez une meilleure, lancez-vous.

Chapitre 1

? Vous rapetissez jusqu'à la taille d'une pièce de 5 cents et êtes projeté dans un mixeur. Votre masse est réduite, si bien que votre densité n'est pas modifiée. Les lames entrent en action dans 60 secondes. Que faites-vous ?

Ceux d'entre vous qui ont suivi attentivement le cours de physique se rappelleront la formule donnant l'énergie d'un projectile : $E = mgh$. E est l'énergie (par exemple, celle d'une fusée improvisée avec une bouteille), *m* est la masse de la fusée, *g* est la constante de gravitation qui gouverne l'accélération, et *h* la hauteur atteinte par la fusée. Cette hauteur est directement proportionnelle à l'énergie (tant que la masse reste la même).

Supposons que vous attachiez ensemble deux mini-fusées et que vous les mettiez à feu simultanément. La double fusée montera-t-elle plus haut ? Non : elle a deux fois plus de combustible, donc deux fois plus d'énergie, mais elle a deux fois plus de masse à arracher à la pesanteur. Par conséquent, la hauteur *h* ne change pas. Le même principe s'applique aux humains rétrécis. Tant que l'énergie musculaire et la masse corporelle diminuent dans les mêmes proportions, la hauteur du saut ne devrait pas changer.

❓ Quand le vent souffle, est-ce qu'un vol aller-retour en avion prend plus de temps, moins de temps ou le même temps ?

La réponse instinctive habituelle est que les effets du vent s'annulent. Un vent contraire vous ralentira à l'aller ; il devient ensuite un vent arrière au retour et vous permet de rattraper le temps perdu. C'est correct, jusqu'à un certain point. La question est de savoir si la durée de l'aller-retour est *exactement* la même.

Soit un avion qui fait l'aller-retour entre San Francisco et Washington à 1 000 kilomètres à l'heure. Par pure coïncidence, un caprice du réchauffement climatique a créé un jet-stream constant soufflant d'ouest en est à 1 000 kilomètres à l'heure. C'est parfait pour le trajet San Francisco-Washington. Le vent arrière hyper-cyclonique double la vitesse au sol de l'avion et lui permet de rejoindre Washington en divisant par deux la durée habituelle du vol.

C'est le retour qui tue. L'avion affronte un vent contraire soufflant à 1 000 kilomètres à l'heure. Le pilote aurait beau pousser les moteurs, il ne pourrait jamais vaincre cet obstacle. Même si l'avion arrivait à décoller, sa vitesse au sol serait égale à 0. (« Ici, vois-tu, on est obligé de courir tant qu'on peut pour rester au même endroit », disait la Reine Rouge à Alice dans *De l'autre côté du miroir.*) L'avion n'arrivera jamais à San Francisco. Le « retour » est d'une durée infinie, et l'aller-retour aussi.

La situation est facile à comprendre dans ce cas extrême. Sur un vol de 5 heures, un vent arrière peut vous économiser (au maximum) 5 heures. Un vent contraire peut vous coûter une éternité. Ce principe de base est vrai quelle que soit la vitesse du vent. Un vent de 500 kilomètres à l'heure retrancherait 1,7 à la durée d'un vol de 5 heures à l'aller, mais ajouterait 5 heures au retour. Un vent constant augmente toujours la durée de l'aller-retour.

Pour parachever votre réponse, vous pourriez aussi envisager un vent latéral. Supposons que le vent souffle du nord, à angle droit par rapport à la ligne aérienne San Francisco-Washington. Si vous ignoriez ce vent et mainteniez le cap habituel, le vent pousserait l'avion vers le sud pendant toute la durée du vol. Et vous arriveriez quelque part au sud de Washington. Pour compenser le vent latéral, il vous faut mettre le cap légèrement au nord de Washington, et donc contre le vent. Ce qui signifie qu'un peu de la vitesse de l'appareil sert à lutter contre le vent, laissant une composante réduite assurer le vol vers l'est. Le trajet dure un peu plus longtemps. Au retour, vous avez le même vent latéral et devez appliquer la même correction. L'aller comme le retour durent plus longtemps.

En général, on ne devrait pas s'attendre à ce que le vent soit exactement orienté comme le vol ou exactement à angle droit. Sa direction serait quelque part entre les deux. Vous pouvez diviser la vitesse du vent entre les composantes vent contraire-vent arrière et vent latéral. En résumé, les deux composantes augmentent la durée du voyage aller-retour. Le meilleur vent pour les voyageurs qui font un aller-retour est celui qui ne souffle pas.

Quel est le terme suivant de cette suite ?

SSS, SCC, C, SC

Cette suite correspond aux lettres de l'alphabet (en capitales) cryptées dans un code farfelu. Le *A* est composé de trois segments droits, codés SSS. Le *B* est un segment droit et deux courbes, donc SCC. Le *C* se réduit à une courbe et demeure donc C, par pure coïncidence. Le *D* est un segment droit et une courbe, SC. Ce qui nous amène au terme suivant, qui doit représenter le *E* : quatre segments droits donnent SSSS.

Cette question est devenue populaire chez Amazon, mais elle dépend probablement trop de l'intuition pour être un test valable. Beaucoup de gens intelligents songent à des nombres binaires, à des chiffres romains et à d'autres concepts qui ne les conduiront nulle part.

Votre voisin et vous-même participez à un vide-greniers le même jour. Vous avez tous les deux l'intention de vendre exactement le même article. Vous comptez mettre votre article en vente à 100 dollars. Le voisin vous a informé qu'il allait mettre le sien en vente à 40 dollars. Les articles sont dans un état identique. Que faites-vous, en supposant que vous n'êtes pas en très bons termes avec ce voisin ?

La mention de rapports tendus entre voisins (et le fait que cette question soit fréquemment posée dans les sociétés les plus agressives de Wall Street) devrait vous indiquer qu'on attend de vous une réaction stratégique.

Dites-vous que votre temps est précieux. Vous avez mieux à faire pour occuper vos week-ends que courir les vide-greniers. Par conséquent, vous essayez d'afficher les articles à un prix assurant de fortes chances de vente. Vous voulez vous débarrasser de presque tout à la fin de la journée.

En supposant que votre voisin soit dans la même situation, il doit quand même y avoir une différence d'opinion sur l'estimation de la valeur de l'objet. Pourvu qu'au moins une personne soit disposée à payer 40 dollars, le voisin peut escompter vendre son article, réduisant vos chances de vendre le vôtre. Vous craignez qu'il n'y ait qu'un seul « généreux acheteur » prêt à payer 100 dollars, et qu'il fasse l'affaire avec votre voisin, pas avec vous.

La solution amicale serait de prendre votre voisin à part et de lui dire : « Écoutez, un Goldorak état neuf absolu dans son emballage d'origine, ça vaut 100 dollars. Regardez sur eBay. À 40 dollars, c'est un cadeau que vous faites. » Cela peut persuader le voisin de relever son prix, voire d'égaler vos 100 dollars. Mais ce plan ne passe pas pour une très bonne réponse. Admettons que le généreux acheteur trouve deux articles identiques en vente à 100 dollars. Il y a des chances égales qu'il choisisse l'un ou l'autre, et l'autre restera invendu.

Paradoxalement, vous seriez en meilleure position si votre voisin baissait son prix. S'il cédait l'article pour trois fois rien au premier acheteur venu, alors vous n'auriez plus à vous en préoccuper. Vous voulez simplement que l'article du voisin disparaisse du marché, d'une manière ou d'une autre.

Vous pourriez peut-être proposer au voisin de le rémunérer pour qu'il ne mette pas l'article en vente. Difficile de dire s'il accepterait ou non. Il pourrait se sentir insulté, et il pourrait essayer de vous le vendre à un prix exorbitant. Il y a une meilleure réponse, plus simple : acheter l'article de votre voisin.

Pourquoi ? Pour commencer, il serait content de vendre l'objet immédiatement. Il y a peu de risques qu'il se sente insulté ou qu'il augmente le prix. Vous pouvez marchander, comme n'importe quel acheteur, et peut-être obtenir l'objet pour moins de 40 dollars.

Pourquoi voudriez-vous avoir l'article vendu par votre voisin ? Quand vous mettez quelque chose en vente à 100 dollars, vous espérez faire un bénéfice correct, compensant ainsi le temps que vous avez investi dans sa vente, et incluant la probabilité que l'objet ne se vende pas. Tout ce qui réduit vos chances de le vendre vous coûte en réalité une fraction significative de ces 100 dollars. Les chiffres mentionnés dans cette énigme ont été choisis de façon que le prix cité par le voisin soit comparable au préjudice économique qu'il vous cause. En achetant cet article, vous obtenez le droit non seulement de le retirer du marché, quand cela vous arrange, mais aussi de le vendre au prix déterminé par le marché. Tout ce que vous gagnerez en vendant le second article sera du bénéfice net !

Le meilleur plan consiste à dissimuler l'un des articles jusqu'à ce que l'autre soit vendu. Mettez ensuite le second en vente à un prix d'autant plus réduit que la clôture du marché est proche.

? Vous posez un verre d'eau sur le plateau d'un électrophone et commencez à en augmenter progressivement la vitesse. Qu'arrivera-t-il en premier : le verre glissera et tombera du plateau, le verre basculera sur place ou l'eau débordera ?

Cette énigme est proposée chez Apple. La plupart des gens comprennent que cette question implique la force centrifuge. Tout aussi importante est la force de friction. C'est la friction entre le fond du verre et le plateau qui met le verre en mouvement.

Pour rendre cela plus clair, imaginons un monde sans friction. Tout est plus glissant que le Téflon, infiniment glissant. L'expérience évoquée dans la question n'aurait alors aucun effet sur le verre. Le plateau glisserait sans effort sous le verre, et le verre ne bougerait pas. Ce qui est conforme à la première loi de Newton : les objets stationnaires le restent à moins qu'une force quelconque agisse sur eux. Sans la force de la friction, le verre ne tournera pas.

Imaginons maintenant qu'on solidarise le verre et le plateau avec une colle au cyanoacrylate, créant ainsi une friction infinie entre les deux surfaces. Le verre et le plateau accouplés sont obligés de tourner ensemble. Augmentez la vitesse, et le verre tournera plus vite. Ce qui crée une force centrifuge. La seule entité qui soit libre de réagir à cette force est l'eau. Elle n'est pas collée aux parois du verre. Une fois que le verre tournera assez vite, l'eau débordera par l'extérieur, comme pour échapper au centre de rotation.

La question vous demande d'envisager un cas entre ces deux extrêmes. Au début, la friction sera suffisante pour maintenir le verre en place. Il tournera avec le plateau en créant une force centrifuge modérée. Quand la rotation du plateau s'accélère, la force centrifuge croît. La force de friction qui maintient le verre en place restera à peu près la même. Par conséquent, il y aura forcément un point où la force centrifuge dépassera la force de friction.

Les lecteurs qui ont étudié la physique ou passé beaucoup de temps sur les toboggans des terrains de jeu se rappelleront qu'un objet qui commence à glisser rencontre moins de friction que lorsqu'il était immobile. On « colle » un peu en haut du toboggan, puis tout à coup on glisse librement. Il en est de même pour le verre. Au lieu d'accélérer progressivement, le verre restera fixe, puis commencera à glisser.

Que se passe-t-il alors ? La réponse est : *Cela dépend de la forme du verre et de son remplissage.* Ce n'est pas une tentative sournoise pour éluder la question. Tous les scénarios suivants sont réalistes :

1. Remplir un verre à ras bord. La moindre force centrifuge fera monter l'eau du côté extérieur, répandant une petite quantité de liquide. Cela se produira tant que le verre « colle » – avant qu'il glisse.
2. Utiliser un « verre » très plat, comme une boîte de Petri, avec au fond une unique goutte d'eau. Le verre ne pourra pas se renverser, il ne pourra pas non plus tourner assez vite pour que l'unique goutte d'eau gravisse la paroi et tombe à l'extérieur. Au lieu de quoi, quand il tournera suffisamment vite, ce verre ultraplat glissera simplement et tombera du plateau.
3. Utiliser un « verre » très haut, comme une éprouvette à fond plat. La force centrifuge agit sur le centre de gravité. Comme il est situé très haut et que toute la force

de friction est concentrée sur le fond, l'éprouvette se renversera au lieu de glisser.

En outre, la surface du plateau peut faire la différence. Un plateau en caoutchouc augmente la force de friction et encourage les scénarios de débordement et de basculement, toutes choses étant par ailleurs égales. Un plateau nu en plastique dur et glissant favorise le dérapage.

Chapitre 2

? Il est difficile de se rappeler ce qu'on a lu, surtout après de nombreuses années. Comment traiteriez-vous ce problème ?

Dans quelques années, pratiquement toute la lecture se fera sur des écrans électroniques d'un type ou d'un autre. Il est possible d'envisager un agent de lecture personnel qui conserverait la trace de tout ce que vous avez lu, sur n'importe quels machine ou dispositif – depuis les e-mails jusqu'aux magazines, en passant par les tweets et les livres électroniques. Cet agent ou ses données migreraient d'un matériel à un autre et vous suivraient toute votre vie.

- L'agent indexerait intégralement les textes afin que vous puissiez effectuer une recherche par mots-clés.
- L'agent vous permettrait d'annoter vos lectures (comme vous le pouvez avec une liseuse électronique). L'annotation la plus simple serait un surlignement, qui signifierait en substance « il se peut que je veuille me rappeler ceci plus tard ! » Les passages surlignés devraient avoir plus de poids lors des recherches. Vous

devriez pouvoir effectuer aussi des recherches sur le texte des annotations.

- Cet agent pourrait devenir une fonction incorporée à la recherche Google ou à ses futurs équivalents. Google « se rappelle », certes, l'article de journal que vous avez lu en octobre dernier et le contenu intégral de nombreux livres (*via* Google Livres), mais la profusion de résultats pour une recherche donnée peut être impossible à gérer. Si Google (*via* cet agent) conservait la trace de vos lectures sur quelque matériel que ce soit, vous pourriez filtrer les recherches en précisant « uniquement ce que j'ai déjà lu ».
- Si vous pouvez rechercher un article ou un texte dont vous vous souvenez de l'existence, mais dont vous avez oublié le contenu, vous n'effectuerez en revanche pas de recherches sur quelque chose que vous avez totalement oublié et qui vous est sorti de l'esprit. Vous aviez peut-être lu les nouvelles complètes de Gogol à l'université, et les aviez adorées, mais c'est à peine si vous vous souvenez encore d'un personnage, d'une intrigue ou d'une expression – bref, vous avez oublié que vous aviez lu Gogol. L'agent pourrait traiter ce problème en vous rappelant périodiquement les passages surlignés, ceux que vous aviez identifiés comme étant dignes de l'attention de votre moi futur. Peut-être l'agent aurait-il un compte Twitter pour vous envoyer périodiquement des minifragments aléatoires d'un matériau que vous aviez voulu garder en mémoire, mais auquel vous n'avez autrement pas le temps ou l'idée de revenir.
- L'agent mémoriserait aussi les podcasts, les films et les émissions de télévision – pourvu qu'il existe des transcriptions ou des sous-titres, ou qu'on puisse les créer.

? Trois hommes et trois lions sont sur la rive d'un fleuve. Vous devez les transporter tous sur l'autre rive en utilisant un bateau unique qui ne peut prendre que deux créatures (homme ou lion) à la fois. Vous ne pouvez pas laisser les lions devenir plus nombreux que les hommes sur l'une ou l'autre rive du fleuve, parce que, alors, ils les mangeraient. Comment effectueriez-vous ce transport ?

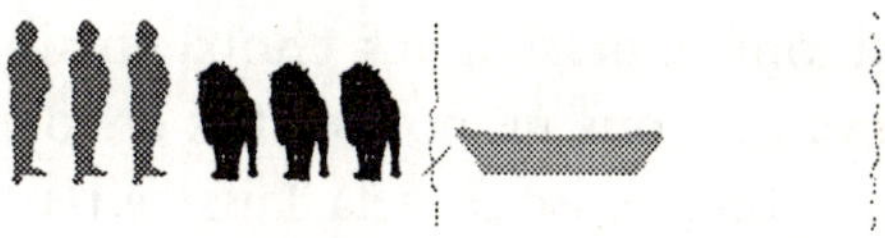

Il y a cinq listes de passagers possibles pour le premier voyage, à savoir : un homme seul ; un lion seul ; un homme et un lion ; deux hommes ; deux lions.

Les lions ne peuvent pas ramer. (Vous seriez surpris du nombre de candidats qui négligent ce détail.) Un bateau sans un humain à bord est immobilisé. Ce qui élimine *un lion seul* et *deux lions.*

Un homme seul et *deux hommes* sont des configurations également déconseillées : elles mettraient l'homme ou les hommes en position d'infériorité numérique sur la rive de départ.

Ce qui ne laisse qu'une configuration possible pour le premier voyage, l'équipage formé d'un lion et d'un homme. Ils abordent donc sur la rive opposée.

Et maintenant ? Il ne se passera rien jusqu'à ce que nous ramenions le bateau sur la rive de départ. Il ne va pas se propulser tout seul. Le lion ne va pas prendre les rames. Cela signifie que l'homme doit revenir seul, ce qui nous donne :

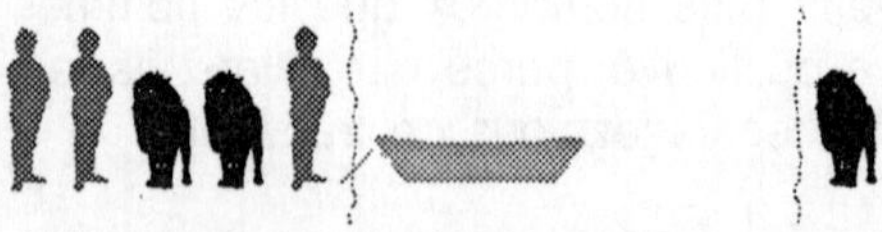

Examinons à présent les choix possibles pour le prochain voyage. Vous ne pouvez pas envoyer deux hommes de l'autre côté, puisque cela laisserait un homme face à deux lions. Les seules possibilités sans risque sont *un homme et un lion* et *un homme seul.* Mais envoyer un homme seul serait absurde. Il serait obligé de faire demi-tour et de revenir. Alors envoyez donc un homme et un lion. L'homme devra pousser le lion hors du bateau et repartir immédiatement, sinon il serait sur la même rive avec deux lions.

Ce qui laisse deux lions sur la rive opposée. Une fois que l'homme est revenu, les trois hommes sont tous sur la rive de départ, en compagnie d'un lion.

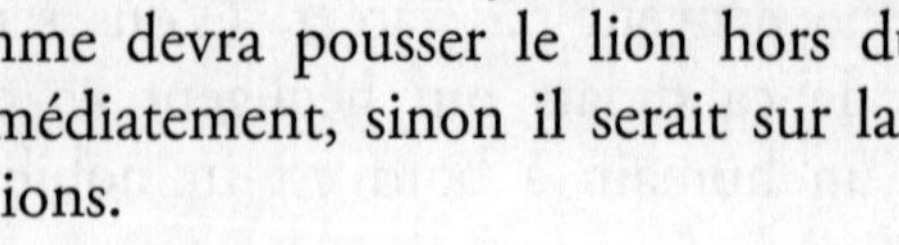

Jusqu'ici, toutes les décisions ont été forcées. Le voyage suivant offre un authentique choix. Nous pouvons envoyer soit *deux hommes*, soit *un homme et un lion.*

Dans ce dernier cas, l'homme serait une fois de plus obligé de débarquer le lion et de repartir immédiatement. Ce qui créerait une majorité mortelle de lions. Avec trois lions sur la rive opposée, on ne pourrait *jamais* plus y faire débarquer un ou plusieurs hommes. Oubliez cette idée.

À la place, envoyez deux hommes sur la rive opposée. Puisqu'ils font jeu égal avec les deux lions qui s'y trouvent, ils peuvent débarquer et se dégourdir les jambes.

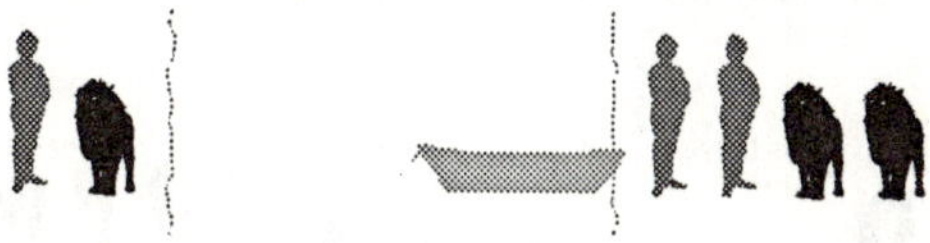

Au retour, ce sera obligatoirement *deux hommes* (inutile inversion du voyage précédent) ou *un homme et un lion*. Ce ne peut être un homme seul, car l'autre serait en position d'infériorité. Donc un homme et un lion retournent sur la rive de départ.

Pour le voyage suivant, nous ne voulons pas faire marche arrière en renvoyant illico l'homme et le lion. La seule possibilité sans risque est d'envoyer deux hommes :

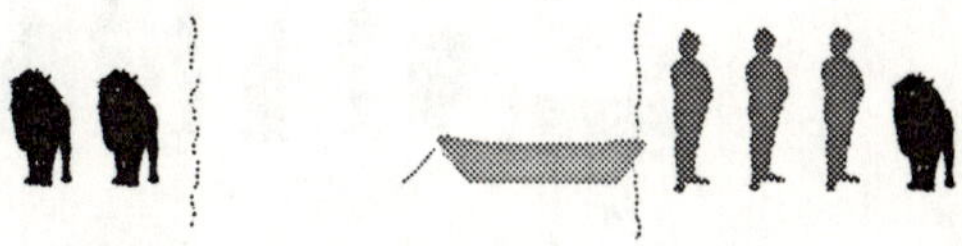

Renvoyez ensuite un homme seul récupérer un lion. L'homme ne peut pas débarquer, car il serait à un contre deux. Il faut qu'il empoigne un lion à bras le corps ou le persuade de sauter dans le bateau. Un quartier de viande serait utile.

Une fois qu'il a mis le lion dans le bateau, l'homme débarque avec lui sur la rive opposée.

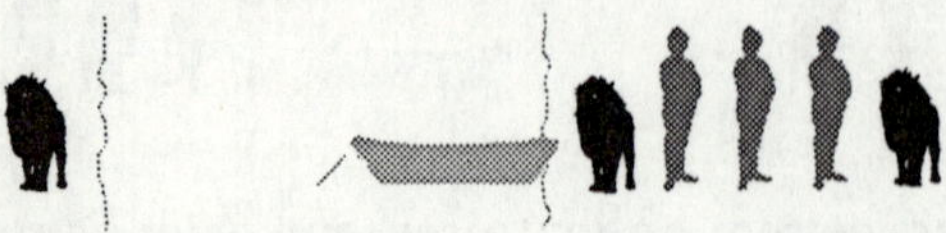

L'homme retourne alors chercher le lion restant. Cette fois-ci, il peut descendre à terre s'il le désire.

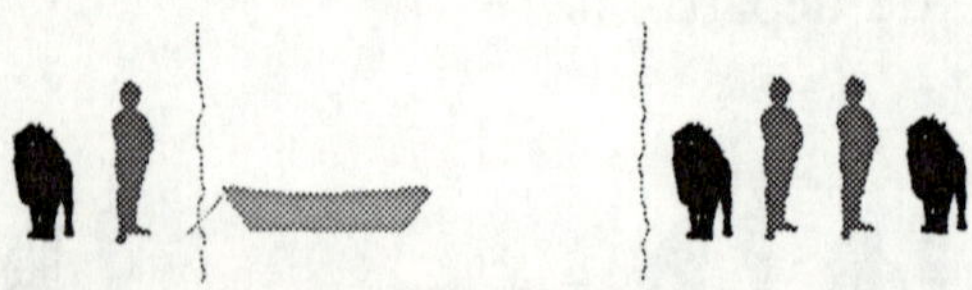

Finalement, l'homme et le lion retournent sur la rive opposée et débarquent. Ce qui donne 5 allers-retours ½ pour transférer tous les mammifères présents.

Cette question est l'actualisation politiquement correcte d'une énigme qui joua un rôle dans les premières recherches en intelligence artificielle. En 1957, Allen Newell et J. Clifford Shaw, de la RAND Corporation, et Herbert Simon, de l'institut Carnegie de technologie, dévoilèrent le *General Problem Solver* – l'"Élucidateur" universel » – l'un des premiers programmes d'intelligence artificielle. Les créateurs du GPS avaient demandé à des gens de résoudre des énigmes logiques tout en expliquant leur raisonnement. Les informaticiens tirèrent alors la quintessence de ces techniques dans la programmation du GPS. L'un des problèmes étudiés mettait en scène trois cannibales et trois missionnaires[1]. Distribution mise à part, il est identique à cette énigme d'entretiens de recrutement.

Au sens large, ces casse-tête sont bien plus anciens. Au VIIIe siècle, Alcuin d'York rédigea un célèbre recueil d'énigmes, *Propositiones ad acuendos juvenes* ou « Problèmes pour aiguiser [l'intellect] des jeunes », dont l'une concernait un homme qui traversait une rivière avec un loup, une chèvre et un panier de choux. Elle était probablement déjà ancienne à l'époque.

? En utilisant exclusivement un sablier de 4 minutes et un sablier de 7 minutes, mesurez exactement 9 minutes.

Avec un sablier de 4 minutes, aucun problème pour mesurer 4 minutes, 8 minutes, 12 minutes, et ainsi de suite. Le sablier de 7 minutes donne directement des multiples de 7. Vous pouvez encore mesurer d'autres durées en « additionnant » les deux sabliers – en démarrant l'un lorsque le premier s'est vidé. Laissez se vider le sablier de 4 minutes, puis basculez celui de 7 minutes. Ce qui donnera 11 minutes au total. Des stratégies similaires mesureront 15 minutes (4 + 4 + 7), 18 minutes (4 + 7 + 7), et ainsi de suite.

Cette méthode ne mesurera pas 9 minutes. Mais il y un autre stratagème, la « soustraction ». Démarrez les deux sabliers en même temps. Au moment où le sablier de 4 minutes est vide, couchez le sablier de 7 minutes sur le côté pour arrêter l'écoulement du sable. Il reste donc 3 minutes de sable dans un des bulbes. Ce qui semble prometteur. Neuf, c'est 3 × 3. Mais remarquez que, une fois que vous avez « épuisé » les 3 minutes de sable, les jeux sont faits. Vous avez les 7 minutes de sable intégralement dans un seul des bulbes. Vous pourriez répéter deux fois tout ce processus, mais cela ne permet pas de mesurer 9 minutes ininterrompues.

Le remède est un troisième truc qu'on pourrait qualifier de « clonage ». Démarrez les deux sabliers à 0 minute. Lorsque le sablier de 4 minutes est épuisé, basculez-le. Lorsque le sablier de 7 minutes est épuisé, basculez les deux sabliers. Le sablier de 4 minutes, auquel il restait 1 minute de sable, dispose maintenant de 3 minutes, après le basculement. Quand ces 3 minutes sont épuisées, basculez à nouveau le sablier de 7 minutes. Il lui restera alors 3 minutes de sable. (Vous avez « cloné » les 3 minutes qui restaient dans le petit sablier.) Ce qui donne 9 minutes en continu.

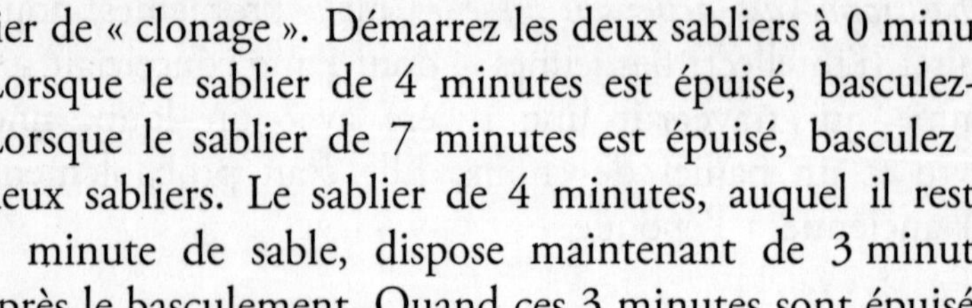

La réponse ci-dessus est bonne, mais ce n'est pas la meilleure. Son défaut est qu'elle exige 4 minutes de temps de préparation (pour mettre 3 minutes de sable dans un des bulbes du sablier de 7 minutes). La procédure prend donc 13 minutes au total pour mesurer 9 minutes. Achèteriez-vous un minuteur avec 4 minutes de « préchauffage » ?

Il existe une solution qui permet au chronométrage de commencer instantanément. Commencez avec l'hypothèse rassurante que nous allons faire démarrer les deux sabliers à 0 minute. Puis projetez-vous en avance rapide 7 minutes plus tard. Le sablier de 7 minutes vient de s'épuiser. Le sablier de 4 minutes s'est déjà épuisé une fois et a été (sans doute) basculé. Il devrait lui rester exactement 1 minute de sable dans le bulbe supérieur.

Tout ce qu'il vous faut, c'est cloner cette minute. À 7 minutes, basculez le sablier de 7 minutes. Laissez-le courir 1 minute, mesurée par le sable restant dans le sablier de 4 minutes. Ce qui porte la durée à 8 minutes. Le sablier de 7 minutes aura alors 1 minute de sable dans son bulbe supérieur. Basculez de nouveau le sablier de 7 minutes et laissez s'écouler la minute de sable. Lorsque le dernier grain tombera, 9 minutes se seront écoulées.

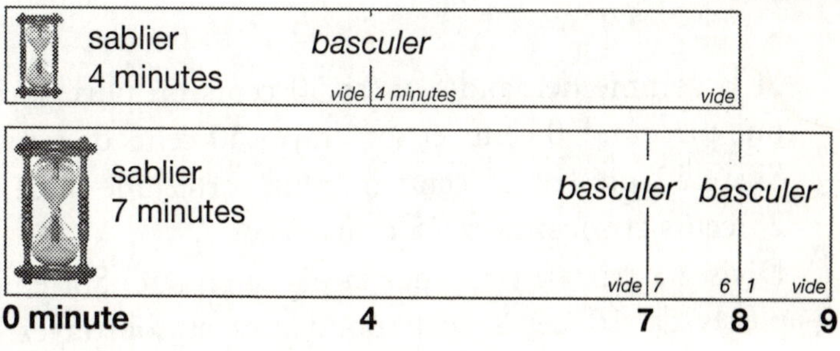

❓ Trouvez le nombre minimal de pièces qu'il faut pour rendre une quantité quelconque de monnaie.

Il y a deux manières d'interpréter cette question. Elles conduisent à des réponses différentes, et vous devriez donc demander à votre interlocuteur de laquelle il s'agit (et être disposé à répondre dans l'un et l'autre cas). La première interprétation est : *trouvez le plus petit assortiment de pièces qui puisse rendre exactement la monnaie sur n'importe quel montant entre 1 et 99 cents.* Appelons-le un « kit monnaie universel ». Combien y a-t-il de pièces dans ce kit ?

Disons que vous êtes un boutiquier pointilleux qui aime bien commencer la journée avec juste assez de pièces dans la caisse pour pouvoir rendre la monnaie sur la première transaction du jour, quelle que soit son montant. Quel est le plus petit ensemble de pièces qui y parviendra ?

La réponse est aisée parce qu'aux États-Unis les valeurs des pièces ont été choisies pour faciliter la remise de la monnaie. La valeur de chaque pièce est au moins deux fois plus élevée que celle de la pièce de valeur immédiatement inférieure. Ce qui signifie que vous pouvez utiliser l'algorithme suivant pour produire x cents de monnaie :

> Si la somme demandée x est 50 cents ou plus, sortez une pièce de 50 cents et soustrayez 50 cents de x ;
> Si x est à présent 25 cents ou plus, sortez une pièce de 25 cents et soustrayez 25 cents de x ;
> Divisez x par 10 et prenez la partie entière. Sortez les pièces de 10 cents correspondantes et soustrayez ce montant ;

Si le reste est 5 cents ou plus, sortez une pièce de 5 cents et soustrayez 5 cents ;
Divisez le reste par 1 cent et sortez le nombre correspondant de pièces de 1 cent.

Non seulement cette règle fonctionne, mais elle rend la monnaie avec le minimum de pièces. Vous pourriez, par exemple, sauter la première ligne et utiliser deux pièces de 25 cents au lieu d'une de 50, mais cela impliquerait d'utiliser une pièce de plus.

Qui veut rendre n'importe quel montant de monnaie avec le plus petit nombre de pièces aura besoin d'une pièce de 50 cents, d'une pièce de 25 cents et d'une pièce de 5 cents, et n'aura jamais besoin de plus d'une de chaque. Deux pièces de 10 cents pourraient être nécessaires (pour faire 20 cents, par exemple), et jusqu'à 4 pièces de 1 cent (pour faire 4 cents). Ce qui signifie qu'il y a neuf pièces d'une valeur totale de 1,04 dollar dans le kit monnaie universel. Manifestement, vous ne les utiliserez jamais toutes les neuf pour rendre la monnaie sur 1 dollar.

Autre interprétation de la question : *quel est le plus petit nombre* X *tel que vous n'aurez jamais besoin de plus de* x *pièces pour rendre la monnaie ?* Ce qui revient à vous demander d'envisager quel montant de monnaie exige le plus de pièces. Vous pourriez conjecturer que 99 cents exige le plus grand nombre de pièces et vous auriez raison. Il faut huit pièces, à savoir une pièce de 50 cents, une pièce de 25 cents, deux pièces de 10 cents et quatre pièces de 1 cent. Rendre 94 cents de monnaie exige aussi huit pièces (remplacez l'une des pièces de 10 cents par une pièce de 25 cents).

Cette question est censée être assez difficile pour figurer dans les tests psychologiques de créativité.

? Vous êtes dans une pièce obscure. On vous donne un jeu de cartes où *n* cartes sont à l'endroit, face vers le haut, les autres cartes étant retournées, face vers le bas. Vous ne pouvez pas voir les cartes. Comment feriez-vous pour trier les cartes en deux paquets, avec le même nombre de cartes à l'endroit dans chaque paquet ?

Ce casse-tête est populaire chez JPMorgan Chase. Aujourd'hui, il est raisonnable de dire que vous dégaineriez votre téléphone portable et vous serviriez de l'écran comme d'une lampe de poche. En fait, cette énigme est plus ancienne que les portables et peut se résoudre sans voir les cartes. Vous commenceriez probablement par faire les observations suivantes :

- Diviser arbitrairement le jeu en deux piles égales ne marchera pas (à moins d'avoir beaucoup de chance). Toutes les cartes à l'endroit pourraient être dans la même pile.
- La question ne dit pas si les deux piles doivent être égales, mais uniquement qu'elles doivent contenir le même nombre de cartes à l'endroit.
- Vous pouvez retourner des cartes. Bien sûr, vous n'avez aucun moyen de savoir si les cartes que vous retournez sont à l'endroit ou à l'envers.

La réponse attendue est que vous retiriez *n* cartes du haut du paquet et les retourniez. Ce qui fait une pile. Le reste du jeu est votre deuxième pile.

Voici comment cela fonctionne. Les *n* cartes que vous avez retirées pouvaient contenir un nombre quelconque de cartes à l'endroit, de 0 carte à n cartes (toute la pile). Disons que c'étaient x cartes à l'endroit (avant d'être retournées). Le retournement convertit toutes les cartes à l'endroit en cartes à l'envers et *vice versa*. Donc, au lieu d'avoir x cartes à l'endroit, vous avez finalement $(n - x)$ cartes à l'endroit dans cette pile.

L'autre pile, le reste du jeu, contient n cartes à l'endroit moins les x cartes que vous aviez prélevées. C'est le même nombre que dans la pile des cartes retournées.

? On vous donne un cube de fromage et un couteau. Combien de fois vous faut-il couper le fromage pour obtenir 27 petits cubes ?

Pour créer 27 petits cubes, il vous faudra couper le cube initial en 3 tranches dans chacune des 3 directions. Il faut 2 coupes pour produire 3 parts. La réponse manifeste est de faire 2 coupes parallèles à chacun des 3 axes, donc 6 en tout.

Avec ce type de question, la première idée qui vous passe par la tête n'est habituellement pas la meilleure. Pouvez-vous faire mieux ? Vous avez le droit de repositionner les morceaux après chaque coupe (comme les cuisiniers le font souvent quand ils coupent les oignons en dés). Ce qui augmente grandement le nombre de possibilités, et votre intuition spatiale peut être alors prise de court.

Mais il n'y a en réalité pas moyen d'y arriver en moins de 6 coupes. Idéalement, c'est ce que vous devriez prouver à l'examinateur. Voici comment. Représentez-vous le minicube central après que vous avez coupé le cube initial en $3 \times 3 \times 3 = 27$ morceaux. Ce minicube n'a pas de surface en contact avec l'extérieur. Vous devez donc créer chacune de ses 6 faces en 1 coupe. Six coupes droites est le minimum pour y aboutir. C'est une question piège inversée. La réponse manifeste est la bonne, et de nombreux candidats s'enlisent en essayant d'en élaborer une plus insolite.

Martin Gardner identifia l'auteur de cette énigme comme un certain Frank Hawthorne, un haut responsable du département de l'éducation de la ville de New York, qui l'avait publiée en 1950[2]. L'idée de réorganiser les morceaux coupés pour économiser les coupes n'est pas délirante. Vous pouvez couper un cube en 4 × 4 × 4 minicubes avec 6 coupes seulement (contre les 9 nécessaires avec une découpe classique).

En 1958, Eugene Putzer et R. W. Lowen publièrent une solution générale pour la découpe optimale d'un cube en $n \times n \times n$ minicubes. Ils assuraient à leurs lecteurs pragmatiques que leur méthode pourrait « avoir des applications importantes dans les industries du fromage et du pain de sucre[3]. »

Cette question en rappelle de loin une autre, qui est posée lors des entretiens dans certaines firmes financières : « Combien y a-t-il de cubes au centre d'un Rubik's Cube ? » Puisque que le Rubik's Cube normal est du modèle 3 × 3 × 3, la réponse piège est « un seul ». Quiconque a déjà démonté un Rubik's Cube sait que la vraie réponse est « zéro ». Il y a une articulation tridimensionnelle au centre du cube, pas un minicube.

? Il y a 3 boîtes, dont une seule contient le prix convoité ; les deux autres sont vides. Vous pouvez choisir 1 boîte, mais on ne vous dit pas si elle contient l'objet. Au lieu de quoi on ouvre l'une des boîtes que vous n'avez pas choisies et elle s'avère vide. Vous avez le droit de garder la boîte que vous avez initialement choisie ou de l'échanger contre l'autre boîte non ouverte. Que faites-vous ?

Cette question est une version du « problème de Monty Hall », proposée par le biostatisticien Steve Selvin en 1975. Monty Hall était le présentateur initial de l'émission *Let's Make a Deal.* L'énigme de Selvin exploite une situation rappelant plus ou moins le dernier round de ce jeu télévisé, dans lequel les candidats choisissent des lots cachés derrière des portes. Dans une lettre à l'*American Statistician*, Selvin soutenait qu'il fallait choisir l'autre boîte – réponse si controversée qu'il fut obligé de la défendre dans une deuxième lettre[4]. Monty Hall lui-même écrivit à Selvin qu'il était d'accord avec son analyse.

Depuis lors, ce problème est le sujet d'un débat qui n'en finit plus. Il commença à intéresser le grand public après avoir réapparu en 1990 dans une lettre adressée à Marilyn vos Savant, titulaire de la rubrique scientifique « Ask Marilyn » du magazine dominical à grand tirage *Parade.* L'année suivante, John Tierney écrivait dans le *New York Times* que l'énigme « [avait] été le sujet de débats dans les bureaux de la CIA et dans les casernes des pilotes de chasse dans le golfe Persique ». « Elle a été analysée par des mathématiciens du MIT et des programmeurs du laboratoire national de Los Alamos...[5] » L'énigme a figuré dans l'émission *Car Talk*, du réseau radio NPR, et dans la série télé *NUMB3RS.* Elle est utilisée dans les entretiens de recrutement à la Bank of America et dans d'autres établissements financiers. Des cyniques pourraient détecter ici un parallèle avec la gestion du risque pratiquée par la finance, où les probabilités sont modifiées en coulisses et où quelqu'un d'autre se retrouve avec la boîte vide dans les mains.

Le plus intéressant dans l'énigme de Selvin, c'est son niveau de difficulté. Une étude a trouvé que 12 % seulement des interrogés avaient donné la bonne réponse[6]. C'est sidérant si l'on songe qu'un individu complètement ignare peut répondre au hasard et avoir 50 % de chances de tomber juste ! C'est un cas où l'intuition donne un tuyau bidon.

L'opinion majoritaire estime que le fait que vous conserviez la boîte initiale ou preniez l'autre ne change rien à l'affaire. Des gens plus raffinés peuvent ajouter que quiconque espère améliorer ses chances en changeant de boîte se trompe tout autant que le joueur malchanceux qui affirme que la machine à sous « aurait déjà dû » lui donner le gros lot.

Dans toute question impliquant les probabilités, il importe de savoir quelles parties de l'énoncé relèvent du hasard, et lesquelles relèvent de l'intention. Par exemple, un de vos amis lance une pièce en l'air dix fois, et elle tombe sur pile à chaque fois. Quelle est la probabilité qu'elle tombe sur pile au prochain lancer ? Vous ne pouvez pas le dire avant de savoir si la série de « pile » est un caprice du hasard ou le résultat d'un trucage de la pièce.

Quand Selvin proposa son énigme, l'émission *Let's Make a Deal* existait encore et faisait partie de la culture populaire. Ma grand-mère, qui regardait l'émission, considérait Monty Hall comme un simple arnaqueur. Son raisonnement – récité bruyamment devant le téléviseur – était que « s'il [était] disposé vous offrir ce lot, il [devait] forcément savoir qu'il [avait] moins de valeur que ce vous [aviez] déjà ».

Elle n'était pas très loin de la vérité. Au cours d'interviews, Hall a déclaré que, lorsqu'il savait qu'un candidat avait choisi le gros lot, il lui faisait miroiter des primes en argent liquide pour le persuader de changer de porte. C'était mieux pour le spectacle de voir un niais échanger le gros lot contre une babiole sans valeur.

Appelons les 3 boîtes « la boîte choisie », « la boîte révélée » et « la boîte à tentation ». Au départ, la probabilité que la boîte choisie par vous contienne le prix est de ⅓.

Une des 2 boîtes restantes est alors ouverte et se révèle vide. Afin de déterminer comment cela affecte les probabilités, vous avez besoin de savoir qui choisit cette deuxième boîte et dans quelle intention. Il y a deux cas vraisemblables :

> 1. La boîte révélée est choisie au hasard – à pile ou face, par exemple –, entre les 2 boîtes que vous n'avez pas choisies. Ce qui signifie que la boîte révélée aurait pu contenir le gros lot, mais qu'il s'est trouvé qu'elle ne le contenait pas.
> 2. La boîte est choisie par quelqu'un qui sait ce qu'il y a dans chaque boîte et qui a prévu dès le début de révéler une boîte vide, *ce qu'il peut faire de toute façon.*

L'énigme initiale de Selvin indique très clairement que ce second cas est l'interprétation prévue. (« Il est certain que Monty Hall sait quelle est la boîte gagnante et qu'il n'ouvrirait donc pas la boîte contenant les clés de la voiture[7]. »)

Cette clarification ô combien importante est souvent omise dans les reprises de l'énoncé. Telle qu'elle est formulée, l'énigme proposée dans les entretiens de recrutement est ambiguë. Il n'est pas question d'un animateur roublard, et on ne dit pas non plus comment la boîte révélée est choisie. Vous devriez demander des précisions à votre interlocuteur, et lui faire remarquer que la question a des réponses différentes selon la manière dont la deuxième boîte est choisie.

Dans le premier cas, l'ouverture de la boîte révélée vous indique quelque chose. Elle dévoile que le gros lot n'est pas dans cette boîte, même s'il aurait pu y être. Ce qui fait passer de 1/3 à 1/2 la probabilité que la boîte choisie contienne le gros lot. Il en est alors de même pour la boîte à tentation. Puisque l'une et l'autre ont maintenant 1 chance sur 2 de contenir le gros lot, il n'y a aucun intérêt à faire l'échange.

Dans le second cas, l'ouverture d'une boîte ne vous révèle rien de significatif. Monty Hall (ou son équivalent fictif) sait ce qu'il y a dans les boîtes et peut toujours trouver une boîte vide à vous montrer. Sa révélation programmée ne modifie pas la probabilité que votre boîte initiale soit gagnante. Elle était de 1/3 au départ, elle est toujours de 1/3.

L'ouverture de la boîte révélée n'a pas non plus changé la probabilité à 2/3 que *l'une des 2 autres boîtes* contienne le gros lot. Mais, puisqu'une de ces boîtes vient de se révéler vide, la probabilité des 2/3 doit maintenant intégralement porter sur la boîte à tentation. En acceptant la proposition de délaisser la boîte choisie pour celle-là, vous doublez vos chances de gagner le gros lot.

Si vous avez encore du mal à voir pourquoi la réponse de Selvin est la bonne, imaginez qu'il y ait 100 boîtes.

Vous choisissez la boîte numéro 79. Monty Hall ouvre alors 98 des 99 autres boîtes. Toutes sont vides. Ce qui laisse en jeu, en plus de votre boîte, la 18, par exemple. Monty Hall vous demande si vous voulez échanger la 79 contre la 18.

Vous avez commencé avec la probabilité de 99 contre 1 que les clés de la voiture soient dans votre boîte. Les manœuvres de Monty Hall ne sont qu'une mise en scène. Il n'a nullement l'intention de vous montrer autre chose qu'une boîte vide, et il peut le faire sans problème. La probabilité que le gros lot soit dans votre boîte reste fixée à 1/100 tandis que la probabilité qu'il soit dans la boîte 18 grimpe à 99/100. Avec 100 boîtes, vous augmenteriez vos chances 99 fois en changeant de boîte.

Lorsque les psychologues Donald Grandberg et Thad A. Brown interrogèrent des gens confrontés à ce dilemme, ils entendirent constamment des explications comme celles-ci :

> « Je ne voudrais pas choisir l'autre porte, parce que, là, si je me trompais, ça serait encore plus chiant pour moi que si j'étais resté devant la première porte et que j'avais perdu. »
>
> « C'était mon premier choix instinctif, et si je me suis trompé, eh bien, tant pis. Mais si je changeais de porte pour passer à côté du gros lot, alors ça serait d'autant plus négatif. »
>
> « Je regretterais vraiment d'avoir changé de porte pour perdre. Il vaut mieux rester sur son premier choix[8]. »

Ce sont là des expressions de la répugnance à perdre. Il est dans la nature humaine de repousser une décision qui pourrait faire empirer la situation, même quand les chances sont favorables. « Cela ne vaut pas le coup de prendre des risques. » Quiconque invente de nouveaux produits ferait bien de garder cela à l'esprit. Le consommateur qui songe à changer de boîte ou de marque peut être motivé par des raisons qui n'ont rien à voir avec la logique.

Les génies des mathématiques n'aiment pas plus perdre que le reste de l'humanité. On dit que le célèbre mathématicien Paul Erdös aurait compris cette énigme de travers la première fois qu'il la découvrit. « Même les prix Nobel de physique donnent systématiquement la mauvaise réponse, disait le psychologue Massimo Piattelli-Palmarini. Et [...] ils persistent dans l'erreur et sont prêts à accabler dans un article ceux qui proposent la bonne réponse[9]. »

? Vous êtes dans une voiture, un ballon rempli d'hélium est attaché au plancher. Les vitres sont remontées. Quand vous appuyez sur l'accélérateur, que fait le ballon : il part en avant, en arrière, ou reste sur place ?

La réponse intuitive quasi universelle est que le ballon penche en arrière quand vous accélérez. Eh bien, l'intuition se trompe. Votre tâche est de déduire comment le ballon bouge réellement et de l'expliquer à votre interlocuteur.

Une bonne réponse est d'invoquer une analogie avec un niveau à bulle. Pour les lecteurs non bricoleurs, un niveau à bulle est le petit gadget qu'utilisent maçons et charpentiers pour s'assurer qu'une surface est horizontale. Il contient un étroit tube de verre rempli d'un liquide coloré avec une bulle à l'intérieur. Quand le niveau à bulle repose sur une surface parfaitement horizontale, la bulle flotte au milieu du tube. Quand la surface n'est plus strictement horizontale, la bulle monte vers l'extrémité haute du tube. L'indice crucial ici est que la bulle est tout bonnement un « trou » dans le liquide. Lorsque la surface n'est plus horizontale, la pesanteur attire le liquide vers l'extrémité basse. Ce qui chasse la bulle vers l'endroit où le liquide ne se trouve pas : l'autre extrémité.

Détachez le ballon d'hélium et laissez-le heurter le toit du véhicule. Celui-ci devient un niveau à bulle. Le ballon est une « bulle » d'hélium à faible densité dans un air de densité plus élevée, le tout hermétiquement contenu dans un récipient (le véhicule). La pesanteur attire l'air lourd vers le bas, forçant le ballon, plus léger, à monter vers le toit.

Lorsque le véhicule accélère, l'air est poussé vers l'arrière, tout comme le corps des passagers. Ce qui propulse vers l'avant le ballon, plus léger que l'air. Lorsque le véhicule freine brusquement, l'air s'accumule devant le pare-brise. Ce qui renvoie le ballon vers l'arrière. La force centrifuge éloigne l'air du centre du virage et pousse le ballon en sens inverse. Bien sûr, il en est de même lorsque le ballon est attaché : il a simplement moins de liberté de mouvement. La réponse courte à cette question est que le ballon penche dans la direction de toute accélération.

Vous n'y croyez pas ? Posez ce livre. Allez au supermarché, achetez un ballon gonflé à l'hélium et attachez la ficelle au levier de vitesse ou au frein à main. Rentrez chez vous (sans appuyer excessivement sur le champignon). Vous serez étonné. Le ballon fait exactement le contraire de ce que vous attendez. Quand vous accélérez, il plonge en avant, comme s'il essayait d'arriver avant vous au prochain feu rouge. Freinez assez brutalement pour faire tomber les jouets des gosses de la banquette arrière, et le ballon part en arrière. Dans un virage pris à vive allure, votre corps penche vers l'extérieur, le ballon fantasque s'incline vers l'intérieur de la courbe. C'est tellement délirant qu'il y a des vidéos là-dessus sur YouTube.

Pourquoi notre intuition est-elle correcte dans le cas du niveau à bulle, et trompeuse dans le cas du ballon ? Dans un niveau à bulle, le liquide lourd est teint d'une couleur fluorescente de boisson pour sportifs, et la bulle est un vide fantomatique. Nous associons la couleur avec la densité, la transparence avec le vide. Cette tendance instinctive est complètement erronée dans le cas du ballon. L'air est invisible, et nous ignorons sa présence 99,9 % du temps. Le ballon, en revanche, est paré des jolies couleurs du Mylar et proclame : « Regardez-moi ! » Nous oublions que, du point de vue des masses, c'est un vide partiel au sein de l'air environnant. Un ballon gonflé à l'hélium se comporte exactement à l'inverse d'une masse, parce que c'est un déficit de masse. La vraie masse – l'air – est invisible.

Les recruteurs qui posent cette question ne s'attendent pas à ce que vous ayez des connaissances approfondies en physique. Or il existe une autre réponse possible, qui recourt à la théorie de la relativité. Mais si.

Elle renvoie à la célèbre expérience de pensée d'Albert Einstein concernant l'ascenseur. Imaginez que vous êtes dans un ascenseur qui vous conduit chez votre comptable et qu'un extraterrestre facétieux décide qu'il serait amusant de vous téléporter, vous et la cabine, dans l'espace intergalactique. La cabine est hermétiquement isolée, si bien qu'il y a de l'air à l'intérieur – de quoi vous maintenir en vie assez longtemps pour amuser l'extraterrestre pendant quelques minutes. Il n'y a pas de hublot, donc vous ne pouvez pas regarder dehors pour voir où vous êtes. L'extraterrestre place la cabine dans un rayon tracteur et la remorque avec une accélération constante qui contrebalance exactement la pesanteur terrestre. Y a-t-il, dans cette enceinte hermétique, un moyen de déterminer si vous êtes soumis à la vraie pesanteur de la Terre ou à une pesanteur artificielle simulée par l'accélération ?

D'après Einstein, non. Si vous sortiez vos clés de votre poche et que vous les laissiez tomber, elles accéléreraient vers le plancher de la cabine exactement comme sur Terre. Si vous lâchiez la ficelle d'un ballon, il s'envolerait vers le plafond, tout comme sur Terre. Tout semblerait parfaitement normal.

D'après le principe d'équivalence d'Einstein, il n'y a pas d'expérience (simple) de physique qui puisse distinguer la gravité de l'accélération[10]. Cette supposition est le fondement de la théorie de la gravitation einsteinienne, connue sous le nom de *relativité générale.* Les physiciens essaient maintenant depuis un siècle de détecter des failles dans le principe d'équivalence. Ils essaient toujours. Il est raisonnable de supposer que le postulat d'Einstein est correct, du moins pour toutes les expériences qu'on peut effectuer dans une voiture avec un ballon à 2 dollars.

Bon. Et maintenant, une expérience de physique. Attachez un fil à plomb à votre index droit. Attachez un ballon au même doigt. Notez l'angle entre les deux liens.

Dans un ascenseur, une voiture en stationnement ou un avion de ligne en vol, le résultat sera le même. Le plomb indique le sol à la verticale, le ballon indique le plafond ou le toit. Les deux liens, réunis au niveau de votre index, forment une ligne droite. C'est le résultat chaque fois que vous êtes soumis à la pesanteur.

Représentez-vous maintenant ce qui se passe quand vous commencez à rouler. Lorsque vous accélérez, votre corps s'enfonce contre le dossier du siège. L'intuition faillible peut vous suggérer que le plomb, au bout de son fil, et le ballon, au bout de sa ficelle, vont chacun pencher en arrière et s'éloigner un peu de votre doigt. Pendant l'accélération, il y aura un angle entre le fil et la ficelle (si cette intuition se confirme). Ce qui fournirait un moyen de distinguer la pesanteur de l'accélération. Lorsque le véhicule est soumis à la seule pesanteur, fil et ficelle sont alignés. Mais lorsqu'il est soumis à la force centrifuge et à d'autres types d'accélérations, le fil et la ficelle forment un angle dont votre index est le sommet. C'est tout ce qu'il vous faudra pour prouver que la relativité générale se trompe. Laissez tomber le job chez Google – ça devrait vous valoir le Nobel de physique.

Mais puisque le principe d'équivalence a été rigoureusement testé et que son exactitude a été démontrée, cela n'arrivera pas, et vous pourrez vous en servir pour répondre à la question. La physique doit être la même dans un véhicule en accélération et dans un véhicule soumis à la seule pesanteur. Dans les deux cas, le ballon, votre index et le plomb forment une ligne droite. Donc, pour répondre à la question : le ballon fait exactement l'inverse de ce à quoi vous vous attendriez de la part d'un objet doté d'une masse. Il penche en avant au lieu de pencher en arrière… vers la gauche au lieu de la droite… et, évidemment, il monte au lieu de descendre.

Chapitre 3

? D'après un sondage, 70 % des gens aiment le café, et 80 % aiment le thé. Quelles sont les limites supérieure et inférieure pour la proportion de gens qui aiment à la fois le café et le thé ?

Tous les buveurs de thé n'aiment pas le café ; tous les amis des chats n'aiment pas les chiens ; tous les fans des Mets ne sont pas des fans des Yankees. Dessinez un diagramme de Venn sur le tableau blanc ou dans votre tête.

Il comportera un rectangle représentant la totalité des participants au sondage. Supposez que la majeure partie du rectangle représente les 70 % de gens qui aiment le café, et tracez un petit cercle pour indiquer les 30 % de la population qui, manifestement, détestent le café. (Les

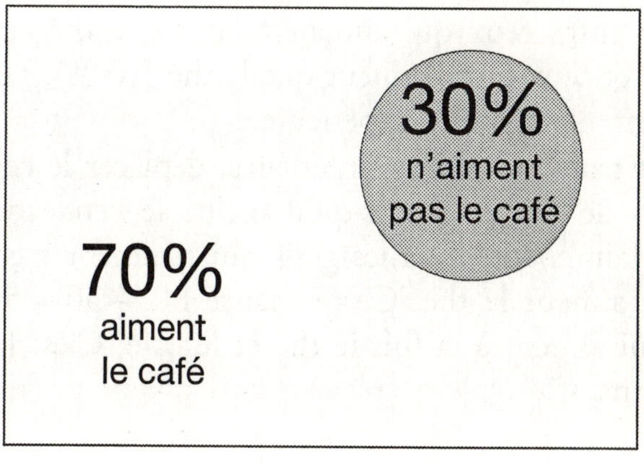

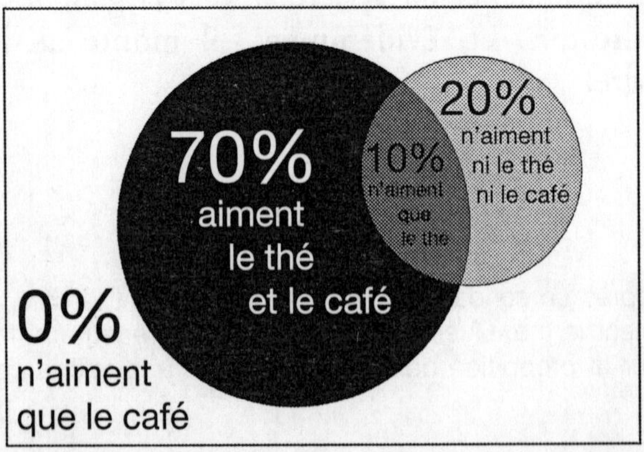

deux régions additionnées doivent donner 100 %, même si les zones dessinées ne respectent pas les proportions.)

80 % des gens aiment le thé. Si ce pourcentage était représenté par un cercle, il faudrait qu'il chevauche à la fois la région des pro-café et celle des anti-café. (Il n'y a pas assez d'amateurs de café pour prendre en compte tous les amateurs de thé.) Afin de fixer une limite supérieure au nombre des gens qui aiment les deux boissons, supposez que tous les buveurs de café aiment le thé. Le cercle représentant les 80 % de buveurs de thé serait donc partagé entre ceux qui aiment à la fois le thé et le café (70 %) et ceux qui n'aiment que le thé (10 %). Les 70 % représentent la limite supérieure.

Pour trouver la limite inférieure, déplacez le cercle des buveurs de thé de façon qu'il inclue le cercle des anti-café. Maintenant, tous les gens qui n'aiment pas le café (30 %) aiment le thé. Ce qui laisse 80 – 30 = 50 % de gens qui aiment à la fois le thé et le café. C'est la limite inférieure.

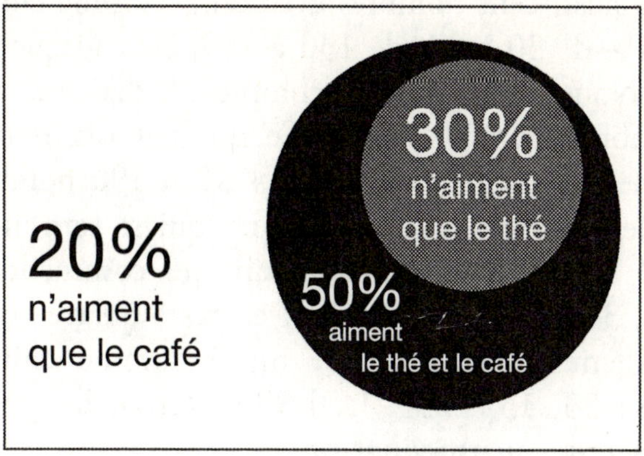

? À 3 h 15, quel est l'angle entre les aiguilles des minutes et des heures sur une horloge analogique ?

Ce n'est pas 0. À 3 h 15, l'aiguille des minutes sera horizontale et orientée plein est, vers le chiffre 3. L'aiguille des heures aura déjà fait un quart de son trajet entre les chiffres 3 et 4. L'angle entre les numéros 3 et 4 est le douzième des 360 degrés du cadran complet, soit 30 degrés. Divisez cela par 4 et vous aurez la réponse : 7,5 degrés.

? Combien de nombres entiers entre 1 et 1 000 contiennent un 3 ?

Certains nombres (comme 333) contiennent plusieurs 3. Vous ne voulez pas les compter deux fois (ou trois fois). La question demande en fait combien de nombres différents contiennent *au moins un* 3.

Tous les nombres de 300 à 399 contiennent au moins un 3. Ce qui fait cent nombres d'un seul coup.

Il y a aussi cent nombres avec un 3 comme chiffre des dizaines – de 30 à 39, de 130 à 139, etc., jusque de 930 à 939. Nous en avons déjà compté un dixième, à savoir les nombres de 300 à 399. Ce qui fait dix nombres à retrancher au total. Il reste 100 + 90 = 190 nombres.

Finalement, il y a cent nombres qui se terminent par 3, de 3 à 993. Retranchez les dix qui commencent par 3 : 303, 313, 323, [...] 393. Il en reste quatre-vingt-dix. Un dixième de ceux-là ont un 3 comme chiffre des dizaines : 33, 133, 233, [...] 933. Retranchez ces neuf-là, il en reste quatre-vingt-un.

Le total définitif est 100 + 90 + 81 = 271.

? Un livre a *n* pages, numérotées de la manière habituelle, de 1 à *n*. Le nombre total des chiffres dans les numéros de page est 1 095. Combien de pages a le livre ?

Chaque numéro de page comporte un chiffre dans la colonne des unités. Avec *n* pages, cela fait *n* chiffres.

Toutes les pages sauf les pp. 1 à 9 ont un chiffre dans la colonne des dizaines. Ce qui fait ($n - 9$) chiffres de plus.

Toutes les pages sauf les pp. 1 à 99 ont un chiffre dans la colonne des centaines, ce qui fait encore ($n - 99$) chiffres.

On pourrait continuer, mais peu de livres ont plus de 999 pages. Un livre qui a 1 095 chiffres dans ses numéros de page n'en sera pas un, de toute façon.

Ce qui signifie que 1 095 doit être égal à :

$$n + (n - 9) + (n - 99).$$

Ce qu'on peut simplifier :

$$1\,095 = 3n - 108.$$

On en déduit que $3n = 1\,203$, donc que $n = 401$. Et c'est la réponse, 401 pages.

? Combien y a-t-il de zéros à la fin de la factorielle de 100 ?

La factorielle de 100 – qui s'écrit : 100 ! – est 100 multiplié par tous les nombres entiers plus petits que lui. Ce qui ressemble à ceci :

$$100 \times 99 \times 98 \times 97 \times [\ldots] \times 4 \times 3 \times 2 \times 1.$$

Pour cette question, vous n'êtes pas censé effectuer intégralement les multiplications de 100 ! On s'attend à ce que vous déduisiez combien il y a de zéros à la fin du produit sans connaître ce dernier.

Pour accomplir cette prouesse, vous allez être obligé de formuler certaines règles. Vous en connaissez déjà une. Regardez cette équation :

$$387\,000 \times 12\,900 = 5\,027\,131\,727.$$

Quelque chose vous choque ? Quand on multiplie deux nombres ronds se terminant par des zéros, il est impossible d'obtenir un nombre qui ne se termine pas par des zéros. Ce qui violerait la loi de conservation des terminaisons en 0 (loi que je viens d'inventer, mais qui est assez vraie). Un produit hérite toujours des zéros finals de ses facteurs. En voici quelques exemples corrects :

10 × 10 = 100
7 × 20 = 140
30 × 400 = 12 000.

Sur l'ensemble des facteurs de 100 !, 10 se terminent par un zéro. Ce sont 10, 20, 30, 40, 50, 60, 70, 80, 90 et 100 (qui se termine par deux zéros). Donc 100 ! hérite nécessairement des 11 zéros de ses facteurs.

Attention : ceci conduit quelques malheureux candidats à donner 11 comme réponse. Faux. On peut parfois multiplier deux nombres sans zéro et obtenir un produit qui en a. Par exemple :

2 × 5 = 10
5 × 8 = 40
6 × 15 = 90
8 × 125 = 1 000.

Tous sauf le dernier couple se trouvent dans les 100 facteurs de 100 ! Ce qui nous amène à la loi des saucisses et des petits pains. Lors d'un barbecue, des gens apportent des saucisses (par packs de 10), d'autres apportent des petits pains (par packs de 8), et d'autres encore apportent à la fois des saucisses et des petits pains. Il n'y a qu'un seul moyen de savoir combien de hot-dogs complets on peut servir. Comptez les saucisses, comptez les petits pains, et prenez le plus petit des deux nombres.

La même loi répond à la question ici posée, une fois que vous avez remplacé « saucisses » et « petits pains » par « facteurs de 2 » et « facteurs de 5 ».

Dans chacune des équations ci-dessus, un nombre divisible par 2 est multiplié par un nombre divisible par 5. Les facteurs de 2 et 5 « collaborent » pour produire un 10 parfait, qui ajoute 1 zéro au produit. Regardons le dernier exemple, où 3 zéros apparaissent comme par enchantement :

$$
\begin{aligned}
&8 \times 125 = (2 \times 2 \times 2) \times (5 \times 5 \times 5)\\
&= (2 \times 5) \times (2 + 5) \times (2 \times 5)\\
&= 10 \times 10 \times 10\\
&= 1\,000.
\end{aligned}
$$

Tout tourne autour du couplage des 2 et des 5. Prenez un nombre comme 692 978 456 718 000 000. Il se termine par 6 zéros. Il peut donc être écrit comme ceci :

$$692\,978\,456\,718 \times 10 \times 10 \times 10 \times 10 \times 10 \times 10,$$

ou comme cela :

$$
\begin{aligned}
&692\,978\,456\,718 \times (2 \times 5) \times (2 \times 5) \times (2 \times 5) \times (2 \times 5)\\
&\times (2 \times 5) \times (2 \times 5).
\end{aligned}
$$

Le premier terme, 692 978 456 718, n'est pas divisible par 10. S'il l'était, il se terminerait par 1 zéro, et nous aurions déjà ajouté 1 facteur 10. Tel qu'il est, il comporte 6 facteurs 10 (ou 2 × 5), correspondant aux 6 zéros à la fin de 692 978 456 718 000 000. Est-ce assez raisonnable ?

On obtient ainsi un système fiable pour déterminer combien il y a de zéros à la fin de n'importe quel grand nombre. Associons les facteurs : (2×5) × (2×5) × (2×5) × [...]. Le nombre de couples 2 et 5 est égal au nombre de zéros finals. Ne pas tenir compte des éventuels restes.

En général, vous allez avoir quelques 2 et 5 en rade. D'habitude, ce sont les 2. En fait, ce sont *toujours* les 2 quand vous avez affaire à une factorielle. (La factorielle contient plus de facteurs pairs que de facteurs divisibles par 5.) C'est donc le nombre 5 qui bloque. La question devient alors : combien de fois la factorielle 100 ! peut-elle être divisée par 5 ?

Le calcul est facile à faire de tête. De 1 à 100, il y a 20 nombres divisibles par 5 : 5, 10, 15 [...] 95, 100. Notez que 25 ajoute 1 facteur 5 supplémentaire (25 = 5 × 5) au produit, de même que les 3 multiples de 25, à savoir 50, 75 et 100. Ce qui ajoute 4 facteurs 5 de plus, pour un total de 24. Ces 24 facteurs 5 s'associent avec un nombre égal de facteurs 2, produisant ainsi 24 facteurs 10 (en laissant sur le carreau pas mal de 2 surnuméraires.) La factorielle 100 ! se termine donc par 24 zéros.

Si vous êtes curieux, la valeur exacte de 100 ! est :

> 93 326 215 443 944 152 681 699 238 856 266 700 490 715 968 264 381 621 468 592 963 895 217 599 993 229 915 608 941 463 976 156 518 286 253 697 920 827 223 758 251 185 210 916 864 000 000 000 000 000 000 000 000.

Chapitre 4

❓ Expliquez la signification de *dead beef.*

Dead beef, c'est du jargon hexadécimal. Lors du débogage, le contenu de la mémoire de l'ordinateur doit être affiché sur un écran (ou sur des feuilles de listing aux temps héroïques). Ce qui pourrait se traduire en une mer complètement illisible de 0 et de 1. Un échantillon gros comme un timbre-poste ressemblerait peut-être à ceci :

00000001
10000101
10010101
00100010.

Au lieu de quoi la convention est d'afficher la mémoire de l'ordinateur sous forme de notation hexadécimale. Elle est de base 16, et utilise les chiffres ordinaires de 0 à 9 plus les lettres A, B, C, D, E et F (qui représentent les nombres que le commun des mortels appellent 10, 11, 12, 13, 14 et 15). Le résultat est plus concis, bien qu'encore difficile à déchiffrer.

B290023F
72C70014
993DE110
8A01D329.

Depuis toujours, les programmeurs cherchent désespérément à créer des repères reconnaissables au sein de ce bourbier alphanumérique. Ils se sont rendu compte que certains nombres hexadécimaux ressemblent à des mots anglais en capitales criardes. Il est possible « d'écrire » des mots et des expressions en n'utilisant que les six premières lettres de l'alphabet (et en utilisant parfois le chiffre 0 pour la lettre *O* et le chiffre 1 pour le *l* minuscule). Par exemple (en anglais) : FEEDFACE, ABADBABE, DEADBABE, et, vous l'avez deviné, DEADBEEF.

0993FF10
7229B326
22C74290
DEADBEEF.

Certains systèmes IBM et Apple écrivaient périodiquement DEADBEEF en mémoire. Ce qui permettait de voir facilement si la mémoire avait été corrompue par du code défectueux. Si vous ne voyiez pas apparaître les valeurs DEADBEEF, vous saviez qu'il y avait un problème sérieux.

DEADBEEF n'est pas un code universel, et de nombreux autres mots du jargon hexadécimal sont utilisés dans le même but ou pour d'autres tâches. La question vérifie essentiellement que le candidat est suffisamment proche de la culture informatique pour en avoir entendu parler.

❓ Il y a un problème de latence en Afrique du Sud. Diagnostiquez-le.

« Un problème de latence en Afrique du Sud » est une blague d'initiés chez Google. Cette expression relève d'un jargon technique intentionnellement ambigu, comme une réplique de science-fiction caricaturale (« Nous perdons de la bande passante sur les suspensoirs antigravifiques ! »). Le candidat devrait cependant pouvoir deviner de quoi il pourrait s'agir et tenir des propos sensés.

Latence désigne un délai. Ce qui pourrait s'appliquer à presque n'importe quoi, depuis l'obtention d'une licence de mariage au fonctionnement des transports en commun. On peut raisonnablement conjecturer qu'un recruteur Google songe à Internet. Il pourrait avoir à l'esprit l'un des deux cas suivants :

- Internet a des problèmes de ralentissement en Afrique du Sud.
- Les recherches Google ont des problèmes de ralentissement.

La procédure *ping* mesure les délais sur Internet. Un ping est un message factice envoyé de l'ordinateur A à l'ordinateur B, puis renvoyé en A. L'intervalle de temps mesure la vitesse à laquelle circule l'information. En échangeant des pings avec des ordinateurs et des stations en Afrique du Sud, on peut dire si l'infrastructure Internet locale est lente. Sinon, le problème vient peut-être de Google. Y a-t-il assez de serveurs pour le trafic sud-africain ? Testez un ensemble de termes de recherche à partir de nombreux points en Afrique du Sud pour voir si tous sont affectés par la lenteur ou seulement quelques-uns. Ce qui vous permettrait de cartographier ce problème (imaginaire), et cela satisfait généralement l'examinateur.

❓ Concevez un plan d'évacuation pour San Francisco.

L'édition 2006 de l'*Emergency Evacuation Report Card* (« Bulletin de notes des plans d'évacuation d'urgence »), publiée par l'Alliance des usagers des autoroutes américaines, décernait la mention Très Bien à Kansas City[11]. La Nouvelle-Orléans, ébranlée par l'ouragan Katrina, avait un Insuffisant. Et San Francisco ? Zéro. Comme New York, Chicago et Los Angeles.

Ces notes éliminatoires sont dues à la taille de ces métropoles, à leur topographie particulière et à leur dépendance aux transports en commun (ou à l'automobile). Dans une entreprise aussi soucieuse de l'environnement que Google, certains candidats évoquent spontanément le réseau de transports en commun de San Francisco. Or ceux-ci opèrent essentiellement en zone urbaine. En revanche, le Bay Area Rapid Transit (BART), le RER local, peut acheminer les gens jusqu'à Oakland. Mais est-ce suffisant ? Ou alors, est-ce qu'on évacue aussi Oakland ? Les trains d'Amtrak – la société des chemins de fer américains – ne s'arrêtent même pas dans la ville de San Francisco proprement dite. Dans un avenir prévisible, il n'y aura rien qui ressemble à une évacuation écologiquement correcte. Vider une ville de ses habitants dans un délai minimal signifie lancer des moteurs à explosion en masse sur les autoroutes.

Quelques paragraphes pour structurer votre projet :

- Exploitez le fait que tout le monde veut sortir de la ville le plus vite possible. Autorisez un marché ouvert des options en matière de transports. Le plus gros obstacle dans l'évacuation lors de l'ouragan Katrina était que les autorités de La Nouvelle-Orléans ne pouvaient pas émettre d'instructions actualisées pour contrôler la circulation : elles ne savaient carrément pas quelles routes étaient bloquées. Katrina a touché la ville un an avant Twitter et deux ans avant l'omniprésence des Smartphone. Votre plan serait d'encourager les gens à signaler les problèmes de circulation *via* Twitter ou par SMS (mais pas en conduisant !) et devrait élaborer un moyen de transmettre immédiatement ces informations aux réseaux sociaux, aux applications de cartographie et de navigation, aux chaînes de radio et de télévision, et ainsi de suite.

- Utilisez les cars de ramassage scolaire. La capacité des cars de ramassage sur le territoire des États-Unis est supérieure à celle de toutes les sortes de « transports de masse » pour adultes réunies. Organisez des services de ramassage et de navettes gratuits pour les gens qui n'ont pas de voiture[12].
- Détournez le ravitaillement en carburant vers les stations-service de la région impliquée. Il y a eu des pénuries d'essence à La Nouvelle-Orléans.
- Dans le cas d'une catastrophe authentique, la plupart des gens ne pensent qu'à s'enfuir le plus vite possible, mais vous allez être obligé de vous préoccuper de trois catégories de retardataires : ceux qui refusent de partir ; ceux qui, handicapés ou hospitalisés, ne peuvent être évacués sans assistance ; et ceux qui sont tellement déconnectés qu'ils n'auront pas entendu parler de l'évacuation (probablement des sans-abri ou des personnes âgées pour la plupart). Sur les plans juridique ou pratique, on ne peut pas faire grand-chose quand un habitant choisit de rester sur place. Il vaut mieux investir ses efforts dans des opérations de porte-à-

porte pour identifier les habitants d'un quartier qui veulent être évacués, mais ont besoin d'aide. Réquisitionnez tous les taxis, minibus et ambulances disponibles, car ils sont spécialement aménagés pour accueillir les personnes fragiles ou à mobilité réduite.

- Assurez-vous qu'un certain nombre d'autocars et de rames de RER admettent les animaux de compagnie et les valises. L'une des raisons qui poussent les gens à rester sur place est qu'ils ne veulent pas abandonner leurs animaux et leurs objets de valeur.
- Imposez un sens unique vers l'extérieur sur les grands axes, ce qui permet d'écouler deux fois plus de véhicules et d'empêcher les gens mal informés d'entrer dans la ville. Ce « flux inversé » sera connu des habitants de la baie de San Francisco qui vont au travail en voiture. Depuis 1963, les sens de circulation sur le Golden Gate Bridge sont réversibles[13]. Le matin, quatre des six voies sont réservées au trafic vers San Francisco. Le reste du temps, il y a trois voies dans chaque direction, trois vers la ville et trois vers les banlieues du comté de Marin.

? Imaginez un pays où tous les parents veulent avoir un garçon. Chaque famille continue d'avoir des enfants jusqu'à ce qu'elle ait un garçon ; ensuite, elle s'arrête. Quelle est la proportion de garçons et de filles dans ce pays ?

Ignorez les naissances multiples, les couples stériles et les couples qui meurent avant d'avoir un garçon. La première chose à comprendre est que chaque famille de ce pays a – ou aura – exactement un garçon quand elle aura cessé de procréer. Pourquoi ? Parce que chaque couple a des enfants jusqu'à ce qu'il ait un garçon, et qu'ensuite il s'arrête. En ignorant les naissances multiples, « un garçon » signifie 1 garçon exactement. Il y a autant de garçons que de familles complètes.

Or une famille peut avoir un nombre quelconque de filles. Une bonne manière de procéder est d'effectuer un recensement imaginaire des petites filles. Invitez toutes les mères du pays dans une grande salle et demandez par haut-parleur : « Que toutes celles dont le premier enfant était une fille lèvent la main. »

Naturellement, une moitié des femmes lèvera la main. Avec n mères, $n/2$ lèveraient la main, ce qui représenterait le nombre des premières-nées. Notez ce chiffre sur une ardoise imaginaire : $n/2$.

Demandez ensuite : « Que celles dont le deuxième enfant était une fille lèvent la main ou gardent la main levée. »

La moitié des mains retombera, et il n'y aura pas de nouvelles mains levées. (Les mères qui n'avaient pas levé la main la première fois, parce que leur premier enfant était un garçon, n'auront pas eu de deuxième enfant.) Il reste donc $n/4$ mains levées, ce qui signifie qu'il y a $n/4$ de filles nées en deuxième position.

« Que celles dont le troisième enfant était une fille lèvent la main ou gardent la main levée. » Vous comprenez le principe. On continue de poser des questions jusqu'à ce que finalement il n'y ait plus de mains levées. Le nombre de mains levées sera divisé par 2 à chaque nouvelle question. Ce qui produit la suite bien connue :

$$(1/2 + 1/4 + 1/8 + 1/16 + 1/32 + \ldots) \times n.$$

La somme des termes de cette suite tend vers 1 (× *n*). Le nombre de filles est égal au nombre de familles (*n*) et est égal au nombre de garçons (ou en est très proche). La proportion recherchée entre garçons et filles est donc de 1 sur 1. C'est un match nul après tout.

? Sur une autoroute déserte, la probabilité d'observer le passage d'une voiture en l'espace de trente minutes est de 95 %. Quelle est la probabilité d'observer le passage d'une voiture en l'espace de dix minutes ?

Si cette question stimule les neurones, c'est d'abord parce que les informations qu'elle fournit ne sont pas celles dont vous avez besoin. C'est ainsi que fonctionne la réalité.

Vous voulez faire dériver une probabilité sur dix minutes d'une probabilité sur trente minutes. Vous ne pouvez pas diviser carrément 95 % par 3 (même si certains ont déjà essayé). Le fait de connaître la probabilité du passage d'un véhicule en l'espace de trente minutes ne vous avance pas beaucoup, car cela pourrait se produire de plus d'une façon. Une voiture pourrait passer dans le premier segment de dix minutes, ou dans le deuxième, ou dans le troisième. Il pourrait passer deux voitures, ou cinq, ou mille, et cela compterait encore comme le passage « d'une voiture ».

Ce que vous voulez vraiment savoir, c'est la probabilité *qu'aucune voiture ne passe* dans une période de trente minutes. C'est simple. Puisqu'il y a 95 % de chances qu'une voiture passe en l'espace de trente minutes, il doit y avoir 5 % de risques qu'il n'en passe aucune dans le même laps de temps.

Pour qu'il y ait une période de trente minutes sans la moindre voiture, il faut que trois choses se produisent (ou, plutôt, qu'elles ne se produisent pas). D'abord, il doit s'écouler dix minutes sans voitures. Ensuite, il doit encore s'écouler dix minutes sans voitures. Enfin, une troisième période de dix minutes doit s'écouler sans voitures. La question posée demande quelle est la probabilité qu'une voiture passe dans une période de dix minutes. Appelons cette probabilité x. La probabilité qu'il n'y ait aucune voiture en dix minutes est de $1 - x$. Multipliez-la trois fois par elle-même, ce qui devrait aboutir à 5 %.

$$(1 - x)^3 = 0{,}05.$$

Prenez la racine cubique de chaque côté :

$$1 - x = \sqrt[3]{0{,}005}$$

Résoudre pour x :

$$x = 1 - \sqrt[3]{0{,}005}.$$

Personne n'attend de vous que vous extrayiez de tête des racines cubiques. Un ordinateur vous dira que la réponse est autour de 63 %. C'est raisonnable. La probabilité d'une voiture dans une période de dix minutes devrait être inférieure aux 95 % pour une voiture dans une période de trente minutes.

❓ Vous avez le choix entre deux paris. (1) On vous donne un ballon de basket et vous devez le mettre dans le panier du premier coup pour 1 000 dollars. (2) Vous devez réussir 2 paniers sur 3 coups pour les mêmes 1 000 dollars. Que préférez-vous ?

Appelez *p* la probabilité de réussir un panier. Avec le premier pari, vous avez une chance *p* de gagner 1 000 dollars. Sinon, vous ne gagnez rien. En moyenne, vous pouvez vous attendre à gagner 1 000 \$ × *p*.

Avec l'autre pari, vous lancez 3 fois et devez réussir 2 paniers pour gagner. La probabilité de réussir un panier à chaque tentative est encore de *p*. La probabilité de perdre à un quelconque des essais est de $1 - p$.

Il y a 2^3, soit 8 scénarios pour le second pari. Dressons-en la liste (comme vous pourriez le faire sur le tableau blanc pendant l'entretien). Le signe ✓ indique un essai réussi, l'absence d'indication signifie un échec.

Essai 1	Essai 2	Essai 3	Probabilité	Votre gain
			$(1 - p)^3$	néant
		✓	$p\,(1 - p)^2$	néant
	✓		$p\,(1 - p)^2$	néant
	✓	✓	$p^2\,(1 - p)$	1 000 \$
✓			$p\,(1 - p)^2$	néant
✓		✓	$p^2\,(1 - p)$	1 000 \$
✓	✓		$p^2\,(1 - p)$	1 000 \$
✓	✓	✓	p^3	1 000 \$

Le premier scénario est celui où vous n'êtes vraiment pas dans le coup. Vous ratez les 3 essais. La probabilité est ici de $1 - p$, multipliée trois fois par elle-même. Vous ne gagnez rien.

Dans 4 des 8 scénarios, vous gagnez les 1 000 dollars. Dans 3 d'entre eux, vous n'avez que 1 échec. Ces scénarios ont une probabilité de $p^2 (1 - p)$. Dans le cas où vous réussissez les 3 essais, la probabilité est de p^3. Ajoutez-les tous. Trois fois $p^2 (1 - p)$ donne $3p^2 - 3p^3$. Ajoutez p^3 et vous obtenez $3p^2 - 2p^3$. Votre attente est 1 000 $ × $(3p^2 - 2p^3)$.

Alors, quel est le pari le plus avantageux ?

Attente du premier pari : 1 000 $ × p.
Attente du second pari : 1 000 $ × $(3p^2 - 2p^3)$.

Vous pouvez être complètement manchot (p pratiquement égal à 0) ou être un basketteur de la NBA (p se rapproche de 1). Pour plus de clarté, j'ai fait ce que vous ne pouvez pas faire lors de l'entretien : j'ai entré les formules dans un tableur et produit un graphique qui montre comment les gains attendus varient avec p.

La ligne droite en diagonale représente le premier pari, et la courbe en S le second. Le premier pari est plus avantageux si votre probabilité de réussir un panier est inférieure à 50 %. Sinon, vous avez intérêt à choisir le second pari.

C'est logique. Un joueur médiocre ne peut pas s'attendre à gagner l'un ou l'autre pari. Il lui faut miser sur un coup au but inattendu, qui a manifestement plus de chances de se produire une fois que deux fois (« l'éclair ne frappe jamais deux fois »). Le joueur médiocre a intérêt à choisir le premier pari.

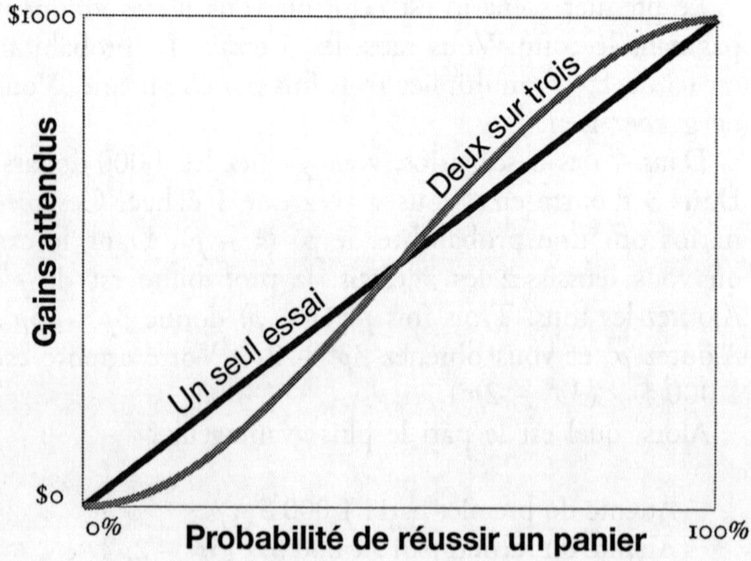

Le très bon joueur devrait gagner les deux paris, bien qu'il y ait une faible probabilité qu'il rate l'essai unique. Deux essais réussis sur 3 sont plus représentatifs de son talent, et c'est ce qu'il cherche. C'est comme la maxime du justiciable : si vous êtes coupable, vous voulez un jury (parce que tout peut arriver) ; si vous êtes innocent, vous voulez un juge.

En supposant que vous êtes arrivé jusqu'ici, la question suivante est : « Quelle valeur de p vous fait changer de pari ? » Pour répondre, supposez que les probabilités de gagner l'un ou l'autre pari sont égales. Ce qui représente le niveau de jeu où vous choisissez par tirage au sort.

$$p = 3p^2 - 2p^3.$$

Divisez par p :

$$1 = 3p - 2p^2.$$

Et vous obtenez :

$$2p^2 - 3p + 1 = 0.$$

Résolvez donc cette équation du second degré, ce qui réchauffera le cœur de votre prof de maths du lycée. Le recruteur cherche du brio autant que des connaissances livresques. Vous savez que la valeur de p, une probabilité, est forcément entre 0 et 1. Il est plus élégant d'essayer expérimentalement une valeur intermédiaire. « D'accord, j'ai besoin d'un nombre entre 0 et 1. Essayons 0,5. » Et ça marche à merveille.

? Utilisez un langage de programmation pour décrire un poulet.

En 1968, l'écrivain français oulipien Noël Arnaud publia un mince volume de poèmes en langage informatique Algol (aujourd'hui obsolète, ce fut un précurseur de C). Arnaud se limita au vocabulaire restreint d'Algol, constitué de 24 mots prédéfinis. Ses *Poèmes algol* n'étaient pas du code valide. Décrire un poulet en Algol ou en C++ pourrait être un exercice relevant du même esprit donquichottesque.

Les recruteurs s'attendent d'ordinaire à ce que vous décriviez un poulet individuel qui puisse être distingué des autres membres de son espèce. Imaginez que vous lancez un site de réseau social pour volailles. « Le poulet nommé Codette est femelle, sympa et mort. » On s'attend à quelque chose dans ce genre, en code juridique ou en pseudo-code.

L'exemple suivant pourrait satifaire la plupart de vos interlocuteurs[14] :

```
class Poulet
{
public :
bool isfemelle, issympa, isrôti, isartconceptuel, ismort ;
} ;
int main()
{
Poulet Codette ;
Codette.isfemelle = true ;
Codette.issympa = true ;
Codette.isrôti = true ;
Codette.isartconceptuel = true ;
Codette.ismort = true ;
}
```

❓ Il y a un escalier et vous avez le droit de gravir les marches une par une ou deux par deux. Combien y a-t-il de manières différentes d'atteindre la $n^{ième}$ marche ?

Commencez simple. Vous êtes sur le palier et voulez atteindre la première marche, le n° 1. Il n'y a que 1 manière d'y arriver : faites un pas vers le haut.

Ensuite, $n = 2$. Il y a 2 manières d'accéder à la deuxième marche. Soit deux pas successifs, soit deux marches d'un coup.

C'est pratiquement tout ce dont vous avez besoin pour résoudre le problème. Pourquoi ? Imaginez que votre but soit la marche n° 3. Pour la première fois, vous ne pouvez y arriver d'un seul coup. Il faut que ce soit une combinaison de pas. Mais il n'y a que 2 manières d'accéder à la marche n° 3 – soit avec un seul pas (à partir de la marche n° 2), soit en montant deux marches d'un coup à partir de la marche n° 1. Nous savons déjà qu'il n'y a qu'une seule manière d'accéder à la marche n° 1 à partir du palier. Nous savons aussi qu'il n'y a que 2 manières d'accéder à la marche n° 2 à partir du palier. Additionnez-les (1 + 2 = 3) pour obtenir le nombre de manières de parvenir à la marche n° 3.

La même logique s'applique à toutes les marches suivantes. Il y a 2 manières d'arriver à la marche n° 4, à partir de la marche n° 2 ou de la marche n° 3. Additionnez le nombre de manières d'arriver à la marche n° 2 (2) au nombre de manières d'arriver à la marche n° 3 (3). Ce qui donne 5, le nombre de manières d'arriver à la marche n° 4.

Il est facile de continuer cette série. Le nombre de manières de monter l'escalier fait rapidement boule de neige, comme ceci :

Marche n° :	1	2	3	4	5	6	7
Manières :	1	2	3	5	8	13	21

Pour quiconque a un minimum de formation mathématique, la série inférieure sera familière. Il s'agit de la suite de Fibonacci. (Nous y reviendrons plus loin.) L'examinateur veut une réponse pour le cas général de *n* marches. C'est simplement le $n^{\text{ième}}$ nombre de Fibonacci.

Leonardo Fibonacci, connu aussi sous le nom de Léonard de Pise, fut le mathématicien italien le plus influent de la fin du Moyen Âge. C'est Fibonacci qui se rendit compte le premier de l'incroyable supériorité du système arabo-hindou de numération, avec sa notation de position, sur les chiffres romains encore en usage dans l'Europe médiévale. Avec le système arabo-hindou, la multiplication et la division pouvaient être réduites à un algorithme (encore un terme d'origine arabe). Avec les chiffres romains, ces opérations sont d'une difficulté rédhibitoire. Les marchands étaient obligés d'engager de coûteux spécialistes qui effectuaient les calculs sur des abaques. En 1202, Fibonacci écrivit un guide de l'abaque, *Liber abaci*, dans lequel il recommande les chiffres « arabes » à ce qui devait être alors un public sceptique. L'ouvrage décrit aussi ce que nous appelons maintenant la suite de Fibonacci. Il ne l'avait pas inventée : elle était connue des érudits indiens du VIe siècle.

Commencez par écrire 1, puis encore un autre 1. Additionnez-les pour obtenir la somme (2) et ajouter cette somme à la série.

1 1 2.

Pour générer chaque nombre suivant, il suffit d'additionner les deux derniers nombres de la suite, qui devient :

1 1 2 3 5 8 13 21 34 55 89 144...

Les théoriciens conspirationnistes trouveront que la suite de Fibonacci se manifeste dans toutes sortes de situations inattendues. Vous voulez convertir les milles terrestres en kilomètres[15] ? Utilisez donc les nombres de Fibonacci adjacents (vitesse limitée à 55 mph = 89 km/h). La prochaine fois que vous aurez du temps à perdre, comptez les petits fruits qui composent un ananas. Vous découvrirez qu'ils forment deux ensembles d'hélices qui se croisent en tournant dans des sens opposés. Un de ces ensembles a 7 hélices, l'autre 13 – deux nombres de Fibonacci. Des schémas similaires se retrouvent dans les pommes de pin, les tournesols et les artichauts. Simple coïncidence ? C'est peu vraisemblable, de même que la suite de Fibonacci se retrouve dans le *Da Vinci Code* (c'est la combinaison d'un coffre) – et dans cette question d'entretiens de recrutement utilisée par une société de haute technologie qui projette de dominer le monde :

? Vous possédez *n* sociétés et désirez les faire fusionner en une seule grande société. Combien y a-t-il de manières différentes d'y arriver ?

Dans une « fusion » au sens strict, deux sociétés abandonnent leurs identités respectives et fusionnent en une entité totalement nouvelle. Les géants de l'industrie pharmaceutique Glaxo Wellcome et SmithKline Beecham ont fusionné en 2000 pour former le colosse pharmaceutique GlaxoSmithKline. (Vous l'avez deviné : les deux sociétés mères étaient déjà le produit de fusions.)

L'ego des P-DG étant ce qu'il est, les vraies fusions sont plutôt rares. Une fusion exige un équilibre presque parfait de puissance de négociation. Plus généralement, les dirigeants d'une des deux sociétés ont le dessus, et feront en sorte que ceux de l'autre société ne l'oublient pas. La transaction a des chances d'être une acquisition, dans laquelle la société A avale la société B, et où B cesse d'exister comme entité séparée (bien qu'elle survive souvent comme marque). Exemple : l'acquisition de YouTube par Google en 2006.

Les fusions sont symétriques. Pour deux sociétés, il n'y a qu'une seule façon de fusionner en étant sur le même plan. Les acquisitions sont asymétriques. Pour deux sociétés, il y a deux façons d'acquérir ou d'être acquises – Google qui achète YouTube n'est pas la même chose que YouTube qui achète Google.

La plupart des non-initiés négligent la distinction entre fusion et acquisition. Toute réunion de sociétés est qualifiée de « fusion ». Aussi avez-vous besoin de demander à votre interlocuteur ce qu'il entend par *fusion*. Par bonheur, l'essentiel du raisonnement est valable quelque soit l'interprétation.

Commencez par les acquisitions, parce qu'elles sont plus répandues (et vous rendent la tâche un peu plus facile). Vous pouvez vous représenter les sociétés comme des pions d'un jeu de dames, et les acquisitions comme des coups dans le déroulement de la partie. Commencez avec n pions. Un coup consiste à poser un pion sur un autre pour signifier que le pion supérieur « acquiert » le pion inférieur. Après une acquisition, vous manipulez les pions concernés comme s'ils étaient collés ensemble (comme un pion « damé » dans le jeu conventionnel).

Chaque nouveau coup diminue d'une unité le nombre de pions (ou de pions empilés). Vous allez finir par placer des piles de pions sur d'autres piles pour créer des piles encore plus hautes. Il faudra exactement $(n - 1)$ coups pour atteindre le but du jeu, une pile de pions unique constituée des n pions réunis en un seul. Combien de scénarios différents peuvent aboutir à ce résultat ?

Le cas le plus simple met en présence deux sociétés. La société A peut avaler B, ou B peut avaler A. Ce qui fait 2 scénarios possibles.

Avec trois sociétés, il vous faut décider quelle société commence par acquérir quelle autre société. Il y a 6 possibilités pour cette première acquisition, correspondant aux 6 paires possibles de 3 objets : AB, AC, BA, BC, CA, CB (A achète B, ou A achète C, etc.). Après l'acquisition initiale, il vous reste 2 sociétés. La situation correspond alors exactement à celle du paragraphe précédent. Le nombre d'historiques d'acquisition possibles pour 3 sociétés est donc de $6 \times 2 = 12$.

Avec 4 sociétés, il y a 12 possibilités pour la première acquisition : AB, AC, AD, BA, BC, BD, CA, CB, CD, DA, DB, DC. Une fois celle-ci décidée, il vous reste 3 sociétés, et, comme nous le savons déjà, 12 historiques. Il y a donc obligatoirement $12 \times 6 \times 2 = 144$ historiques d'acquisition pour 4 sociétés.

Maintenant, généralisons. Avec n sociétés, le nombre d'acquisitions initiales possibles est :

$$n\,(n-1).$$

Ce qui signifie seulement que n'importe laquelle des n sociétés peut être le premier acquéreur, et que n'importe laquelle des $(n-1)$ sociétés restantes peut être la première acquisition. Après la première acquisition, il restera $(n-1)$ sociétés distinctes, et il y aura $(n-1)$ $(n-2)$ possibilités pour une deuxième acquisition. Il y aura ensuite $(n-2)$ sociétés et $(n-2)$ $(n-3)$ acquisitions possibles. Nous allons multiplier le nombre toujours plus petit d'acquisitions possibles, jusqu'à ce qu'il nous reste 2 × 1 possibilités pour l'acquisition finale. Il est facile de voir, en utilisant la notation factorielle, que le produit sera égal à $n! \times (n-1)!$ historiques d'acquisition.

Et si vous vouliez d'authentiques fusions au lieu des acquisitions ? L'analyse ci-dessus augmente les possibilités de 1 facteur 2 pour chacune des $(n-1)$ fusions. Ce qui signifie que le nombre d'historiques de fusions vraies est de $n! \times (n-1)!$ divisé par 2^{n-1}.

Finalement, si « fusion » peut signifier fusion ou acquisition, vous ajoutez simplement les deux réponses.

? Quelle est la plus belle équation que vous ayez jamais vue ? Expliquez votre choix.

Cette question, posée à des ingénieurs de chez Google, vous suggère d'analyser comment une équation peut être « belle », et ensuite de donner un exemple convenable. La seule certitude en matière de beauté est qu'elle est subjective. Ce qui n'empêche pas la plupart des gens de conclure qu'une belle équation est concise et d'une portée universelle. Notez toutefois que vous n'essayez pas seulement de penser à une belle équation : vous essayez d'impressionner le recruteur avec votre originalité. Vous avez intérêt à présenter une équation dont votre interlocuteur n'entend pas parler tous les jours.

Presque tout le monde serait d'accord pour dire que cette réponse-ci est maladroite :

$$E = mc^2.$$

C'est comme un politicien qui dirait que son film favori est *Titanic.*

Vous voulez Einstein ? Il y a une meilleure réponse :

$$\boldsymbol{G} = 8\pi \boldsymbol{T}.$$

Elle résume la théorie de la relativité générale en cinq caractères. ***G*** est le tenseur d'Einstein, qui représente la courbure de l'espace-temps. ***T*** est le tenseur énergie-impulsion, qui mesure la densité de la masse et de l'énergie. L'équation dit que la masse/énergie incurve l'espace et le temps (courbure matérialisée pour nous par la gravité).

Un autre groupe de cinq caractères reflète une bonne partie de la physique quantique :

$$\hat{\mathrm{H}}\Psi = \mathrm{E}\Psi.$$

C'est l'équation de Schrödinger, qui se lit : « Le hamiltonien de la fonction d'onde est égal à son énergie. »

La réponse Google canonique est l'équation d'Euler. Elle associe cinq nombres d'importance capitale en mathématiques : la constante d'Euler *e*, pi, le nombre imaginaire *i* – et bien sûr 1 et 0, qui sont plutôt importants en informatique :

$$e^{\pi i} + 1 = 0.$$

L'équation d'Euler est régulièrement classée numéro 1 au palmarès des « plus belles équations ». Elle a partagé la première place (avec les quatre équations de Maxwell) dans un sondage réalisé en 2004 par *Physics World* pour désigner « les plus grandioses équations jamais écrites ». Comme disait un lecteur : « Que pourrait-il y avoir de plus mystique qu'un nombre imaginaire interagissant avec des nombres réels pour produire le néant[16] ? »

« À l'instar d'un sonnet de Shakespeare qui saisit l'essence même de l'amour, ou d'un tableau qui exprime la beauté de la forme humaine bien au-delà des apparences, l'équation d'Euler plonge dans les profondeurs mêmes de l'existence », résume le mathématicien de Stanford Keith Devlin[17]. Le commentaire le plus connu est probablement celui de Carl Friedrich Gauss, qui déclara que, à moins que cette formule ne soit immédiatement comprise par un étudiant, cet étudiant ne deviendrait jamais un mathématicien de premier plan.

Toutefois, vous ne gagnerez pas de points pour votre originalité si vous donnez comme réponse l'équation d'Euler. C'est comme si vous disiez que votre film favori est *Citizen Kane*.

L'intégrale de Gauss a un peu le même attrait mystique, puisqu'elle associe *e*, pi et l'infini. Autre argument en sa faveur : Gauss lui-même ne la trouvait pas totalement évidente.

$$\int_{-\infty}^{\infty} e^{-x^2} dx = \sqrt{\pi}.$$

L'intégrale de Gauss possède aussi quelque chose qui manque à l'équation d'Euler : une pertinence par rapport à la vie telle que nous la menons. Le e^{-x^2} est la fonction de Gauss. Une de ses représentations est la célèbre courbe en cloche d'une répartition statistique normale. C'est la « courbe » à partir de laquelle les enseignants fixent leurs notes – celle censée gouverner (mais pas tout à fait) la taille des individus, le QI et la progression aléatoire des cours de la Bourse. Le filtre de flou gaussien de l'application Photoshop se sert de la même fonction pour effacer votre ex de l'image.

Dans cette équation, l'intégrale calcule l'aire sous la courbe en cloche et trouve qu'elle est égale à la racine carrée de pi, soit environ 1,77. Cette équation peut être considérée comme un symbole du rôle du hasard dans le monde. Bien des choses auxquelles nous tenons le plus – la beauté, le talent, la richesse – sont le résultat de douzaines de facteurs aléatoires, qui vont des gènes à la chance pure et simple. Lorsque les facteurs qui déterminent une grandeur sont authentiquement aléatoires et additifs, cette grandeur aura une répartition normale. La plupart des gens se trouveront au milieu de la courbe. Quelques individus marginaux auront beaucoup plus ou beaucoup moins que la moyenne. En 1886, Francis Galton disait de cette répartition :

> « Je ne connais rien – ou presque – qui soit aussi capable d'impressionner l'imagination que cette merveilleuse forme d'ordre cosmique exprimée par la "loi de l'erreur". Un sauvage, s'il pouvait la comprendre, l'adorerait comme une idole [...]. Si l'on prend un vaste échantillon d'éléments chaotiques et qu'on les ordonne par ordre de grandeur, si follement irréguliers qu'ils aient pu sembler, une forme de régularité inattendue et très belle se révèle avoir été présente depuis toujours[18]. »

Pour le culte de la belle équation dans toute sa gloire délirante, adressez-vous au physicien britannique Paul A. M. Dirac. « Il est plus important d'avoir de la beauté dans vos équations que de les faire s'accorder avec les données expérimentales », écrivit-il un jour[19]. Dirac était un excentrique notoire, peu à son aise dans les rapports sociaux, en partie à cause de son autisme. En tant que physicien théoricien, il voyait le monde comme une énigme dont la clé était de belles équations. À un degré remarquable, des scientifiques contemporains (et de nombreux recruteurs) acceptent la vision du monde de Dirac.

Richard Feynman en a donné une réfutation amusante dans le deuxième volume de son *Cours de physique*, en émettant l'affirmation stupéfiante que toute la physique peut être réduite à une seule équation :

$$U = 0.$$

C'est tout ! C'est tout ce qu'il faut savoir sur l'univers !

Feynman n'était pas tout à fait sérieux. Prenons une équation comme $E = mc^2$. On dit qu'elle est *profonde*. Sa prétendue beauté réside dans le fait qu'elle explique tant de choses en si peu de signes, quelques pixels noirs sur fond blanc. La perception de cette simplicité, soutenait Feynman, repose sur des concepts flous et chèrement acquis. Qu'est-ce que l'énergie ? Qu'est-ce que la masse ? Qu'est-ce que la vitesse de la lumière ? Aucun de ces concepts n'existait pour Al-Khawarizmi ou Léonard de Vinci. L'énergie et la masse n'avaient commencé à se concrétiser qu'à l'époque de Newton. Jusqu'au XIXe siècle, la « vitesse de la lumière » n'était pas vraiment une question scientifique. L'argument de Feynman est que

$E = mc^2$ est une abréviation. Admirez-la, mais ne vous laissez pas prendre par sa prétendue simplicité. Elle n'est pas si simple que ça.

Remarquez qu'on peut transformer l'équation d'Einstein en :

$$E - mc^2 = 0.$$

J'ai uniquement soustrait mc^2 de chaque côté. Les deux parties de l'équation étaient égales avant, et elles doivent être égales maintenant. Portons-les ensuite au carré, ce qui donne :

$$(E - mc^2)^2 = 0.$$

L'intérêt de ces manipulations deviendra clair dans un instant. Elles font partie de la recette donnée par Feynman pour le nec plus ultra en matière de belles équations. Ajoutons quelques équations. Celles de Schrödinger et d'Euler, pourquoi pas ? Laissons celle d'Euler telle quelle et modifions celle de Schrödinger :

$$e^{\pi i} + 1 = 0$$
$$\hat{H}\Psi - E\Psi = 0.$$

Portons au carré les deux côtés de chacune et ajoutons l'équation d'Einstein :

$$(E - mc^2)^2 + (\hat{H}\Psi - E\Psi)^2 + (e^{\pi i} + 1)^2 = 0.$$

Les trois termes de gauche valent forcément 0 (disent Einstein, Schrödinger et Euler). L'équation doit être correcte, à supposer que ses trois composantes le soient. De plus, elle ne peut être correcte que si tous ses termes valent 0. (C'est l'intérêt du carré. Il garantit qu'aucun terme ne puisse être négatif. La seule façon pour trois termes non négatifs de s'additionner en donnant 0 est de valoir tous 0.)

Ne nous arrêtons pas en si bon chemin, dit Feynman. Toutes les équations, grandioses ou triviales, peuvent être récrites sous cette forme et rattachées au côté gauche de cette équation principale. Feynman appelle les grandeurs situées à gauche U_n, expression dans laquelle la valeur de n va de 1 à tout ce qu'on voudra. Résumez-les et vous n'avez plus que U, qui symbolise l'*unworldliness* – l'irréalité, pour ainsi dire. U mesure tout ce qui ne cadre pas avec les schémas de la physique. L'équation principale dit que l'irréalité est égale à 0. On peut extraire toute la physique à partir de là.

U = 0 est plus simple (plus « belle ») que toute autre équation. Elle dit tout ce qu'expriment les autres équations et ne pourrait pas l'énoncer plus simplement. Une équation signifie un signe égal avec quelque chose à gauche et quelque chose à droite. Elle comporte au minimum trois caractères, et U = 0 exprime cette limite dans sa beauté quelque peu chétive.

En réalité, l'argument de Feynman était que « U = 0 » est un aimable bricolage qui n'a pas d'autre ambition que dire tout sur l'univers avec le maximum de concision. Feynman demandait en fait : « Êtes-vous vraiment sûr que c'est là ce que vous entendez par beauté ? » Cela vaut la peine d'y réfléchir. Une bonne réponse à la question de l'entretien serait de commencer par l'équation U = 0 de Feynman. Si vous estimez que vous avez une meilleure idée de ce qu'est la « beauté », décrivez-la et dites quelle équation lui correspond le mieux.

Chapitre 5

? Vous voulez vérifier que Bob a bien votre numéro de téléphone. Vous ne pouvez pas lui poser la question directement. Au lieu de quoi il faut que vous écriviez un message à son intention sur une carte que vous remettrez à Eve, votre intermédiaire. Eve donnera la carte à Bob, il transmettra son message à Eve, qui vous le remettra à son tour. Vous ne voulez pas que Eve apprenne votre numéro de téléphone. Que demandez-vous à Bob ?

Même si vous donnez la réponse brève et simple (voir aux pp. 108-110), on peut vous demander de fournir aussi la « réponse RSA ». Elle n'est pas si compliquée que ça, du moment que Bob dispose d'un ordinateur et est capable de suivre des instructions. Vous pourriez demander à votre examinateur de vous préciser les compétences de Bob en maths et en informatique.

Dans le système RSA, chaque individu génère deux clés : une clé publique et une clé privée. Une clé publique est comme une adresse électronique. Elle permet à n'importe qui de vous envoyer un message. Une clé privée est comme le mot de passe de votre courrier électronique. Vous en avez besoin pour accéder à votre boîte, et vous devez le garder secret, sinon n'importe qui pourrait lire votre correspondance.

Vous ne pourrez pas envoyer à Bob un message secret, parce qu'il n'a pas configuré ses clés. Il se peut même qu'il ne sache pas ce qu'est le système RSA avant que vous l'en informiez ! Mais vous n'avez pas besoin d'envoyer un message secret à Bob. Vous voulez que Bob vous envoie à vous un message secret, à savoir votre numéro de téléphone. Ce qui signifie que vous avez besoin de clés pour vous-même, et non pour Bob. Dans ses grandes lignes, la solution est comme suit :

> Salut, Bob ! On va utiliser la cryptographie RSA. Tu ne sais peut-être pas ce que c'est, mais je vais t'expliquer exactement ce que tu dois faire. Voici ma clé publique [...]. Avec la clé et mon numéro de téléphone, tu produis un numéro chiffré en suivant ces instructions [...]. Et tu me renvoies ce numéro chiffré *via* Eve.

L'astuce est de libeller les intructions de façon que pratiquement n'importe qui puisse réussir l'opération. Il importe également d'être concis.

Il semble maintenant que la cryptographie RSA aurait été décrite pour la première fois en 1973. Son inventeur initial, le mathématicien britannique Clifford Cocks, travaillait pour les Services secrets de Sa Majesté. Son idée fut jugée peu pratique à mettre en œuvre : elle exigeait un ordinateur. Un comble ! Ce matériel était difficile à trouver à l'époque où les espions devaient en général se contenter d'appareils photo cachés dans des boutons de manchette. L'idée de Cocks demeura classée secret-défense jusqu'en 1997. Entre-temps, en 1978, trois informaticiens du MIT trouvèrent indépendamment la même idée. Les initiales des membres du groupe du MIT – Ronald Rivest, Adi Shamir et Leonard Adelman – fournirent le sigle RSA.

Dans le système RSA, la personne qui veut recevoir des messages doit choisir au hasard deux nombres premiers, p et q. Il faut que ce soit de grands nombres, aussi grands (en nombre de chiffres) que les numéros ou le texte du message à transmettre. Pour un numéro de téléphone à dix chiffres, p et q devraient chacun avoir au moins dix chiffres.

Une manière de choisir p et q est de chercher un site Internet qui donne une liste de grands nombres premiers. Les *Prime Pages*, gérées par Chris Caldwell, de l'université du Tennessee à Martin, s'y prêtent bien[20]. Prenez deux nombres premiers de dix chiffres au hasard. En voici deux :

1 500 450 271 et 3 367 900 313.

Appelez-les p et q. Vous devez les multiplier et obtenir leur produit exact. C'est un peu délicat. Vous ne pouvez pas utiliser la fonction calculateur d'Excel, de Google ou de la plupart des logiciels grand public, parce qu'ils n'affichent qu'un nombre limité de chiffres significatifs. On peut effectuer la multiplication à la main, mais il est plus facile de recourir à www.wolframalpha.com. Vous tapez simplement

1500450271 * 3367900313,

et le site vous donnera la réponse exacte :

5053366937341834823.

Appelez ce produit n. C'est l'une des composantes de votre clé publique. L'autre composante est un nombre appelé e, un nombre choisi arbitrairement, idéalement de longueur égale à n, dont la division par $(p - 1)(q - 1)$

ne tombe pas juste. Cette dernière exigence est peut-être obscure, mais ne vous en faites pas. Dans de nombreuses applications, les programmeurs prennent simplement 3 pour *e*. C'est suffisant pour la plupart des tâches et cela permet un chiffrage rapide.

Une fois que vous avez choisi *n* et *e*, vous pouvez démarrer. Il vous faut simplement envoyer ces deux nombres à Bob, avec le *Guide de la cryptographie RSA pour les nuls*. Bob devra calculer :

$$x^e \bmod n$$

Ici, x est le numéro de téléphone. Puisque nous avons choisi 3 pour e, x sera porté au cube, ce qui donnera un nombre de trente chiffres. Le « mod » pour *modulo* indique une division modulaire, ce qui signifie que vous divisez x^3 par n et ne conservez que le reste. Ce reste doit se situer entre 0 et $(n - 1)$. Ce sera donc probablement un nombre de vingt chiffres. Ce nombre de vingt chiffres est le message codé que Bob vous renvoie.

Par conséquent, Bob devrait être capable de porter un nombre au cube et d'effectuer une longue division. La partie cruciale des instructions pourrait dire ceci :

> Bob, il faut que tu suives ces instructions à la lettre sans les mettre en question. Fais comme si mon numéro de téléphone était un nombre normal de dix chiffres. D'abord, il faut que portes ce nombre au cube (tu le multiplies par lui-même, ensuite tu multiplies le résultat par le nombre originel). La réponse, qui sera un nombre de trente chiffres, devra être exacte. Fais l'opération à la main s'il le faut, puis vérifie-la au moins deux fois.

> Ensuite, tu vas être obligé de faire la plus longue division que tu aies jamais faite. Divise le résultat par ce nombre : 5 053 366 937 341 834 823. Il faudra aussi que cette division soit exacte. Envoie-moi seulement le RESTE de la division. Il est important que tu ne m'envoies pas la partie entière du quotient, mais uniquement le reste.

En supposant que Bob ait accès à Internet (hypothèse plutôt vraisemblable, non ?), le message pourrait être :

> Bob, va sur le site www.wolframalpha.com. Tu verras une grande case rectangulaire entourée en orange. Tu tapes mon numéro de téléphone à dix chiffres, sans utiliser de tirets, de points ni de parenthèses – rien que les dix chiffres. Juste après le numéro de téléphone, tu tapes ceci :
>
> ^3 mod 5053366937341834823.
>
> Ensuite, tu cliques sur le signe égal à droite de la case. La réponse, probablement un nombre de vingt chiffres, apparaîtra dans la case « Résultat ». Tu m'envoies cette réponse, et uniquement cette réponse.

Naturellement, Eve lit ces instructions, et elle lit aussi la réponse de Bob. Elle ne peut rien en tirer. Elle a un nombre de vingt chiffres dont elle sait qu'il est le reste de la division lorsque le cube du numéro de téléphone est divisé par 5 053 366 937 341 834 823. Personne encore n'a trouvé une méthode efficace pour récupérer ce numéro de téléphone.

Et en êtes-vous plus avancé pour autant ? Oui, parce que vous avez la *clé de déchiffrement secrète*. Celle-ci, *d*, est l'inverse de *e* mod $(p - 1)(q - 1)$. Il existe un algorithme efficace pour la calculer – en supposant évidemment que vous connaissez les deux nombres premiers *p* et *q* utilisés pour générer *n*. (Vous les connaissez, puisque c'est vous qui les avez choisis.)

Appelez *y* le numéro chiffré renvoyé par Bob. Son message initial est :

$$y^d \bmod n.$$

Pour trouver le résultat, vous saisissez cette expression sur Wolfram Alpha en remplaçant *y*, *d* et *n* par leur valeur.

Eve connaît *n*, puisqu'il était sur la carte que vous lui avez demandé de remettre à Bob. Elle connaît *y*, puisque c'est la réponse que Bob vous a envoyée. Mais elle ne connaît pas *d*, et elle n'a aucun moyen de le découvrir. Eve a un problème d'algorithme. Il est facile de multiplier deux nombres – on apprend ça à l'école primaire –, il est difficile de décomposer en facteurs un très grand nombre.

? Si vous aviez une pile de piécettes de 1 cent aussi haute que l'Empire State Building, pourriez-vous toutes les faire tenir dans une seule pièce ?

Pareil libellé peut vous induire à penser que c'est une de ces questions d'entretiens où vous devez estimer une quantité délirante d'objets. Attendez : la question ne vous demande pas *combien* de cents sont en jeu. Elle demande *si la pile tiendra dans une pièce.* Le recruteur veut une réponse par oui ou par non (avec des explications, bien sûr).

Cela devrait vous mettre sur la voie, comme le fait que la question ne précise pas le volume de la pièce. Des pièces, il y en a des grandes et des petites. L'intuition pourrait vous suggérer que la pile ne tiendrait pas dans une cabine téléphonique, mais serait à l'aise dans la galerie des Glaces du château de Versailles. La réponse est, en gros :

> « L'Empire State Building a une centaine d'étages [102, exactement]. Ce qui est au moins cent fois plus haut qu'une pièce ordinaire, mesurée de l'intérieur. Je serais obligé de décomposer la pile de pennies haute comme un gratte-ciel en une centaine de piles tenant entre le plancher et le plafond. La question devient alors : est-ce que je peux faire tenir 100 piles de piécettes qui montent jusqu'au plafond dans une seule pièce ? Facilement ! C'est une colonne dont la base est un carré de 10 pièces de côté. Tant qu'il y aura assez de place pour faire tenir 100 pièces de 1 cent à plat sur le plancher, les 100 piles tiendront. Le plus petit des appartements de New York, une cabine téléphonique à l'ancienne auraient assez de place. »

Il convient d'afficher une certaine désinvolture. L'objectif est non seulement de produire la bonne réponse, mais de donner l'impression que c'est facile. Les sportifs de haut niveau le font naturellement. Ces derniers temps, on s'attend à ce que les postulants à un emploi y parviennent aussi.

? Vous disposez de 10 000 serveurs Apache et d'une journée pour générer 1 million de dollars. Que faites-vous ?

La réponse Microsoft : profitez-en pour exposer à votre interlocuteur votre projet financier personnel encore inédit. Préparez-vous à ce que le recruteur vous écoute poliment, puis vous demande : « Oui, mais êtes-vous sûr de pouvoir gagner 1 million de dollars *le premier jour ?* »

N.B. : Google est une entreprise très gourmande en serveurs qui a mis environ cinq ans pour faire du bénéfice. Il se *pourrait* que YouTube commence à être rentable quand vous lirez ces lignes.

Un projet relativement crédible serait la spéculation à grande vitesse sur le marché des valeurs. D'après certaines informations, des opérateurs avisés gagnent des millions chaque jour d'ouverture de la Bourse en achetant et en revendant des titres qu'ils détiennent en moyenne quelques secondes. Normalement, ils liquident tous leurs effets juste avant la fermeture du marché, si bien que vous empocheriez vos bénéfices à la fin de la journée. Pareille entreprise nécessite un logiciel (capable d'imposer son arbitrage à tous les autres robots spéculateurs en action sur le marché) tournant sur du matériel ultra-rapide, mais n'aurait absolument pas besoin de 10 000 serveurs.

La réponse Google : vendez les serveurs pour 100 dollars pièce au minimum. Ce qui « générera » 1 million de dollars au bas mot, ou plus vraisemblablement quelque chose comme 10 millions. Ensuite, si vous avez un projet d'entreprise grandiose, utilisez cet argent comme mise de fonds. Ce qui vous permettra de tenir assez longtemps pour intéresser un capital-risqueur (qui soit assez intelligent pour savoir que les idées géniales ne rapportent pas 1 million de dollars dès le premier jour).

? Speedy et Scargo sont deux lièvres de course. Quand ils disputent un 100 mètres, Speedy franchit la ligne d'arrivée alors que Scargo est sur la ligne des 90 mètres. (Les deux lièvres courent à vitesse constante.) À présent, on les oppose dans une course à handicap. Speedy doit partir à 10 mètres derrière la ligne de départ (et donc courir sur 110 mètres), tandis que Scargo part à l'endroit habituel et parcourt 100 mètres. Qui va gagner ?

La démarche Microsoft : soit x la vitesse de Speedy, 0,9 x la vitesse de Scargo…

La démarche Google : Speedy couvre 100 mètres pendant que Scargo en couvre 90. Dans la course à handicap, Speedy commence à – 10 mètres. Ses 100 mètres le conduisent donc jusqu'à la ligne des 90 mètres. Entre-temps, Scargo aura parcouru 90 mètres, et puisque qu'il est parti de 0, cela le conduira lui aussi à la ligne des 90 mètres. À ce moment-là, les deux lièvres seront à égalité. Ce sera comme s'ils entamaient une nouvelle course sur la ligne des 90 mètres, avec la ligne des 100 mètres comme ligne d'arrivée. Naturellement, c'est le lièvre le plus rapide qui gagne. Donc Speedy.

? Vous avez une montre analogique avec une aiguille des secondes. Combien de fois les trois aiguilles de la montre se chevauchent-elles ?

C'est l'actualisation d'une question Microsoft classique qui demande combien de fois par jour les aiguilles des heures et des minutes se chevauchent. Comme elle est désormais bien connue, les recruteurs se sont mis à utiliser cette variante.

La réponse Microsoft : trouvez d'abord quand les aiguilles des heures et des minutes se chevauchent. Tout le monde sait que les aiguilles des heures et des minutes se chevauchent à 0 heure (minuit), puis à environ 1 h 5, 2 h 10, 3 h 15, et ainsi de suite. Il y a un chevauchement toutes les heures, sauf de 11 heures à 12 heures. À 11 heures, l'aiguille des minutes, plus véloce, est sur 12, et l'aiguille des heures est sur 11. Elles ne se rencontreront pas avant 12 heures (midi) – par conséquent, il n'y a pas de chevauchement dans la onzième heure.

Il y a donc 11 chevauchements dans chaque période de 12 heures, également espacés dans le temps, puisque les deux aiguilles avancent à vitesse constante. Ce qui signifie que l'intervalle entre les chevauchements des aiguilles des heures et des minutes est de 12/11 d'heure, soit 1 heure, 5 minutes et 27 secondes 3/11. Les 11 alignements des deux aiguilles dans chaque cycle de 12 heures se produisent à :

0 h 0 min 0 s,
1 h 5 min 27 s 3/11,
2 h 10 min 54 s 6/11,
3 h 16 min 21 s 9/11,
4 h 21 min 49 s 1/11,
5 h 27 min 14 s 4/11,
6 h 32 min 43 s 7/11,
7 h 38 min 10 s 10/11,
8 h 43 min 28 s 2/11,

9 h 49 min 8 s 5/11,
10 h 54 min 32 s 8/11.

Comment pouvons-nous déterminer si l'une de ces heures est un triple chevauchement ? Bien que la question concerne une montre à affichage analogique, pensez à une montre à affichage numérique, qui donne l'heure en heures, minutes et secondes :

12:00:00.

Il y a chevauchement des aiguilles des minutes et des secondes uniquement quand le chiffre des minutes (ici, 00) est égal au chiffre des secondes (00). Il y a un triple chevauchement à 12:00:00. En général, le chevauchement des aiguilles des minutes et des secondes se produira à la seconde fractionnelle. Exemple :

12:37:37.

Ici, la trotteuse serait entre 37 et 38. L'instant du chevauchement arriverait une fraction de seconde plus tard. Mais l'aiguille des heures ne serait pas proche des autres, donc il n'y a pas de triple chevauchement.

Aucun des chevauchements des aiguilles des heures et des minutes donnés dans la liste ci-dessus ne réussit ce test, sauf 12:00:00 (ou 00:00:00). Ce qui signifie que les trois aiguilles s'alignent deux fois seulement par jour, à midi et à minuit.

La réponse Google : l'aiguille des secondes est conçue pour chronométrer de brefs laps de temps, et non pour donner l'heure à la fraction de seconde près. Elle n'est normalement pas synchronisée avec les deux autres aiguilles.

Si elle l'était, cela impliquerait que les trois aiguilles indiquent 12 à midi et minuit pile. La plupart des montres et pendules analogiques ne vous permettent pas de mettre la trotteuse « à l'heure » à partir de la tige. (Je n'en ai encore jamais vu.) Une manière de contourner la difficulté serait de retirer la pile (ou de laisser s'arrêter une montre mécanique), de placer les aiguilles des heures et des minutes en coïncidence avec la position où la trotteuse s'est arrêtée, puis d'attendre que cette position devienne l'heure exacte pour remettre la pile ou remonter la montre. Il faudrait être un fétichiste des montres analogiques pour faire cela. Mais si vous ne le faites pas, l'aiguille des secondes ne montrera jamais l'heure « exacte ». Elle sera en décalage d'un intervalle aléatoire de 60 secondes maximum. En supposant un décalage aléatoire, il y a de très grands risques que les trois aiguilles ne s'alignent jamais exactement.

? Vous jouez au football sur une île déserte et voulez tirer à pile ou face pour le coup d'envoi. Malheureusement, la seule pièce de monnaie disponible est tordue. Comment pouvez-vous vous servir d'une pièce faussée pour prendre une décision impartiale ?

La réponse Microsoft : lancez la pièce un grand nombre de fois pour déterminer le pourcentage pile/face. (Insérez ici une discussion sur l'importance des statistiques.) Une fois que vous savez que la pièce retombe sur pile 54,7 % du temps (avec histogramme des erreurs), utilisez cette donnée pour élaborer un tirage multilancements avec des chances aussi égales que possible. Ce sera quelque chose du genre : « On va lancer la pièce cent fois, et pile doit tomber au moins cinquante-cinq fois pour que l'équipe A ait l'avantage ; sinon, c'est l'équipe B. »

La réponse Google : lancez la pièce deux fois. Il y a quatre possibilités : PP, PF, FP et FF. Puisque la pièce favorise une face, la probabilité de PP ne sera pas égale à celle de FF. Mais PF et FP doivent être également probables, même si la pièce est fausse. Lancez donc la pièce deux fois, après qu'il a été convenu que PF signifie avantage à une équipe, et FP avantage à l'autre. Si les deux premiers tirages donnent PP ou FF, ignorez-les et lancez la pièce deux fois encore. Répétez l'opération jusqu'à ce que vous obteniez PF ou FP.

En plus d'être plus simple, cette méthode est incontestablement équitable. La méthode Microsoft ne permet qu'une approximation des probabilités à 50 %.

Chapitre 6

? Combien demanderiez-vous pour nettoyer toutes les vitres de Seattle ? (Question du type Fermi.)

La première étape est d'estimer la population de Seattle. Les services du Recensement l'ont récemment fixée à 594 000 (Seattle proprement dit) ou 3,26 millions d'habitants (zones urbaine et périurbaine). Dans un entretien de recrutement, personne ne vous reprocherait de dire que la population de Seattle est d'environ 1 million d'habitants.

Combien y a-t-il de vitres à nettoyer par habitant de Seattle ? À Manhattan, les jeunes peuvent s'estimer heureux d'avoir au moins une fenêtre. Seattle est différente :

les appartements sont plus grands, et plus de gens habitent des maisons, dont les grandes baies donnent sur des forêts de conifères. Beaucoup de maisons en banlieue et en ville ont deux niveaux. Une estimation passable et en chiffres ronds serait de 10 vitres résidentielles par habitant de Seattle.

Il y a aussi des vitres et des vitrines sur les lieux de travail, au Starbucks Center ou au siège des magasins Nordstrom, dans les aéroports, les salles de concerts, etc. Ce qui n'ajoute probablement pas grand-chose au total par habitant. Dans un bureau, les box n'ont en général pas de fenêtre. Un grand magasin en forme de parallélépipède a peu de vitrage par rapport à son volume. Les surfaces vitrées des édifices publics, comme les restaurants et les aérogares, sont partagées entre l'énorme masse des gens qui les utilisent.

N'oubliez pas les vitres des voitures. (Vous pourriez demander à votre interlocuteur s'il faut les compter.) Une voiture aura au minimum 4 surfaces vitrées, et souvent le double. Mais les gros monospaces sont utilisés par des familles nombreuses et n'ajoutent pas beaucoup de vitres par habitant.

On peut raisonnablement conjecturer que les vitres en dehors du domicile ajoutent encore 10 unités par personne, ce qui donne 20 vitres par Seattlite. En supposant une population de 1 million d'habitants, il y aurait environ 20 millions de vitres à nettoyer.

Quelle rémunération devriez-vous demander pour nettoyer « une fenêtre » ? Quand vous faites les carreaux chez vous, c'est l'affaire de quelques coups de vaporisateur, de quelques coups de chiffon et de quelques secondes. À Seattle, certaines fenêtres sont gigantesques, comme celles du restaurant au sommet de l'emblématique Space Needle, et sont situées très haut, ce qui exige du personnel et du matériel spécialisés, des salaires élevés et une bonne dose d'insensibilité au vertige.

Un individu compétent pourrait probablement nettoyer un côté d'une fenêtre normale en une minute, vu que la plupart sont petites. Ce qui signifie faire « une fenêtre » (recto verso) en deux minutes. Ce qui donne 30 fenêtres à l'heure.

Disons que le laveur de vitres moyen gagne 10 dollars de l'heure. Ajoutez encore 5 dollars de l'heure pour les fournitures et les assurances. Ce qui fait 15 dollars pour une heure de travail sur 30 fenêtres. Coût par fenêtre : 50 cents.

Vingt millions de fois 50 cents font 10 millions de dollars.

Cette question est posée chez Amazon et chez Google. En parlant de fenêtres, au cas où la plaisanterie vous aurait échappé, « Windows » est une marque déposée par une autre société…

? Un homme a poussé sa voiture jusqu'à un hôtel et a perdu sa fortune. Que s'est-il passé ? (Énigme du type « pensée latérale ».)

Il jouait au Monopoly.

? Vous prenez le télésiège au bas de la montagne et allez jusqu'au sommet. Quelle fraction des sièges croisez-vous ? (Énigme logique classique.)

Vous croisez *tous* les sièges (sauf le vôtre, bien sûr). Le télésiège est comme une boucle de câble qui passe sur une poulie. Les sièges sont suspendus à toutes les parties de la boucle. Comme une moitié de la boucle achemine les sièges vers le bas tandis que l'autre moitié les achemine vers le haut, les sièges descendants vous croisent à une vitesse relative qui est le double de celle imposée au câble par la poulie. En prenant le télésiège montant, vous parcourez la moitié de la boucle complète. Mais puisque la vitesse relative est le double de la vitesse du câble, vous voyez défiler 100 % de la boucle, et donc croisez tous les sièges en dehors du vôtre.

Vous vous demandez peut-être comment vous pouvez croiser le siège qui est immédiatement devant le vôtre. Quelques instants avant que vous arriviez à la gare supérieure, ce siège pivote et prend la boucle de retour. Il croise alors votre siège en descendant, juste avant que vous mettiez ski à terre.

? Expliquez ce qu'est une base de données à votre neveu de huit ans, en trois phrases. (Test de pensée divergente.)

Une base de données est un moyen commode de trouver des informations (et non pas seulement de les stocker, ce qui est facile en comparaison). L'astuce est de songer à des analogies créatives qui parlent à l'esprit d'un enfant de huit ans. Vous allez probablement commencer par un remue-méninges : « Une base de données est comme… un fichier Rolodex (il y a des gens de moins de cinquante ans qui en ont ?)… un distributeur magique d'informations (trop condescendant ?)… un iPod… un magnétoscope numérique… » Choisissez la meilleure analogie et exploitez-la en trois phrases.

Une base de données est un iPod pour des informations. Avec un iPod, tu peux stocker des milliers de chansons et retrouver quand même rapidement toutes celles que tu cherches. Une base de données fait la même chose avec les informations que les gens ont stockées sur un ordinateur ou sur Internet.

? Considérez cette suite :

1

1 1

2 1

1 2 1 1

1 1 1 2 2 1

? Quelle est la ligne suivante ? (Question d'intuition.)

Le recruteur écrit ces chiffres sur le tableau blanc. Il y a juste assez de récurrences pour rendre fous les matheux endurcis. Un indice : essayez de lire chaque ligne à haute voix.

Il s'agit de la *suite audio-active* décrite par le mathématicien John Horton Conway en 1986. Chaque ligne (sauf la première) fait l'inventaire de la ligne supérieure. La troisième ligne, par exemple, peut être lue comme « deux 1 ». La dernière ligne qu'on vous a proposée consiste en trois 1, deux 2, et un 1. La ligne suivante doit être :

3 1 2 2 1 1

Cette énigme a figuré dans le *Google Labs Aptitude Test*, test factice distribué à des étudiants lors d'une campagne de recrutement à l'automne 2004. Les DRH découragent d'ordinaire les questions d'intuition, mais certains de leurs recruteurs ne peuvent pas se retenir. Pour être précis, signalons que la suite audio-active n'est pas une blague mathématique instantanément oubliable[21]. Conway a démontré certains résultats originaux et (quasi) sérieux à son sujet, et les ingénieurs reconnaîtront dans cette suite une manière d'encodage de plage (*run-length encoding* ou RLE). Lorsqu'on compresse de la vidéo pour un épisode de *South Park*, on ne stocke pas la couleur de chaque pixel de la chapka verte de Kyle, mais on utilise le RLE, qui dit en substance quelque chose comme « les 425 prochains pixels seront tous de la même nuance de vert. »

? Vous avez vingt-cinq chevaux. Combien de courses vous faut-il pour trouver les trois chevaux les plus rapides ?

Vous pourriez commencer par demander à l'examinateur s'il est possible de supposer que le cheval « le plus rapide » gagne toujours une course donnée. Les choses ne se passent pas ainsi sur un hippodrome, mais cette énigme est considérablement simplifiée si l'on suppose que lorsque A a battu B dans une course, A est objectivement et sans contestation le plus rapide des deux. On vous répondra que cet *a priori* est normal, que le principe de la course consiste en effet à être le plus rapide.

En général, la première pensée qui vous vient à l'esprit est que vous avez besoin d'au moins 5 courses. N'importe lequel des chevaux pourrait être dans les trois premiers. Par conséquent, vous êtes obligé de les faire courir tous les vingt-cinq. Il n'y a pas moyen d'y arriver en moins de 5 courses opposant cinq chevaux chacune.

D'accord. Deuxième conclusion : 5 courses ne suffiront pas. Vous répartissez les vingt-cinq chevaux en groupes de cinq pour des courses où chaque cheval est en compétition une fois seulement contre quatre autres. L'une des courses pourrait donner le résultat suivant :

1. Seabiscuit,
2. Northern Dancer,
3. Kelso,
4. War Admiral,
5. Dancer's Image.

Vous ne pouvez pas en conclure que Seabiscuit est le plus rapide des vingt-cinq chevaux, où même qu'il est dans les trois premiers. Pour donner un contre-exemple extrême, il est concevable que les chevaux les plus lents dans les autres courses soient *tous* plus rapides que Seabiscuit (qui pourrait se retrouver vingt et unième sur vingt-cinq).

Avons-nous appris quelque chose de cette course ? Bien sûr. Nous avons appris comment se classent ces cinq chevaux particuliers. Nous avons aussi appris que nous pouvions éliminer War Admiral et Dancer's Image. Puisqu'ils n'ont pas réussi à être dans les trois premiers de cette course, ils ne peuvent pas être parmi les trois premiers sur les vingt-cinq concurrents.

Il en est de même pour les chevaux classés quatrième et cinquième dans les autres courses. Chaque épreuve opposant cinq concurrents élimine deux chevaux qui ne peuvent prétendre à figurer parmi les trois plus rapides. Après la première série de 5 courses, nous pouvons éliminer dix chevaux, ce qui laisse quinze candidats possibles pour les trois premières places.

La sixième course devra tester les chevaux qui se sont bien comportés dans les cinq premières manches. Un plan raisonnable serait de faire concourir les cinq numéros 1 les uns contre les autres. Le résultat pourrait ressembler à ceci :

1. Easy Goer,
2. Seabiscuit,
3. Exterminator,
4. Red Rum,
5. Phar Lap.

Une fois de plus, nous pouvons éliminer deux chevaux, Red Rum et Phar Lap. Vu leurs résultats, ils ne peuvent figurer au nombre des trois premiers sur les vingt-cinq. Nous apprenons aussi que Easy Goer est le plus rapide de tous, le plus rapide des numéros 1 ! Si la question avait simplement demandé quel était le cheval le plus rapide des vingt-cinq, la réponse aurait été Easy Goer.

Or il nous faut le tiercé de tête. Nous pouvons non seulement éliminer Red Rum et Phar Lap, mais nous pouvons aussi éliminer *tous* les chevaux qu'ils ont battus dans les premières courses qu'ils ont disputées. Les chevaux qu'ils ont battus sont plus lents qu'eux, et nous savons déjà que Red Rum et Phar Lap ne seront pas gagnants.

Voyons Exterminator : puisqu'il est arrivé troisième de cette course, les chevaux qu'il a battus dans sa première épreuve ne sont plus dans la course eux non plus.

Et puis, il y a Seabiscuit. Si l'on se fonde sur cette dernière course, il pourrait au mieux être le deuxième cheval le plus rapide sur les vingt-cinq. Ce qui laisse ouverte la possibilité que Northern Dancer, qui était arrivé derrière Seabiscuit dans la première manche, soit le troisième du classement général. (Dans l'ordre : Easy Goer, Seabiscuit, Northern Dancer.)

Les deux chevaux arrivés deuxième et troisième derrière Easy Goer lors de sa première course sont toujours en lice. Il est encore possible que ces chevaux-là soient plus rapides que Seabiscuit, car ils n'ont jamais couru contre lui.

Bref, il y a maintenant six chevaux en compétition : les trois premiers de cette course, les deux arrivés deuxième et troisième derrière le vainqueur numéro 1 dans sa première course, et celui arrivé deuxième derrière le cheval numéro 2 de cette course dans sa première course.

Nous savons déjà que Easy Goer est le cheval le plus rapide de tous. C'est pour cette raison qu'il n'y a pas lieu de le faire concourir à nouveau. Ce qui nous laisse cinq chevaux seulement. Naturellement, nous mettons ces cinq-là en compétition dans une septième et dernière manche. Les deux chevaux arrivés premiers à l'issue de cette septième course seront le deuxième et le troisième du classement général et définitif.

Résumé : commencez par une manche de qualification de 5 courses, dans laquelle chacun des vingt-cinq chevaux ne court qu'une seule fois. Continuez par 1 course de championnat réservée aux vainqueurs des courses de qualification. Le vainqueur de cette course sera le champion, le plus rapide de tous. Terminez par une épreuve finale opposant les cinq chevaux qui sont encore logiquement dans la course. Les chevaux qui arriveront premier et deuxième dans cette course seront les deuxième et troisième du classement définitif.

Chapitre 7

? Imaginez que vous disposez d'un disque rotatif, comme un CD. On vous donne deux couleurs de peinture, le noir et le blanc. Un capteur fixé en un point près du bord du disque peut détecter la couleur de la peinture et produire un signal. Comment peindrez-vous le disque de façon que vous puissiez dire dans quel sens il tourne rien qu'en regardant la modulation affichée par le capteur ?

La première chose à comprendre est que vous ne pouvez pas voir le disque. Vous êtes à Houston, le disque est sur Mars. Il vous faudra déterminer le sens de rotation uniquement à partir des données télémétriques du capteur.

Le capteur communiquera la couleur de l'endroit situé directement sous lui à des instants successifs. L'affichage des données sera quelque chose comme : *noir... noir... noir... blanc... blanc...* Le but est de peindre le disque de façon que l'affichage ne soit pas le même dans les deux sens de rotation. En d'autres termes, l'affichage ne doit pas être un palindrome.

Un palindrome est l'un des ces expressions ou mots particuliers qui peuvent se lire à l'endroit et à l'envers. Par exemple : *non*, *Ubu*, *Karine alla en Irak* ; ou *élu par cette crapule*. D'ordinaire, il faut faire un certain effort pour imaginer un palindrome, alors que ne *pas* parler en palindromes est simple comme bonjour. On pourrait donc croire qu'il serait facile de concevoir un motif peint qui ne soit pas « palindromique ». Mais il y a deux complications. La question ne vous donne que deux « lettres » à combiner, N et B (pour les peintures noire et blanche). Ensuite, il faut éviter le palindrome *circulaire* en plus de la variété ordinaire.

Par exemple, si le disque était peint moitié en noir et moitié en blanc, l'affichage donnerait quelque chose comme : *noir... noir... noir... blanc... blanc... blanc... noir... noir... noir... blanc... blanc... blanc...* Ce n'est pas un palindrome normal, mais c'est un palindrome circulaire dans la mesure où, si vous joignez une extrémité à l'autre, vous obtenez le même résultat que celui que vous lisiez dans le sens des aiguilles d'une montre ou dans le sens inverse. En observant ce flux de données sans fin, il n'y a pas moyen de dire dans quel sens tourne un disque moitié noir et moitié blanc.

Toutes les configurations ne sont pas des palindromes circulaires. Avec trois couleurs, le disque pourrait être peint en trois tranches égales – une noire, une blanche, une rouge ; dans cet ordre dans le sens horaire. Une rotation dans le sens horaire produirait la séquence *noir... noir... noir... rouge... rouge... rouge... blanc... blanc... blanc...* Une rotation en sens inverse produirait la séquence *noir... noir... noir... blanc... blanc... blanc... rouge... rouge... rouge...* La distinction est facile à faire. Dans la première configuration, une séquence d'affichages rouges suit immédiatement les affichages noirs ; dans la seconde, le rouge suit le blanc.

La question n'autorise pas la peinture rouge, mais vous pouvez essayer les rayures. Peignez sur un secteur de nombreuses sections minces alternant le noir et le blanc. Vous pourrez alors détecter si les rayures arrivent juste après le secteur noir (sens des aiguilles d'une montre) ou juste après le secteur blanc (sens inverse des aiguilles d'une montre).

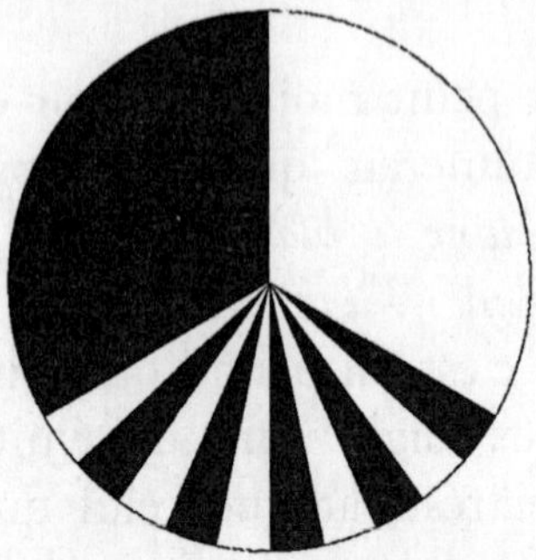

Bon : Des « rayures » noires et blanches sur un tiers du disque

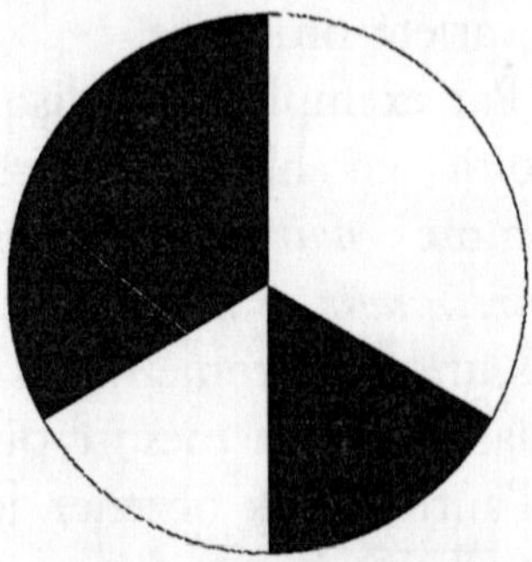

Mieux : Deux secteurs inégaux de chaque couleur

Cette réponse peut être améliorée. Le recruteur n'a pas précisé la vitesse de rotation du disque, ni la cadence d'enregistrement du capteur, ni son temps (ou délai) d'exposition. Il se pourrait que le disque tourne tellement vite que le capteur enregistre la couleur de la section qui passe sous lui et saute les autres. Ce qui créerait sans doute des erreurs de lecture du secteur bicolore.

Il y a avantage à limiter le nombre de rayures et à les faire les plus larges possible. En fait, deux secteurs dans la zone bicolore suffiront. Chacun constituera 1/6 du disque, et vous les peindrez de la couleur opposée à celle de leur voisin immédiat.

Quand le disque sera peint comme ci-dessus, et que le capteur pourra enregistrer six relevés par tour, une rotation dans le sens des aiguilles d'une montre donnera *noir... noir... blanc... noir... blanc... blanc...*, et le contraire pour le sens inverse des aiguilles d'une montre.

Dans une variante de cette question, le disque est déjà peint en noir et blanc moitié-moitié. Vous disposez d'un nombre illimité de capteurs. Combien de capteurs vous faut-il placer autour du disque pour indiquer le sens de sa rotation ?

Tout ce qu'on peut dire avec un seul capteur, c'est le pourcentage de noir et de blanc, 50-50, mais on le sait déjà. Avec deux capteurs, la première impulsion serait de les placer à des points exactement opposés du disque, à 12 heures et à 6 heures, par exemple. À tout moment, si un capteur signale une couleur, l'autre signalera obligatoirement la couleur opposée. Par conséquent, avec cette disposition, le deuxième capteur ne fournit aucune information utile.

Au lieu de quoi vous devriez placer les capteurs tout près l'un de l'autre, disons à 2 heures et à 2 h 1. La plupart du temps, les deux capteurs montreront la même couleur. Toutefois, l'un enregistrera un changement de couleur avant l'autre. Le flux de données ressemblera à ceci :

Capteur 2 heures : *noir… noir… blanc… blanc… blanc…*

Capteur 2 h 1 : *noir… noir… noir… blanc… blanc…*

Ce qui indique que la limite noir/blanc atteindra 2 heures avant 2 h 1. Par conséquent, la limite N/B et, donc, le disque doivent tourner dans le sens horaire. Si le capteur 2 h 1 est le premier à signaler le changement, c'est que le disque tourne dans le sens inverse des aiguilles d'une montre.

? Combien de droites peuvent être tracées sur un plan de manière telle qu'elles soient équidistantes de trois points non colinéaires ?

Votre interlocuteur tire sur la corde terminologique. Vous allez avoir besoin du terme *non colinéaire*. Prenez un feutre et dessinez trois points sur le tableau blanc. Assurez-vous simplement qu'ils ne soient pas sur une ligne droite (*non colinéaire* ne veut pas dire autre chose).

Voilà donc vos trois points non colinéaires.

La question demande combien vous pouvez tracer de droites qui soient équidistantes de ces trois points. *Équidistant* veut dire « à la même distance ». C'est une pierre d'achoppement fréquente. Une droite fuit vers l'infini dans les deux sens. Alors comment une droite peut-elle être « à la même distance » d'un point ? La seule interprétation qui ait un sens est que nous parlons ici de la distance minimale entre cette droite et le point.

C'est comme se demander à quelle distance de la plage se trouve une location de vacances. Vous mesurez la plus courte distance en ligne droite entre la maison et le ressac.

Voici un exemple. J'ai tracé une ligne droite entre les trois points de façon que la distance minimale (en pointillés) entre chaque point et la droite soit la même.

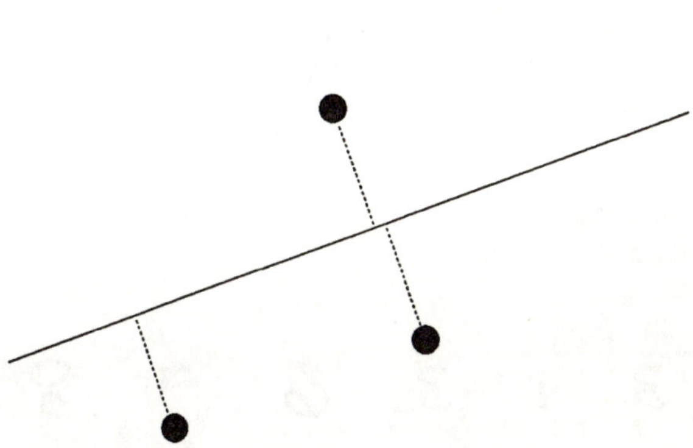

Pour tracer cette droite, j'ai fait une construction géométrique simple (comme vous la ferez sur le tableau blanc). Imaginez d'abord une droite passant par les deux points du bas. Tracez ensuite une droite parallèle à la première, à mi-chemin entre la droite imaginaire et le point en haut.

Vous pouvez répéter cette construction deux fois et tracer une droite imaginaire entre chaque paire de points. La réponse à la question est qu'il y a trois droites équi distantes.

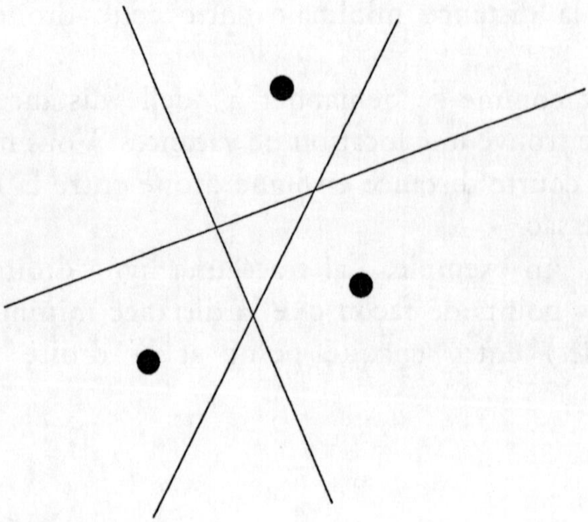

❓ Ajoutez des signes arithmétiques courants pour que cette équation soit vraie.

3 1 3 6 = 8

En commençant par la gauche, vous voyez 3 et 1. Le premier signe arithmétique que vous ayez appris dans l'émission *1, rue Sésame* a probablement été le signe plus. 3 + 1 font 4. Fort opportunément, 4 est la moitié de 8, le nombre qui est le but à atteindre. Passons à droite :

il y a 3 et 6. Bon, 3 est la moitié de 6. Insérez un signe de division entre eux et vous avez 3/6 ou 1/2. Diviser par 1/2 équivaut à multiplier par 2. Ce qui donne la réponse :

$$(3+1) \div (3 \div 6) = 8$$

Ce n'était pas si difficile que ça, si ?

Et maintenant, le vrai test. La mission secrète de cette question est de voir si vous vous arrêtez là ou si vous continuez. Certains recruteurs seront assez serviables pour vous mettre sur la voie (« C'est une bonne réponse [...]. Pouvez-vous en envisager d'autres ? »). Alors, recopiez les nombres ailleurs sur le tableau et recommencez. Plus les réponses que vous trouverez seront originales et astucieuses, mieux cela vaudra (jusqu'à ce que votre interlocuteur vous arrête).

Par exemple, il y a :

$$((3+1) \div 3) \times 6 = 8$$

Beaucoup de candidats négligent cette équation à cause de ce qu'on pourrait appeler un préjugé contre les fractions. Ils voient que l'expression entre parenthèses équivaut à 4/3 et ils abandonnent, s'imaginant qu'ils ne pourront pas en tirer le nombre entier 8.

Il y a aussi une réponse créative qui utilise l'opérateur exponentiel (^) :

$$(3-1)\wedge(-3+6) = 8$$

La racine carrée ajoute d'autres possibilités :

$$3-1+\sqrt{3\quad 6} = 8$$

et

$$\sqrt{3-1}\div(3\div 6) = \sqrt{8}$$

Puis, il y a une foule de démarches semi-facétieuses, comme l'ajout d'un signe « plus grand que » pour changer le signe égal en un signe « supérieur ou égal à » :

$$3+1+3+6 >= 8$$

Pouvez-vous trouver d'autres bonnes réponses ?

? Dans un bar où tous les clients sont asociaux, il y a 25 tabourets alignés devant le comptoir. Chaque fois qu'un client entre, il s'assoit toujours le plus loin possible des autres clients. Personne ne veut s'asseoir juste à côté de quelqu'un d'autre, et si un client entre et s'aperçoit qu'il n'y a pas de siège suffisamment isolé, il ressort illico. Le tenancier veut naturellement accueillir un maximum de clients. S'il lui est permis de dire au premier client où il doit s'asseoir, où cela devra-t-il être ?

La densité maximale possible est obtenue en faisant alterner clients et sièges inoccupés, avec des clients aux deux extrémités du bar. Cela mettrait un client sur chaque tabouret impair, y compris les numéros 1 et 25 aux deux bouts, et laisserait inoccupés les tabourets pairs. Ce qui donne treize clients.

Cette disposition ne peut se produire par hasard. Supposons que le premier client se laisse choir sur le siège n° 1. Le prochain pilier de bar antisocial choisira le 25, puisque c'est le siège le plus éloigné du 1. Le troisième client devra se placer exactement au milieu, sur le tabouret 13. Les deux suivants vont combler les intervalles en s'asseyant sur le 7 et le 19. Jusque-là, ça va.

Finalement, quelqu'un voudra s'asseoir entre les clients déjà en place, sur les tabourets 1 et 7. Il choisira le 4, puisque cela met 2 sièges inoccupés entre lui et ses plus proches voisins. Mais il n'aura pas de voisin immédiat. Le reste du bar se remplira de la même manière, avec des intervalles de 2 sièges entre chaque client, ce qui fait de ce système la solution la moins efficace qui soit (accueillant neuf clients au lieu des treize de la configuration idéale).

Bien des énigmes, celle-ci y compris, se résolvent plus aisément quand on procède à rebours. Nous connaissons la configuration à laquelle nous voulons aboutir, alors comment faire pour y parvenir ?

Ce schéma révèle une grande symétrie, comme dans la croissance d'un cristal. De petites sous-sections du bar se remplissent de la même manière. Observez les premiers tabourets, à gauche. Nous avons besoin d'avoir des gens sur le 1 et le 5, parce que cela permettra à quelqu'un de s'asseoir sur le 3.

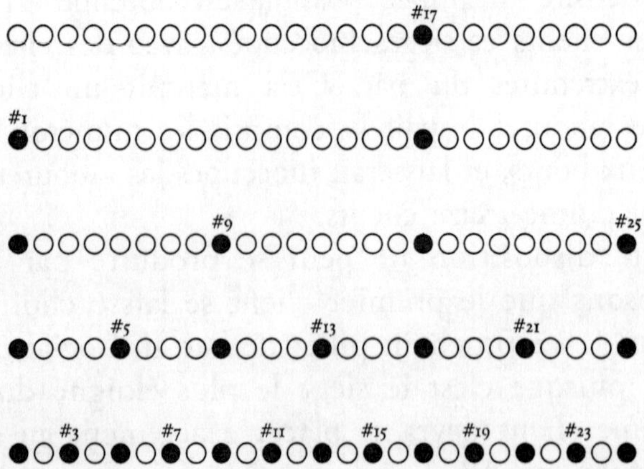

Comment s'assurer que quelqu'un prendra le 5 ? Réponse : s'arranger pour que des clients prennent le 1 et le 9. Le 5 sera alors le siège médian à distance maximale du 1 comme du 9.

Comment faire pour avoir quelqu'un sur le 9 ? En ayant des clients sur le 1 et le 17. Et comment faire asseoir quelqu'un sur le 17 ? Bon, le bar n'est pas assez long pour susciter un choix entre les tabourets 1 et 33. Alors le tenancier est obligé de dire au premier client de prendre le 17. Et voilà la réponse à l'énigme.

Les choses se passent comme suit. Le premier client s'assoit sur le tabouret 17 (première ligne en haut sur le schéma). Le deuxième s'assoit le plus loin possible, donc sur le 1, à l'extrême gauche.

Le troisième client a le choix entre le 9 et le 25. Ils sont l'un et l'autre à 7 sièges de distance d'un autre siège occupé. Il serait conforme à l'esprit morose et individualiste du lieu que ce client préfère le 25, où il aurait un seul voisin éloigné au lieu de deux. Ce qui laisse le 9 pour le quatrième client.

Les trois clients suivants se partagent l'espace entre les quatre premiers et prennent les tabourets 5, 13 et 21. Chacun a trois places vides entre lui et un voisin.

Finalement, les six clients suivants occupent les 6 places restantes sans voisin immédiat : les numéros 3, 7, 11, 15, 19 et 23.

Le tenancier du bar pourrait tout aussi bien placer le premier client sur le numéro 9, auquel cas le schéma serait l'image inversée gauche-droite de celui reproduit ici.

? De combien de façons différentes peut-on peindre un cube avec trois couleurs ?

Commencez par imaginer que ce cube est une Nissan Cube – une voiture futuriste pour jeunes branchés –, et que le fabricant japonais propose des carrosseries peintes à la demande sur son site Internet. Les acheteurs peuvent spécifier une des trois couleurs tendance au choix pour chacune des « faces » du véhicule. C'est-à-dire l'avant, l'arrière, le côté droit, le côté gauche, le toit, et même le dessous. Puisqu'il y a trois couleurs au choix, il y a 3 × 3 × 3 × 3 × 3 × 3 combinaisons de teintes en tout.

Ce calcul brutal découle du fait que les six faces d'une Cube sont identifiables. Le côté droit est différent du gauche parce que la direction est à droite. Le dessous est différent du toit. Un client qui commanderait une Cube blanche avec un toit rouge serait déçu s'il recevait une Cube blanche avec un hayon rouge à la place. Il ne serait pas très content non plus si la voiture était livrée à l'envers, les roues en l'air.

La question de l'entretien concerne un cube plus abstrait, comme un bloc de bois de 3 centimètres d'arête qui tiendrait dans la paume de la main. Les faces du cube n'ont pas de marques distinctives. Par conséquent, le nombre de configurations de teintes est très inférieur à 729. Le chiffre de 729 compte comme différents les six cas où une face est peinte en rouge ; et toutes les autres, en blanc. Il est plus logique de voir ici une seule configuration. Sinon, vous êtes comme le client qui se plaint auprès du serveur que le menu est à l'envers. Il n'y a qu'à le retourner.

Tant qu'une configuration de couleurs peut être transformée par rotation en une autre, elle devrait compter comme une seule. Ce qui rend la question beaucoup plus difficile. Pour l'aborder, il vaut mieux diviser et subdiviser le problème en blocs faciles à gérer. On n'exige pas de vous des aptitudes mathématiques particulières, mais seulement de la persistance et des capacités d'organisation. Cette question n'est pas là pour repérer des génies. Elle est conçue pour trouver qui abandonne, qui patauge complètement et qui fait le boulot. Vous allez probablement utiliser le tableau blanc de deux façons : pour faire le compte du nombre de configurations de couleurs et pour dessiner quelques schémas.

Paré à commencer ? Inspirez profondément. Le nombre de manières de peindre un cube avec trois couleurs est égal

- au nombre de manières de peindre un cube avec exactement une couleur (choisie parmi un ensemble de trois), *plus*

- le nombre de manières de peindre un cube avec exactement deux couleurs (choisies dans le même ensemble de trois), *plus*
- le nombre de manières de peindre un cube avec exactement trois couleurs.

Manifestement, il n'y a qu'une manière de peindre un cube d'une seule couleur. On peint chaque face avec la couleur donnée, et c'est tout. Comme nous avons trois couleurs de peinture à notre disposition, il y aura 3 configurations monochromes : tout en blanc, tout en noir et tout en rouge.

Maintenant, les configurations deux tons. Pour faire plus concret, commençons par le blanc et le noir. Point n'est besoin de beaucoup d'imagination pour établir la liste des configurations possibles :

- Peindre une face noire (en laissant les autres en blanc).
- Peindre en noir deux faces adjacentes qui ont une arête commune.
- Peindre en noir deux faces opposées.
- Peindre trois faces en noir de façon qu'elles forment un coin.
- Peindre trois faces en noir pour que deux soient opposées l'une à l'autre. La face noire restante est adjacente aux deux autres. (Si vous pouviez décoller les faces noires du cube, elles formeraient un rectangle à trois cases, comme une BD.)
- Peindre quatre faces en noir de façon que les deux faces blanches restantes soient mutuellement adjacentes.

- Peindre quatre faces en noir afin que les deux faces blanches soient opposées l'une à l'autre.
- Peindre cinq faces en noir en laissant une seule face blanche.

Ce qui fait 8 manières distinctes de peindre un cube en noir et blanc. Il s'ensuit qu'il doive également y avoir 8 manières de le peindre en rouge et blanc, et 8 manières de le peindre en rouge et noir. Ce qui fait au total 24 manières de peindre un cube en deux couleurs.

Le véritable défi, c'est le cube peint avec les trois couleurs. Au moins, vous n'aurez pas à choisir une palette cette fois-ci.

Subdivisez encore. Soit les trois couleurs sont utilisées à proportions égales, chacune sur deux faces ; soit elles sont utilisées sur trois, deux ou une face, respectivement. Il n'y a pas d'autres possibilités, étant donné que chacune des trois couleurs doit être utilisée sur au moins une face.

Commencez par deux faces par couleur. Voici les possibilités :

- Chaque face est opposée à une face de la même couleur.
- Chaque face est adjacente à une face de la même couleur (et, par conséquent, aucune face n'est opposée à une face de la même couleur).
- Les faces blanches (et seulement elles) sont opposées les unes aux autres. Les deux faces noires, d'une part, et les deux faces rouges, d'autre part, sont mutuellement adjacentes.

- Seules les faces noires sont opposées les unes aux autres.
- Seules les faces rouges sont opposées les unes aux autres.

Ce qui fait 5 configurations 2-2-2 (trois couleurs et deux faces par couleur).

Maintenant, les configurations 3-2-1. C'est la situation la plus difficile à se représenter mentalement, et vous serez probablement obligé de la dessiner. Commencez par supposer qu'il y a trois faces blanches, deux faces noires et une seule face rouge. Voici les configurations possibles :

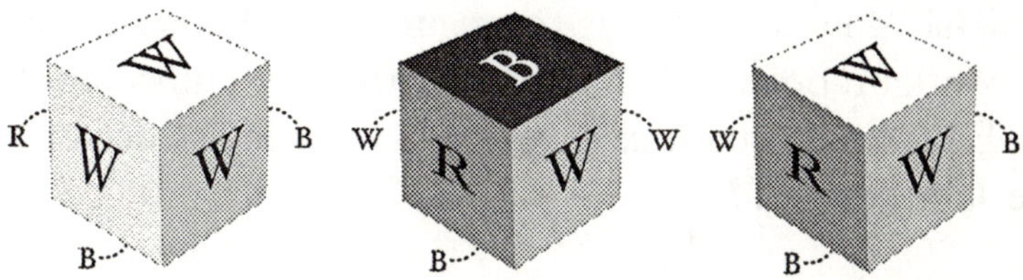

- Les trois faces blanches se rencontrent aux coins. Quelles que soient les faces restantes que vous choisissez de peindre en rouge, vous pouvez faire tourner le cube pour qu'il soit identique aux autres choix. Par conséquent, il s'agit ici d'une seule configuration.
- Deux des faces blanches sont opposées l'une à l'autre et la face rouge est opposée à la face blanche « médiane » restante. Les deux faces noires sont opposées l'une à l'autre.
- Deux des faces blanches sont opposées l'une à l'autre, et l'unique face rouge est adjacente aux trois faces blanches. Cela signifie que les deux faces noires sont adjacentes. (La face rouge peut se trouver à

droite ou a gauche des blanches. Dans l'un et l'autre cas, vous pouvez faire tourner le cube pour avoir l'inverse.)

Cela donne 3 possibilités distinctes pour trois faces blanches, deux noires et une rouge. Toutefois, vous pouvez prendre n'importe laquelle des trois couleurs pour la couleur aux trois faces. Une fois que vous l'avez choisie, vous pouvez sélectionner l'une ou l'autre des deux couleurs restantes pour la couleur aux deux faces. Ce qui laisse la couleur restante pour la face unique. Par conséquent, il y a en réalité 3 × 2 × 1 = 6 palettes de couleurs pour une configuration du type 3-2-1. Ce qui fait donc 6 × 3 = 18 configurations. Ajoutez-les aux 5 configurations 2-2-2, et vous arrivez au chiffre de 23.

En résumé (oui, je sais, vous voulez vraiment décrocher ce job, pas vrai ?) :

- Il y a 3 manières de peindre un cube d'une seule couleur choisie parmi trois.
- Il y a 24 manières de peindre un cube avec deux couleurs sur trois.
- Il y a 23 manières de peindre un cube avec trois couleurs.

Le total général, 50, est la réponse.

Les entretiens de recrutement actuels seraient-ils tombés derrière le miroir ? Une version de ce problème a été inventée par Lewis Carroll à la fin du XIXe siècle. Elle demandait combien il y avait de manières différentes de peindre un cube avec six couleurs. La réponse à cette question-là est 2 226. Celle-ci est beaucoup plus facile.

Chapitre 8

? Combien de cannelures y a-t-il sur la tranche d'une pièce de 25 cents ?

Cette pièce fait à peu près 1 pouce, soit 2,5 cm de diamètre. Sa circonférence est égale à ce diamètre multiplié par pi (3,14159…), soit un peu moins de 8 centimètres ; mais, disons 3 pouces. La seule partie incertaine dans les calculs est l'estimation du nombre de cannelures par pouce. Il doit y en avoir plus de 10, et il y en a probablement moins de 100. Prenons 50 comme valeur raisonnable et multiplions-la par 3 pour avoir la réponse : 150 cannelures.

Le nombre réel de cannelures sur la tranche d'un *quarter* états-unien est de 119. Elles étaient à l'origine mises sur les pièces d'or pour dissuader les escrocs de limer le métal précieux sur la tranche. Ce n'est peut-être pas une coïncidence si cette question est posée chez Deloitte, l'un des quatre plus grands cabinets d'audit financier mondiaux.

? Combien de flacons de shampooing sont produits dans le monde par an ?

Les gens des pays riches utilisent plusieurs flacons de shampooing par an. Beaucoup de gens des pays en voie de développement ne peuvent se permettre un luxe tel que le shampooing. Vous pourriez avancer une moyenne de 1 flacon par personne (à moins que vous ne postuliez chez Procter & Gamble, le recruteur n'en saura pas plus que vous). La réponse est qu'il y a environ autant de flacons produits par an qu'il y a d'habitants dans le monde, soit 6 milliards.

Remarque : il est difficile de se tromper excessivement quand il s'agit d'estimer la consommation de produits grand public. Prenez votre propre consommation comme base et procédez aux ajustements nécessaires. Ce résultat approximatif ne sera pas faux de plusieurs ordres de grandeur, et c'est tout ce qui compte.

❓ Quelle quantité de papier hygiénique faudrait-il pour recouvrir un État des États-Unis ?

Une feuille carrée de papier hygiénique fait à peu près 4 pouces de côté[22]. Neuf feuilles, sur une matrice 3 × 3, feraient donc 1 pied carré. Simplifions-nous la vie et disons qu'il y a « environ 10 » feuilles dans 1 pied carré. Un rouleau de papier hygiénique contient… 300 feuilles, peut-être ? Par conséquent, un rouleau couvrirait 30 pieds carrés.

Vous savez peut-être que 1 mille fait 5 280 pieds. Que vous sachiez ou non le chiffre exact, on s'attend à ce que vous l'arrondissiez. Disons à 5 000. Un mille carré, c'est donc 5 000 × 5 000, soit 25 millions de pieds carrés. Le nombre de rouleaux de papier hygiénique nécessaires pour recouvrir 1 mille carré serait de 25 millions divisés par 30. Pour une question de type Fermi, 25 est pratiquement la même chose que 30. Alors disons 1 million de rouleaux de papier hygiénique au mille carré.

Supposons que votre entretien de recrutement se déroule au Texas. Les États-Unis s'étirent sur environ

2 500 milles d'ouest en est. On peut raisonnablement conjecturer que le Texas fait environ 500 × 500 milles. Ce n'est pas un carré, bien sûr, mais ça ira. La surface du Texas serait quelque chose comme 500 × 500, soit 250 000 milles carrés. Pour recouvrir le Texas, vous auriez besoin de 250 000 × 1 million de rouleaux. C'est 250 milliards de rouleaux !

? Quelle est la valeur de 2^{64} ?

C'est la version Google améliorée d'une question filtre commune dans les entreprises technologiques : « Quelle est la valeur de 2^{10} ? » Tout ingénieur devrait connaître la réponse (1 024). Mais personne n'est censé connaître spontanément la valeur de 2^{64}. La question est du type Fermi, parce qu'on s'attend à ce que vous fassiez le calcul de tête et qu'on n'exige pas une réponse exacte.

Donc, 2^{10}, c'est à peu près 1 000. Multipliez 2^{10} par lui-même six fois et vous obtenez 2^{60}. Cela qui ferait approximativement 1 000 puissance 6, ou 10^{18}, ce qu'on appelle aux États-Unis un *quintillion* (un « trillion » ailleurs). Vous n'avez qu'à multiplier cela par 2^4 pour obtenir 2^{64}. Bon, 2^4, c'est 2 × 2 × 2 × 2 = 16. La réponse brute de décoffrage, c'est « environ 16 *quintillions* ».

C'est un peu plus que 16 *quintillions*, parce que 1 024 est 2,4 % plus grand que 1 000. Nous avons recouru à cette approximation six fois, si bien que le total devrait être plus de 12 % plus élevé. Ce qui ajoute environ 2 *quintillions*. Nous annonçons donc 18 *quintillions* (ou 18 × 10^{18}).

Ce chiffre devrait être assez bon pour tout emploi, à l'exception de calculateur prodige pour spectacle de variétés. La valeur exacte est 18 446 744 073 709 551 616.

? Combien de balles de golf peut-on faire entrer dans un car de ramassage scolaire ?

Un car de ramassage scolaire doit pouvoir utiliser les mêmes voies et routes que tous les autres véhicules. Il n'est pas tellement plus large qu'un gros pick-up cabine. Assez pour asseoir quatre enfants dans chaque rangée avec une allée centrale. Disons 2,4 m de large mesurés à l'intérieur. Il doit être assez haut pour qu'un accompagnateur adulte puisse se tenir debout. Mettons 2,1 m. Combien de rangées de sièges ? Douze, peut-être ? À intervalles d'environ 1 mètre. Ce qui fait 12 mètres de long. Le volume intérieur est donc de 2,4 × 2,1 × 12, soit environ 60 mètres cubes.

Une balle de golf a un peu plus de 4 centimètres de diamètre. Disons que 25 balles de golf alignées font 1 mètre. Un réseau cubique de 25 × 25 × 25 balles de golf, soit entre 15 000 et 16 000, tiendrait dans 1 mètre cube. Soyons généreux et prenons le chiffre supérieur. Ce qui donne une réponse rapide d'environ 16 000 × 60 = 960 000, soit, en gros, 1 million de balles de golf.

Vous remarquerez que de nombreuses questions Fermi impliquent des billes, boules, balles ou ballons qui doivent remplir un car, une piscine, un avion ou un stade. Vous pouvez avoir des points supplémentaires en citant la conjecture de Kepler. À la fin du XVIe siècle, sir Walter Raleigh demanda au mathématicien anglais Thomas

Harriot de concevoir la meilleure manière d'empiler les boulets de canon sur les vaisseaux de la marine britannique. Harriot parla de ce problème à son collègue et ami l'astronome Johannes Kepler. Ce dernier supposa que la méthode d'empiler des sphères avec une densité maximale était celle déjà utilisée pour les boulets de canon et les agrumes. Commencez par une première couche de sphères disposées selon une matrice hexagonale ; placez ensuite une deuxième couche sur la première en mettant chaque sphère dans les creux, entre trois sphères de la couche inférieure. Dans une grande caisse, cette disposition atteint une densité maximale d'environ 74 %. C'est le volume occupé par les boulets ou les oranges par rapport au volume total. Kepler supposa donc que c'était le rangement offrant la plus forte densité, mais se trouva incapable de le prouver.

Cette « conjecture de Kepler » demeura des siècles durant un des grands problèmes non résolus. En 1900, elle figura dans la célèbre liste, établie par David Hilbert, de vingt-trois problèmes de mathématiques non solutionnés. Un certain nombre de personnes ont prétendu l'avoir résolue, dont l'architecte Buckminster Fuller, créateur du dôme géodésique. Pareilles solutions étaient rapidement rejetées comme erronées, jusqu'au jour où Thomas Hales proposa une preuve compliquée, assistée par ordinateur, qui démontrait que Kepler avait raison. Une majorité de spécialistes pensent que son résultat tiendra à l'épreuve du temps, bien que l'élaboration d'une preuve formelle soit actuellement en chantier. Hales estime qu'il faudrait encore attendre une vingtaine d'années.

J'ai supposé plus haut que chaque balle de golf repose en fait au sein d'un cube de Plexiglas imaginaire dont les arêtes sont égales au diamètre des balles. Vous entassez ces cubes de Plexiglas comme ceux d'un jeu de construction. Ce qui signifierait que les balles occupent environ 52 % de l'espace ($\pi/6$, pour être exact, comme vous pouvez le calculer à partir de la formule du volume de la sphère, $4/3\pi r^3$). Brisez les cubes de Plexiglas imaginaires, et vous pourrez entasser plus de balles dans le même volume. C'est un fait empirique. Des physiciens ont mené des expériences consistant à remplir de grands bocaux avec des billes d'acier dont ils ont calculé ensuite la densité d'occupation. Le tassement aléatoire résultant produit une occupation de 55 à 64 % du volume disponible[23]. C'est plus dense qu'un réseau cubique, mais c'est encore très loin des 74 % du maximum de Kepler. En outre, une amplitude de variation située entre 55 et 64 % est considérable. La manière dont on remplit le récipient a de l'importance. Lorsque les sphères sont ajoutées progressivement et lentement, comme des grains de sable s'écoulant dans un sablier, la densité est dans la partie basse de l'amplitude. Lorsque le récipient est vigoureusement agité, les sphères se tassent jusqu'à atteindre une densité d'occupation de 64 %.

En sommes-nous plus avancés ? Qui serait disposé à empiler minutieusement les balles de golf dans la configuration des boulets de canon pourrait en faire entrer dans le car environ 42 % de plus que ce qui est envisageable avec un réseau cubique. Cela semble une quantité absurde de travail, même pour une question absurde. La densité établie pour les entassements aléatoires après secouement est un objectif plus réaliste. Vous pourriez y parvenir en déversant des balles de golf dans l'autocar et en les remuant avec un bâton. Ce qui vous donnerait une densité supérieure d'environ 20 % à celle d'un réseau cubique. Vous pourriez donc peut-être augmenter de 20 % votre estimation finale, de 1 à 1,2 million.

À titre d'information, aux États-Unis, les normes nationales pour les transports scolaires de 1995 ont fixé les dimensions maximales d'un autocar de ramassage scolaire à 40 pieds de longueur et 8,5 pieds de largeur (12 mètres sur 2,55 m). Le diamètre réglementaire d'une balle de golf est de 1,690 pouce (environ 43 millimètres), avec une tolérance de 0,005 pouce en plus ou en moins.

Chapitre 9

? Il pleut et vous êtes obligé d'aller à votre voiture, qui est garée tout au bout du parking. Avez-vous intérêt à courir ou non, si le but est de vous mouiller le moins possible ? Et si vous aviez un parapluie ?

Pour répondre à cette question, vous devez réconcilier deux raisonnements conflictuels. L'argument pour un sprint : plus vous restez dehors sous la pluie, plus il y a de gouttes qui vous tombent sur la tête, et plus vous êtes mouillé. Courir réduit votre exposition aux éléments et vous permet de rester relativement au sec.

Mais il y aussi l'argument contre le déplacement. En avançant horizontalement, vous heurtez de plein fouet des gouttes d'eau que vous n'auriez pas touchées si vous étiez resté immobile. Une personne qui court sous la pluie pendant une minute se mouille plus qu'une personne qui reste immobile sous la pluie pendant le même temps.

L'argument est valide, mais il est presque hors sujet. Vous êtes obligé de rejoindre votre voiture, et vous n'y pourrez rien changer. Imaginez-vous en train de traverser le parking à une vitesse infinie. Vos sens sont infiniment accélérés eux aussi, si bien que vous ne vous écrasez pas sur les voitures. De votre point de vue, le temps s'est arrêté. C'est comme l'effet de « suspension » de la balle fatale au cinéma. Toutes les gouttes de pluie sont immobiles dans l'air. Pas une ne vous tombera sur la tête, le dos ou les côtés pendant le trajet. Mais pour parvenir à la voiture, vous êtes obligé de tailler un tunnel à travers la pluie. L'avant de vos vêtements va absorber comme une éponge toutes les gouttes de pluie disponibles en suspension sur votre chemin jusqu'à votre voiture.

Quand vous avancez à vitesse normale, vous êtes condamné à heurter ces mêmes gouttes de pluie, ou, plutôt, celles qui leur ont succédé. À une allure normale, vous avez aussi des gouttes qui vous tombent sur la tête. Le nombre de gouttes de pluie que vous rencontrez dépend de la longueur de votre trajet horizontal, et aussi du temps mis à l'accomplir. La longueur du trajet est fixée. La seule chose que vous puissiez contrôler est le temps de parcours. Pour vous mouiller le moins possible, vous devriez courir le plus vite possible. En courant, vous vous mouillez moins – *en supposant que vous n'avez pas de parapluie.*

Si vous aviez un parapluie grand comme un pâté de maisons et que vous étiez en mesure de le tenir, vous pourriez marcher ou piquer un sprint, ça ne changerait rien : vous seriez aussi sec qu'une biscotte.

La plupart des parapluies ne sont pas assez grands pour abriter totalement leur propriétaire quand il ou elle se tient sous une petite pluie verticale. En pratique, vous vous attendez à être un peu mouillé.

Les parapluies fonctionnent en créant une « ombre de pluie », une zone où il n'y a pas de gouttes. Dans une averse verticale, et avec un parapluie circulaire, l'ombre de pluie est un cylindre. Lorsque la pluie tombe obliquement, l'ombre de pluie devient un cylindre penché. Toutefois, comme le savent tous les usagers aguerris du parapluie, il vaut mieux orienter le parapluie dans la direction d'une pluie battante. Ce qui transforme de nouveau l'ombre de pluie en un cylindre normal, qui fait maintenant un certain angle avec la verticale.

Le corps humain en station debout ne passe pas très bien dans un cylindre incliné. Si un ouragan projetait horizontalement la pluie sur vous, vous seriez obligé de tenir le parapluie horizontalement, et un parapluie de 1 mètre de diamètre ne protégerait qu'une moitié de votre corps. Le reste serait trempé.

Le vent est un inconvénient, le mouvement aussi. Le manieur de parapluie expert sait comment incliner le parapluie vers l'avant, dans le sens de la marche, pour obtenir une couverture maximale. En fait, le vent et le mouvement se confondent quand il s'agit d'orienter au mieux le parapluie. Courir à 15 kilomètres à l'heure sous une pluie verticale en l'absence de vent exige la même inclinaison que rester immobile sous un vent de 15 kilomètres à l'heure. Dans les deux cas, les gouttes de pluie fondent sur vous à 15 kilomètres à l'heure horizontalement, en plus de leur vélocité verticale.

Sous une pluie verticale, vous avez intérêt à marcher lentement. Vous ne serez pas obligé de trop incliner le parapluie, et votre corps devrait tenir à l'intérieur de l'ombre de pluie. Idéalement, pour rester au sec, vous ne devriez pas dépasser la vitesse à laquelle l'ombre de pluie vous couvre tout juste les pieds.

La réalité est plus compliquée que cela. Il y aura toujours des rafales de vent, des éclaboussures venant du trottoir et des écoulements provenant du parapluie lui-même. La pluie qui heurte le haut du parapluie ne disparaît pas ; elle glisse par-dessus le bord et tombe en une nappe cylindrique qui encercle l'ombre de pluie. Il y a plus de pluie dans cette zone d'écoulement qu'ailleurs. Ce qui signifie que toute partie de votre corps qui intersecte la zone d'écoulement se mouille plus vite que si vous n'aviez pas utilisé de parapluie du tout.

L'avantage de la lenteur se réduit en cas de fort vent frontal. Il vous faut incliner le parapluie à un angle tel que le bas de votre corps est à l'extérieur de l'ombre de pluie. Vous allez être à moitié trempé quoi que vous fassiez.

Tout ces beaux raisonnements se résument dans le conseil que vous avez peut-être reçu de votre mère : si tu as un parapluie, tu marches ; sinon, tu cours.

? Vous avez un bocal plein de billes et pouvez déterminer à tout moment le nombre de billes dans le bocal. Vous jouez avec un ami : chacun à votre tour, vous retirez 1 ou 2 billes du bocal. Le gagnant est celui qui retire la dernière bille. Quelle est la meilleure stratégie ? Pouvez-vous prédire qui gagnera ?

Le nombre de billes diminue à chaque retrait et doit finalement se réduire à quelques unités. La stratégie devient alors claire comme de l'eau de roche.

Disons qu'il ne reste que 1 bille dans le bocal, et que c'est mon tour. Je gagne en prenant la dernière bille.

Je gagne aussi avec 2 billes, parce que je peux prendre les deux.

Mais avec 3 billes, rien ne va plus. Je dois abandonner 1 ou 2 billes à l'autre joueur, ce qui lui offre une victoire facile.

Avec 4 et 5 billes, c'est gagné. Elles me permettent de laisser à mon adversaire le nombre funeste de 3 billes.

Le schéma est tout simple : tout nombre de billes divisible par 3 est un nombre perdant. Ce qui signifie que 3, 6, 9, 12, etc. sont défavorables quand c'est votre tour de jouer. Tous les autres nombres (1, 2, 4, 5, 7, 8, etc.) vous sont favorables.

Comment cela se traduit-il dans la réalité ? Commençons par un nombre de billes important, mais connu à l'avance. Divisons-le par 3. Si la division tombe juste, c'est un nombre défavorable. Vous ne voulez pas être le premier à jouer. Au cas où l'autre joueur proposerait de tirer au sort pour désigner qui commence, vous pourriez « généreusement » le laisser commencer.

Lorsque le nombre initial de billes est favorable et que vous commencez la partie, votre stratégie gagnante est comme suit : à chaque coup, assurez-vous simplement que vous laissiez à l'autre joueur un nombre de billes défavorable. Par conséquent, si vous commencez avec 304 billes (nombre favorable), vous en retirez une, ce qui en laisse 303 (nombre défavorable). Continuez ainsi à chaque nouveau coup, et il lui restera finalement 3 billes. Ce qui assurera votre victoire.

Cette stratégie est infaillible dans la mesure où elle n'est pas affectée par le comportement de l'adversaire (tant qu'il ne se met pas en colère et ne renverse pas le bocal). Il lui faut retirer 1 ou 2 billes du nombre défavorable, ce qui vous donne toujours un nombre favorable quand c'est votre tour.

L'autre possibilité est que le nombre de billes soit défavorable dès votre premier coup. Vous êtes perdu si l'autre joueur adopte la stratégie ci-dessus. Mais soyons optimistes. Il se peut que votre adversaire ne la connaisse pas, ou qu'il fasse une erreur. Quelqu'un qui joue sans stratégie vous offrira certainement tôt ou tard un nombre favorable, puisque les deux tiers des nombres entiers sont des nombres favorables. Quelqu'un qui connaît la stratégie optimale mais se trompe, ne serait-ce qu'une seule fois, vous permettra de gagner (à condition de ne pas vous tromper vous-même ensuite).

La question demande s'il y a un moyen de prédire le gagnant. Il y en a un, quand les deux joueurs sont de parfaits théoriciens. Déterminez si le nombre de billes initial est favorable. Une nombre favorable signifie que le premier joueur qui intervient gagnera ; sinon, ce sera le second.

Le résultat est plus difficile à prédire avec de vrais humains. Même quand les deux joueurs connaissent la stratégie correcte, la probabilité d'une erreur augmente avec le nombre de billes initial. Le sort favorise le joueur qui appliquera le plus exactement la stratégie.

Certains recruteurs posent une variante de cette question dans laquelle le joueur perdant est celui qui prend la dernière bille. Dans ce cas, ce sont les nombres de la forme $3n + 1$ qui sont défavorables, et on applique la même stratégie de base.

? Vous avez une flottille de 50 camions, chacun avec un réservoir de carburant plein qui permet une autonomie de 100 milles. À quelle distance maximale pourrez-vous livrer un chargement ? Et si vous avez *n* camions ?

Certains candidats ont du mal à appréhender la situation. Il s'agit d'un monde post-apocalyptique où il n'y a plus de stations-service. Le seul carburant disponible est celui qui se trouve dans les réservoirs des camions. Vous ne pouvez pas échanger les camions contre des berlines hybrides écologiquement correctes. Rien ne vous empêche de les abandonner en pleine nature. Avec leurs chauffeurs. La seule chose qui compte, c'est d'acheminer un précieux chargement.

Il y a assez de carburant pour permettre à 50 camions de parcourir 100 milles chacun. Ce qui devrait faire assez d'essence pour permettre à 1 camion de parcourir 50 × 100, soit 5 000 milles ; mais la réponse est-elle 5 000 milles ? Non. À moins que vous trouviez le moyen de téléporter l'essence du réservoir d'un camion à celui d'un autre. N'oubliez pas que chaque camion a déjà fait le plein. On ne peut donc pas transférer le contenu d'un réservoir dans un autre avant que celui-ci soit vide.

Commencez simple. Imaginez qu'il n'y ait qu'un seul camion au lieu de 50. Vous mettez le chargement sur le plateau, vous montez dans la cabine et vous démarrez. Au bout de 100 milles, c'est la panne sèche.

Supposez maintenant qu'il y ait 2 camions. Vous mettez le chargement dans le premier et parcourez 100 milles.

Le second camion peut-il vous aider ? Pas maintenant. Il est à 100 milles derrière vous. S'il essaie de vous rejoindre, son réservoir sera vide quand il arrivera.

Le premier camion pourrait peut-être remorquer le second. Quand le premier tombe en panne d'essence, détachez le second, dont le réservoir est plein, et continuez avec lui.

Combien de milles le premier camion aurait-il pu parcourir ? Pas 100. Il transportait (et remorquait) deux fois sa charge normale. La physique exige qu'il ait tout au plus parcouru la moitié de la distance – et c'est le scénario le plus optimiste. En réalité, la consommation en carburant d'un véhicule augmente (ou son autonomie diminue) encore plus lorsqu'il remorque un poids important[24].

Il y a une autre méthode possible. Faites démarrer les 2 camions simultanément. Au bout de 50 milles, le réservoir de chaque camion sera à moitié plein, ce qui fera un réservoir plein à eux deux. Siphonnez l'essence et transvasez-la d'un réservoir à l'autre. Ce qui permettra à 1 camion de refaire le plein. Abandonnez le camion au réservoir vide, et roulez encore 100 milles avec l'autre. La distance totale parcourue sera de 150 milles. Contrairement à la distance évoquée dans le cas d'un remorquage, ce n'est pas une limite théorique. C'est tout a fait faisable.

Avec 3 camions, le remorquage serait une proposition hasardeuse, mais l'idée du siphonnement marche toujours. Les 3 camions partent en même temps. Ils s'arrêtent à un tiers de leur autonomie de 100 milles, donc à 33 milles 1/3 de leur point de départ. Chacun a alors un réservoir plein aux deux tiers. Sacrifiez un camion en siphonnant son essence pour la transvaser dans les réservoirs des 2 camions restants, qui repartiront alors avec un plein complet. Ce qui reproduit exactement le départ du cas précédent, avec 2 camions. Comme nous le savons déjà, cela donne une autonomie finale de 150 milles. Avec les 33 milles 1/3, cela fait un peu plus de 183 milles.

À ce stade, le schéma est évident. Un camion unique peut faire 100 milles. Ajouter un deuxième camion prolonge cette distance de 100/2 = 50 milles. Un troisième camion augmente ce total de 100/3 milles, un quatrième camion ajoute encore 100/4 milles. Pour *n* camions, la distance parcourue totale est de :

$$100 \times (1/1 + 1/2 + 1/3 + 1/4 + 1/5 [\ldots] + 1/n).$$

La partie fractionnelle de cette expression est ce qu'on appelle la série harmonique. J'en dirai plus sur ce sujet dans la réponse à une autre question. La série harmonique est facile à calculer. Quand $n = 50$, la somme de la série est 4,499 et des poussières. Multipliez cela par 100 milles, et vous verrez que vous pourrez acheminer votre chargement jusqu'à 449,92 milles.

Lorsque *n* augmente, la somme de la série augmente aussi. Avec suffisamment de camions, on pourrait acheminer le chargement aussi loin qu'on le voudrait. Toutefois, la distance augmente de plus en plus lentement avec un *n* de plus en plus grand, et l'efficacité énergétique devient ridiculement faible. Le millième camion n'ajouterait que 1/10 de mille à l'autonomie totale (mais dégagerait autant de CO_2 que les autres, accélérant l'apocalypse en cours). Le millionième camion n'ajouterait que quelques pouces à la distance possible.

La réponse ci-dessus est celle que les recruteurs attendent en général. On peut soutenir qu'il existe une meilleure réponse si – et seulement si – il y a moyen de transporter le carburant et si – et seulement si – le chargement n'est pas trop lourd (vous pourriez demander à votre interlocuteur des précisions sur ces deux points).

La question concerne des camions, et des camions ne sont pas des voitures. Par définition, ils sont fabriqués pour transporter une charge utile lourde et encombrante. Le camion à plateau de base a un poids à vide d'environ 5 000 livres et une charge utile de 5 000 livres environ. Il est conçu pour transporter ces 5 000 livres dans des conditions de sécurité correctes – en supposant que vous ne transportez pas 5 000 livres de flocons de polystyrène, ou de barbe à papa.

Le réservoir d'un camion contient environ 30 gallons. Un gallon US, c'est quatre *quarts* ; un *quart* correspond plus ou moins à 1 litre ; 1 litre, c'est 1 kilogramme d'eau ; et 1 kilogramme, c'est environ 2 livres. (Les maniaques des questions Fermi rompus aux conversions devraient savoir tout cela.) Un gallon d'eau équivaut donc à 8 livres. La densité de l'essence est 0,75 fois celle de l'eau, ce qui ferait 6 livres par gallon. Multipliez cela par 30, et cela ne fera pas tout à fait 200 livres pour un plein de camion.

Le détail à retenir est que le carburant pèse considérablement moins que le véhicule lui-même. Le rapport est d'environ 200/5 000, soit 1/25 du poids à vide du camion.

Il est absurde de réquisitionner un camion de 5 000 livres si vous ne vous intéressez qu'aux 200 livres d'essence de son réservoir. Il vaudrait mieux transporter le carburant sur le plateau avec le chargement. (Peut-être que vous pourrez récupérer des jerrycans pour l'essence, ou démonter les réservoirs des autres camions pour en faire des sortes de bonbonnes.) Un camion pourrait emporter le volume d'essence correspondant à 25 camions, en supposant que le chargement ne pèse pas trop lourd.

Ce qui signifie qu'un seul camion pourrait transporter la moitié du carburant de la flottille de 50 camions. Il pourrait parcourir quelque chose comme 25 × 100 = 2 500 milles. Bon, il n'irait pas si loin que cela, car la charge totale diminuerait l'autonomie. Il devrait quand même pouvoir faire 1 500 milles. C'est plus que trois fois les 450 milles de la solution du siphonnement, et cela ne requiert qu'un seul camion et un seul chauffeur.

? Simulez un dé à sept faces avec un dé à cinq faces. Comment produiriez-vous un nombre aléatoire entre 1 et 7 avec un dé à cinq faces ?

Un icosaèdre – un dé à vingt faces – est caché à l'intérieur de la Magic 8 Ball. Le jeu de rôle Donjons et Dragons recourt à des dés en forme de solides platoniciens (polyèdres réguliers à quatre, six, huit, douze ou vingt faces). C'est un défi peu ordinaire que de concevoir un dé à cinq faces qui soit équitable. Un concept à deux faces triangulaires et trois faces rectangulaires a été breveté sous la référence *US Patent 6,926,275*. Les arêtes sont biseautées pour empêcher la fragmentation. Lorsque le dé atterrit sur une face rectangulaire, la valeur du point est donnée par le nombre inscrit à la partie supérieure de l'une ou l'autre des faces rectangulaires visibles. Le coup de dé correspondant à l'illustration donnerait 3.

C'était au cas où vous vous demanderiez s'il existe vraiment des dés à cinq faces. La question dit en substance qu'on vous donne un dispositif produisant un nombre aléatoire compris entre 1 et 5. Il vous faut l'utiliser pour produire un nombre aléatoire compris entre 1 et 7. Imaginez sept personnes agressives détentrices de sept billets de loterie numérotés de 1 à 7. Comment utiliser un dé à cinq faces pour désigner le gagnant, en sachant que les perdants vont se plaindre et que vous risquez d'avoir à prouver devant un tribunal que la procédure était vraiment aléatoire ?

Plusieurs idées simples sont peu équitables. L'une est de lancer le dé à cinq faces deux fois et d'ajouter les points. Ce qui produit un nombre compris entre 2 et 10. Un progrès ? En apparence seulement. Tout habitué du jeu de dés sait que pareils totaux ne sont pas tous probables de manière égale. Les totaux au milieu de la répartition (comme 7) sont plus probables. Il en est de même pour les dés à cinq faces.

Une autre idée est de lancer le dé deux fois, puis d'additionner les points, de les multiplier, ou de générer d'une manière ou d'une autre un grand nombre. On le

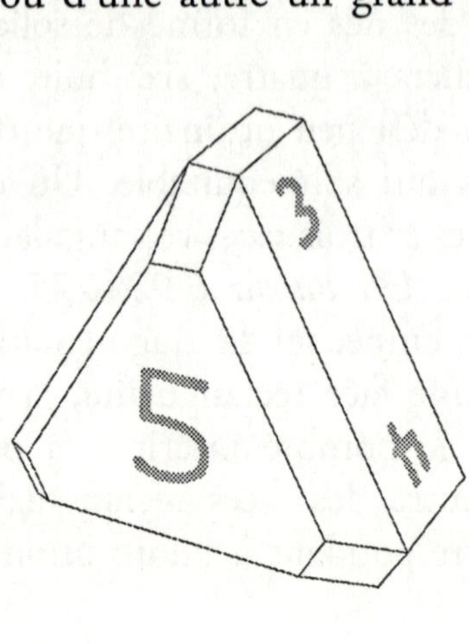

divise ensuite par 7 et on ne prend que le reste. Ce reste sera compris entre 0 et 6. Nous n'avons pas besoin de 0, donc faisons comme si c'était un 7. Ce qui nous donne un nombre « aléatoire » compris entre 1 et 7.

J'ai mis *aléatoire* entre guillemets, parce que, comme le disait le mathématicien John von Neumann, « quiconque envisage des méthodes mathématiques pour produire des chiffres aléatoires est évidemment en état de péché[25] ». Ce procédé est peut-être acceptable pour certaines tâches, mais il n'est pas vraiment aléatoire, et, par conséquent, cette réponse n'est pas très bien vue chez Google ou chez Amazon. Sur Internet, les nombres aléatoires ont intérêt à l'être vraiment. Sinon, l'avantage est aux hackeurs.

Pour obtenir un résultat authentiquement aléatoire, chacun des sept participants à la loterie lance un dé à cinq faces une fois. Le joueur qui a le plus grand nombre de points a gagné. S'il y a des ex æquo, on lance le dé de nouveau (autant de fois qu'il le faut). Le seul problème est qu'il faut lancer les dés un grand nombre de fois. Même sans ex æquo (et il y en aura), il faut lancer le dé sept fois.

Il y a une meilleure réponse. Pensez numérique. Les nombres de 1 à 7 peuvent être représentés par 3 bits, sous forme de nombres binaires de 001 à 111. Pouvez-vous générer 3 bits aléatoires avec un dé à cinq faces ?

Absolument. Chaque lancer donnera un chiffre du nombre à 3 bits. Si c'est le 2 ou le 4 qui sort, disons que le résultat est 0 ; si c'est le 1 ou le 3, le résultat est 1 ; et si c'est le 5, on relance le dé autant de fois qu'il faut pour avoir un chiffre autre que 5.

Exécuter cette procédure trois fois génère un nombre compris entre 000 et 111. Retraduisez cela en base décimale, et la personne possédant ce numéro gagnera (par exemple, 101 signifie que le billet gagnant est le 5). Si c'est 000 qui sort, essayez de nouveau.

Il suffit de lancer le dé trois fois (s'il ne faut pas le relancer). En moyenne, il faut un peu plus de quatre lancers.

? Vous avez une pièce vide et un groupe de personnes qui attendent dehors. Un « mouvement » consiste soit à laisser entrer une personne, soit à en laisser partir une. Pouvez-vous élaborer une séquence de mouvements de façon que toutes les combinaisons possibles de personnes dans la pièce se produisent une fois seulement ?

Comprendre ce que l'examinateur désire peut prendre un certain temps. Disons qu'il y a deux personnes qui attendent dehors, Larry et Sergey. Il a alors 4 combinaisons possibles de personnes à l'intérieur – en comptant le cas où la pièce est inoccupée. Ces 4 cas sont les suivants :

- Personne dans la pièce,
- Seulement Larry dans la pièce,
- Seulement Sergey,
- Larry et Sergey.

La question est de savoir si nous pouvons commencer par la pièce vide et essayer chacune de ces combinaisons. Une seule personne peut entrer ou sortir chaque fois, et aucune combinaison ne peut être répétée, même pendant une fraction de seconde. La séquence ci-dessus ne marcherait pas, parce qu'il n'y a pas moyen de passer de « Seulement Larry » à « Seulement Sergey » d'un seul coup. Soit Larry sort avant que Sergey entre, auquel cas nous réitérons l'option « Personne » ; soit Sergey entre en vitesse juste avant que Larry sorte, auquel cas il y a un moment où ils sont tous les deux dans la pièce. Voici la solution :

1. Commencez avec personne dans la pièce.
2. Mettez Larry dans la pièce.
3. Ajoutez Sergey, pour obtenir Larry et Sergey.
4. Larry sort, laissant Sergey seul.

C'est un cas simple, et on vous demande de généraliser en extrapolant à un grand nombre n de personnes. Chaque personne peut être dans la pièce ou dehors, ce qui engendre une croissance exponentielle du nombre de combinaisons avec n, et donc la nécessité d'un bon algorithme, car il serait irréaliste d'improviser.

Il existe deux façons courantes de résoudre cette énigme. L'une est de commencer petit et d'augmenter la complexité. Nous savons comment résoudre le problème avec deux personnes. Supposons que nous en ajoutons une troisième, Eric. Comment cela change-t-il la situation ? Cela signifie essentiellement qu'il nous faut répéter deux fois les instructions pour deux personnes ; une fois sans Eric, et une fois avec Eric dans la pièce.

Reprenez d'abord le schéma précédent :

1. Commencez avec personne dans la pièce.
2. Mettez Larry dans la pièce.

3. Ajoutez Sergey, pour obtenir Larry et Sergey.
4. Larry sort, laissant Sergey seul.

Puis, introduisez Eric :

5. Eric entre et rejoint Sergey.

Nous voulons répéter les premières instructions, avec Eric. Mais nous sommes obligés de les répéter en sens inverse, vu que nous commençons là où s'est terminée la séquence initiale (numéro 4) avec Sergey seul dans la pièce. En fait, nous inversons les séquences Larry-et-Sergey. Chaque entrée devient une sortie et *vice versa.* Eric reste dans la pièce de bout en bout. Voici le reste des instructions :

6. Larry rejoint Sergey et Eric dans la pièce.
7. Sergey sort, laissant Larry et Eric.
8. Larry sort, laissant Eric seul.

Cela indique le schéma d'un algorithme. Pour accueillir une quatrième personne, vous récrivez ces 8 instructions, introduisez la quatrième personne et repartez en arrière. Il faut donc 16 étapes pour traiter quatre personnes. Le nombre d'étapes double avec chaque personne supplémentaire. Pour n personnes, il faudra 2^n mouvements.

Au sens le plus large, cette question exploite l'incompatibilité entre l'analogique et le numérique. Faire entrer et sortir des gens est un processus analogique. On ne peut pas transporter un être humain d'un endroit à un autre en un clin d'œil avec la facilité d'un chiffre qui change. Pareils problèmes datent des débuts de l'informatique. Frank Gray était chercheur aux laboratoires Bell lorsque ceux-ci étaient en pointe dans le démarrage du mastodonte numérique. Gray élabora un bon nombre des principes qui sous-tendent la télévision. Son nom reste associé au code Gray, conçu au milieu des années 1940.

À ses débuts, la télévision était purement analogique. Un faisceau électronique de balayage était dévié vers le haut ou vers le bas par un champ magnétique lui-même créé par une tension en changement continu. Gray voulait convertir les variations de tension analogiques en un nombre digital (une série d'impulsions codées). Les ingénieurs de l'époque caressaient l'idée (rétrospectivement) pittoresque de projeter le faisceau d'électrons à travers une sorte de pochoir où les trous représentaient des nombres binaires. Différentes parties de ce masque, correspondant à différents degrés de déviation, avaient des motifs de trous différents. Le faisceau devait traduire la tension correcte en nombres binaires. Comme beaucoup d'idées astucieuses, celle-ci ne marcha pas. Les faisceaux d'électrons sont capricieux.

Le vrai problème était que cela produisait des résultats imprévisibles lorsque le faisceau passait d'une valeur de tension à une autre. Pour que cela fonctionne, Gray avait besoin d'un code numérique dans lequel un seul chiffre change quand on passe d'un nombre au suivant. C'est ce qu'on appelle aujourd'hui un code Gray. Il en existe avec n'importe quelle base, y compris la base 10, mais l'exemple le plus connu est le code Gray binaire. Il ressemble à ceci :

Nombre	*Code Gray*
0	000
1	001
2	011
3	010
4	110
5	111
6	101
7	100

Les chiffres du code Gray ne représentent pas des puissances de 2 ; ni quoi que ce soit, en fait. C'est un code, tout simplement. Il se trouve que le code « 111 » signifie 5, et vous ne devriez pas essayer d'y trouver un sens caché. La seule raison de l'existence du code Gray est que chaque nouveau nombre peut être généré à partir de son prédécesseur en changeant exactement un seul chiffre. Pour passer de 5 (111) à 6, vous changez simplement le chiffre médian (pour aboutir à 101).

Gray fournit une procédure simple pour générer ses codes. Commencez par 0 et 1. Ces chiffres seront attribués aux nombres normaux 0 et 1 (pas de trucage là-dessous). Ensuite, vous inversez cette séquence 0, 1 (qui devient 1, 0) et l'ajoutez à la séquence initiale. Ce qui donne 0, 1, 1, 0.

Afin de distinguer la séquence d'origine de son image inversée, il faut ajouter un chiffre supplémentaire à gauche de chaque code. Utilisez 0 pour la séquence initiale et 1 pour la version miroir. Ce qui donne 00, 01, 11, 10.

Ce sont les quatre premiers codes Gray. Vous en voulez d'autres ? Inversez cette suite et ajoutez-la à la suite initiale : 00, 01, 11, 10, 10, 11, 01, 00. Puis, ajoutez un 0 aux quatre premiers codes et un 1 aux quatre derniers : 000, 001, 011, 010, 110, 111, 101, 100.

C'est pour cela que 6 peut être représenté par 101. Vous n'aurez pas trop de mal à voir que le nombre 8 aurait le code 1100. Le système de Gray est facilement extensible à volonté.

Les codes Gray sont cycliques. Imaginez que vous ayez réussi à faire 1 million de kilomètres avec votre voiture. Le totalisateur affiche 999999 puis repasse à 000000 (il n'y a pas de chiffre des millions). Avec les codes Gray, le dernier nombre redevient lui aussi le premier, mais rien qu'en changeant un seul chiffre. Dans le tableau ci-dessus, le nombre le plus grand (100) peut devenir le nombre le plus petit (000) en basculant un seul bit.

Un code Gray peut servir à résoudre cette énigme. On s'attend à ce que tout ingénieur à qui la question est posée voie le rapport.

Représentons l'état de la pièce comme un nombre à *n* chiffres, où *n* est le nombre de personnes. Chaque chiffre correspond à une personne différente. Le chiffre est 1 si la personne est dans la pièce, il est 0 si elle est à l'extérieur. Par exemple :

Stu	Ann	Emily	Bob	Phil	Phil2	Lisa	Eric	Sergey	Larry
1	1	0	0	1	0	0	0	0	1

Tous les nombres binaires possibles à *n* chiffres (il y en a 2^n) représentent chacun une configuration de personnes différente. Nous avons besoin de les explorer toutes. Le comptage des nombres binaires habituels sera inopérant, mais les codes Gray marchent à merveille. Il n'y aura qu'à les explorer tous dans l'ordre, en commençant par 0000000000, et à les interpréter comme des indications scéniques. (Par exemple, le passage de 0 à 1 à l'extrême droite de la liste signifie « Larry entre ».) La solution commence ainsi :

0000000000 : La pièce est vide.
0000000001 : Larry entre.
0000000011 : Sergey rejoint Larry.
0000000010 : Larry sort.
0000000110 : Eric rejoint Sergey.

Ce système garantit qu'un seul chiffre change à chaque coup, et qu'une personne exactement entre ou sort.

Le code Gray est la clé passe-partout qui permet d'élucider de nombreux casse-tête classiques, notamment les tours de Hanoi et les anneaux de Cardan. Ces noms ne vous sont peut-être pas familiers (et l'origine asiatique des « tours » est fantaisiste), mais vous avez sûrement déjà vu ces casse-tête sous leur forme virtuelle ou concrète. Les tours de Hanoi se présentent comme en huit disques de diamètre différent, enfilés sur le premier de trois axes verticaux. Le joueur doit transférer les huit disques sur l'un des autres axes, un par un et de façon qu'aucun disque ne puisse être placé sur un disque de taille inférieure. Les tours de Hanoi sont devenues un cliché des jeux vidéo d'aventure (tels que Mass Effect, Zork Zero et Star Wars : Knights of the Old Republic). Tous les étudiants en informatique apprennent l'existence des codes Gray, et un sujet classique de devoir consiste à écrire du code pour un jeu de tours de Hanoi (qu'ils recyclent ensuite sous forme de jeu vidéo).

? Vous disposez d'une réserve illimitée de briques. Vous voulez les empiler de façon que chaque brique soit en porte-à-faux par rapport à celle en dessous. Quel est le surplomb maximal que vous puissiez obtenir ?

Imaginez que vous placiez une brique sur le bord d'une table, et qu'elle dépasse de 3 centimètres. La brique est stable. Vous la poussez de 3 centimètres, puis encore de 3 centimètres. Votre intuition vous dit que la brique basculera lorsqu'elle dépassera de plus de la moitié de sa longueur.

En termes plus généraux, le centre de gravité de la brique doit reposer sur quelque chose de massif. Ou alors, dans le cas limite, le centre de gravité doit au moins être perché de manière précaire sur le bord d'un objet massif. En supposant une brique uniforme, son centre de gravité se trouve exactement en son milieu, à mi-chemin de chaque extrémité. C'est pourquoi vous pouvez obtenir un surplomb maximal de 0,5 longueur de brique avec une seule brique. Il serait plus sûr de se contenter d'un peu moins – mais la limite est une demi-brique.

Vous disposez d'un nombre illimité de briques et vous avez le droit de les empiler. Essayons avec deux briques. La plupart des gens voudront dessiner un schéma sur le tableau blanc. Les points sont les centres de gravité (CG). Le point supérieur est le CG de la brique de dessus. Laquelle n'a rien à craindre tant que la brique inférieure est stable, parce que le CG de la brique supérieure repose (à peine) sur la brique inférieure.

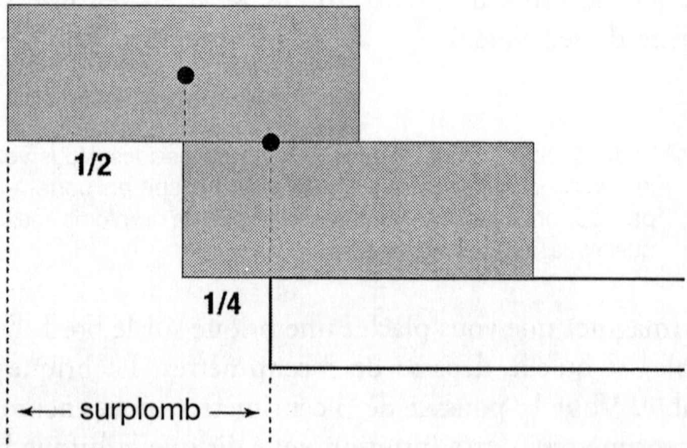

Jusqu'à quel point la brique inférieure peut-elle dépasser du bord de la table ? Le centre de gravité de la pile de deux briques (point inférieur) doit reposer sur la table ou exactement sur le bord. S'il est au-dessus du vide, la pile s'effondre. Ce centre de gravité commun se trouve à un quart de longueur de brique, à droite du CG de la seule brique supérieure. Nous avons donc, avec deux briques, un surplomb égal à 1/2 + 1/4 = 3/4 de longueur de brique.

Des candidats stressés se sentent obligés d'aboutir rapidement à une réponse. On peut maintenant avoir l'impression que le surplomb maximal de chaque brique sera la moitié de celui de la brique au-dessus. Puisque avec 1/2 + 1/4 + 1/8 + 1/16 commence une série infinie dont la somme est 1, certains candidats disent qu'on a un surplomb égal à 1 longueur de brique. Vous pouvez certes édifier une pile stable où le surplomb est divisé par deux à chaque nouvelle brique en partant du haut. Or ce n'est pas la construction optimale, et cette réponse n'impressionnera guère un recruteur.

Voici une analogie qui vous orientera dans la bonne direction. Un brillant élève change de classe. De combien va-t-il augmenter la moyenne générale de sa nouvelle classe ? Plus il y aura d'élèves dans cette classe, moins l'élève brillant influencera le niveau général. Son effet est proportionnel à $1/n$, ou n est le nombre d'élèves. Cela dépend aussi du « supplément d'intelligence » apporté par le nouveau. S'il a les mêmes notes que la moyenne de la classe, il ne la changera pas du tout. L'effet du brillant élève est proportionnel à la différence entre ses notes et la moyenne de la classe.

Le même raisonnement s'applique aux briques. Un centre de gravité est une moyenne pondérée. Regardez la $n^{\text{ième}}$ brique. Nous allons soulever – délicatement – toute la pile existante et la placer de façon que son CG soit juste au-dessus du bord de la nouvelle brique. Jusqu'où la nouvelle brique peut-elle être avancée en surplomb ?

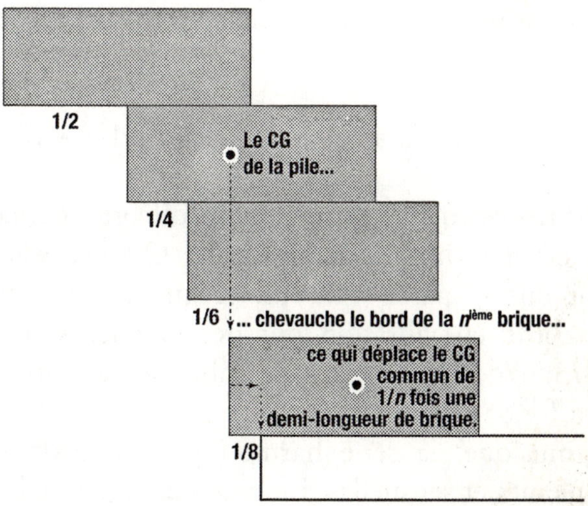

Pour le savoir, il vous faut recalculer la position du CG de la pile (en y intégrant la nouvelle brique). Le CG de la nouvelle brique se trouve évidemment au milieu de cette brique, à 0,5 longueur à droite de son bord gauche, et son bord gauche est là où vous avez placé le CG combiné de toutes les briques au-dessus d'elle. La masse de la nouvelle brique « tire » le CG collectif vers la droite. Son effet dépend du nombre de briques et de la distance entre le CG de la pile actuelle et le CG de la nouvelle brique. Avec la règle de placement ci-dessus, la distance horizontale est toujours de 0,5 longueur de brique. Avec *n* briques, la nouvelle brique a $1/n^{\text{ième}}$ du poids de toute la pile. Il s'ensuit que la $n^{\text{ième}}$ brique déplace le CG de la pile de $1/n \times 1/2$ longueur de brique.

Les surplombs forment donc la série suivante :

$$1/2 + 1/4 + 1/6 + 1/8 + 1/10 + 1/12 + \ldots$$

En multipliant cela par deux, vous obtiendriez cette série facile à mémoriser :

$$1/1 + 1/2 + 1/3 + 1/4 + 1/5 + 1/6 + 1/7 + \ldots$$

Il se trouve que c'est une série célèbre en mathématiques et dans la théorie musicale. On l'appelle « série harmonique », parce que les fréquences harmoniques d'une corde en vibration ont des longueurs d'onde de 1/2, 1/3, 1/4, 1/5, et ainsi de suite par rapport à la fréquence fondamentale.

En musique, la série harmonique est associée à des notes pleines et sensuelles. En mathématiques, elle a mauvaise réputation. Puisque chaque terme est plus petit que le précédent, on pourrait croire que la série harmonique converge vers une somme minuscule (à l'instar de la série 1/2 + 1/4 + 1/6 + 1/8 + 1/16 + …, qui converge vers 1). Au contraire, sa somme tend vers l'infini.

Appliqué aux briques, cela produit un paradoxe. Le surplomb maximal d'une pile est égal à la moitié de la somme de la série harmonique, et la moitié de l'infini est l'infini. Ce qui signifie que vous êtes – théoriquement – en mesure de réussir tous les porte-à-faux que vous voudrez. Une haute pile de briques pourrait enjamber la baie de San Francisco ! Un examinateur sévère vous demanderait sans doute de prouver que la série n'a pas de limite. Il y a un moyen facile d'y parvenir. Nicole Oresme, l'un des génies du Moyen Âge, l'a trouvé. Groupez les termes de la série harmonique entre des parenthèses comprenant un, deux, quatre, huit […] termes.

$$\left(\frac{1}{2}\right)+\left(\frac{1}{3}+\frac{1}{4}\right)+\left(\frac{1}{5}+\frac{1}{6}+\frac{1}{4}+\frac{1}{8}\right)$$

$$+\left(\frac{1}{9}+\frac{1}{10}+\frac{1}{11}+\frac{1}{12}+\frac{1}{13}+\frac{1}{14}+\frac{1}{15}+\frac{1}{16}\right)+\ldots$$

Écrivez ensuite la série suivante juste en dessous :

$$\left(\frac{1}{2}\right)+\left(\frac{1}{4}+\frac{1}{4}\right)+\left(\frac{1}{8}+\frac{1}{8}+\frac{1}{8}+\frac{1}{8}\right)$$

$$+\left(\frac{1}{16}+\frac{1}{16}+\frac{1}{16}+\frac{1}{16}+\frac{1}{16}+\frac{1}{16}+\frac{1}{16}+\frac{1}{16}\right)+\ldots$$

Maintenant, comparez-les. La somme de la série harmonique (en haut) est certainement supérieure à la somme de la série du bas, car tous ses termes sont au moins aussi grands, et beaucoup sont plus grands.

Quelle est la somme de la série du bas ? Chaque ensemble de parenthèses contient des fractions dont l'addition donne 1/2. La série inférieure équivaut à une chaîne infinie de 1/2. Sa somme est donc infinie, et comme la comparaison côte à côte prouve que la série harmonique pèse encore plus lourd, sa somme doit être infinie elle aussi.

Tout cela, c'est très bien, mais si vous concluez là-dessus – en affirmant un surplomb infini –, on vous accuserait certainement de donner une réponse techniquement correcte mais complètement inutilisable. Vous pouvez alors impressionner votre interlocuteur en démontrant votre aptitude à faire le pont entre la théorie et la pratique. Supposez que les gens du *Livre Guinness des records* entendent parler de votre prétendu « surplomb infini » et veuillent tourner une vidéo. Quelle longueur de surplomb pourriez-vous atteindre en réalité ?

C'est une tout autre paire de manches, et, par bonheur, on le déduit sans peine du fait que la série harmonique croît incroyablement lentement. Comme nous l'avons vu, quatre briques produisent un surplomb presque égal à 1 longueur de brique. Cinq briques l'excèdent tout juste, et la brique en haut de la pile est en lévitation complètement au-delà du bord de la table. C'est un truc facile pour briller en société. (Si vous n'avez pas de briques sous la main, vous pouvez improviser avec des dominos, des livres, des écrins de CD, etc.)

Avec dix briques, le surplomb maximal est juste au-dessus de 1,46 longueurs de brique. Avec cent briques, il est d'environ 2,59 ; et avec mille briques, il est de 3,45. Compte tenu des vibrations, du vent et des imperfections des briques, il paraît invraisemblable que quiconque puisse dresser une pile de 1 millier de briques en une colonne sans mortier verticale, et encore moins en surplomb. Conclusion : un surplomb de 2 longueurs de brique est faisable ; 3 longueurs, c'est risqué et dangereux.

Cette énigme a plus de rapports avec les réalités de la maçonnerie qu'on pourrait probablement le croire. En architecture, l'encorbellement consiste en deux piles de briques en porte-à-faux qui se réunissent au centre pour faire un arc. Les Mayas en construisaient déjà en 900 avant J.-C[26]. Les voûtes à encorbellement ont un défaut : elles ont tendance à s'effondrer. L'arc dit *plein cintre*, avec sa clé de voûte, connu dans la Mésopotamie antique, supplanta peu à peu l'encorbellement dans le monde entier.

Le casse-tête des briques empilées apparut en 1850 dans un manuel d'ingénierie de J. B. Phear, *Mécanique élémentaire*. Il a été traité par le physicien George Gamow dans un ouvrage de 1958, *Mathématiques énigmatiques*, et, plus tard, par Martin Gardner[27]. Des variations sur le même thème (permettant des empilements plus compliqués, avec plus d'une brique par rangée horizontale) ont inspiré des articles mathématiques très sérieux. La question d'entretiens évoquant une flottille de cinquante camions est étroitement apparentée. Elle est analogue à une question qui demanderait quel surplomb maximal on pourrait atteindre avec cinquante briques.

❓ Vous devez aller du point A au point B. Vous ne savez pas si vous pouvez arriver en B. Que faites-vous ?

Réponse type Harvard-HEC : « Je prendrais mon portable et je chercherais les points A et B sur Google Maps. Si le point B n'était pas sur Google Maps, je prendrais un taxi et j'enverrais le reçu à la compta. Question suivante ? »

Réponse type doctorat en informatique : « Oh, j'ai pigé. Vous parlez d'un problème de recherche dans un réseau… »

Quand on la pose à un ingénieur en logiciel, on s'attend à ce que cette question débouche sur une discussion des mérites relatifs d'algorithmes de recherche spécifiques. Bien que ces algorithmes aient été conçus pour explorer les mémoires d'ordinateurs et Internet, ils sont tout aussi utiles pour la navigation dans une galerie marchande, dans un labyrinthe de verdure ou dans les pittoresques villages d'Ombrie. Je vais présenter une réponse de bon sens qui, en dernière analyse, ne sera pas si éloignée que ça de celle de l'informaticien.

Reformulons la question : vous êtes au point A, vous voulez trouver le point B, et il n'y a pas d'appli pour cela. Vous êtes obligé de vous en tenir aux routes et aux chemins qui partent de A. Vous reconnaîtrez le point B quand vous y arriverez – si vous y arrivez. Or il se peut que vous n'y arriviez pas. Le point B pourrait être en dehors du réseau routier et impossible à atteindre.

Vous devriez commencer par poser plusieurs questions importantes à votre interlocuteur :

1. Puis-je demander mon chemin ? Puis-je utiliser un système de géolocalisation ? Ai-je un moyen quelconque d'estimer la direction ou l'éloignement du point B ?

2. Au cas où le point B ne serait pas accessible à partir de A, existe-t-il un moyen de s'en rendre compte hormis par une recherche qui ne finit jamais ?
3. Dois-je essayer de trouver le point B le plus vite possible, ou dois-je essayer de trouver l'itinéraire A-B le plus rapide le plus vite possible ?

Les recruteurs seront charmés d'entendre que vous êtes assez intelligent pour demander votre chemin, mais on vous dira que vous ne compterez pas sur des conseils infaillibles. La question 2 est importante, parce qu'un bon ingénieur devrait répugner à gaspiller son temps et ses efforts dans un gouffre sans fond. Vous ne voulez pas fouiller toute la planète pour déterminer que vous ne pouvez pas aller en B à partir de A.

La dernière question, la 3, mérite peut-être des éclaircissements. Par exemple, il se pourrait qu'au point A vous soyez coincé avec deux enfants hurlants au milieu d'un labyrinthe tracé dans un champ de maïs. Vous voulez trouver la sortie, le point B. Tout ce qui vous intéresse, c'est de sortir de ce foutu labyrinthe.

Vous auriez alors besoin d'une procédure de recherche qui trouverait le point B dans les meilleurs délais. Toutefois, il y a presque toujours de fausses routes et des détours, et l'itinéraire que vous prendriez ne serait pas nécessairement l'itinéraire le plus court entre A et B. Mais dans votre situation, ce serait acceptable.

En revanche, peut-être voulez-vous faire la navette entre votre domicile (A) et votre lieu de travail (B) en utilisant les transports en commun. Le parcours idéal trouvé serait répété quotidiennement pendant une bonne part de votre vie. Il ne s'agit pas de trouver B ; il s'agit de trouver l'itinéraire le plus court entre A et B.

Dans toute recherche, il y a une part de tâtonnement. Les connaissances et l'intuition ont aussi leur rôle à jouer. Il se peut que vous ayez des idées préconçues sur la manière de vous rendre à B, fondées sur des cartes, des pressentiments, les propos d'autochtones compétents, la sagesse des trappeurs francophones du Grand Nord canadien, ou sur la présence d'un panneau POINT B 30 KILOMÈTRES. Une procédure de recherche devrait réquisitionner toutes les informations dont vous pouvez disposer (et tenir compte de l'éventualité qu'elles puissent ne pas être fiables). Vous commencerez par explorer l'itinéraire qui vous semble être le plus court pour aller à B. Dressez une carte de votre progression, au cas où vous auriez à rebrousser chemin pour essayer d'autres itinéraires.

Jusqu'ici, rien qu'on puisse contester. Pour impressionner votre interlocuteur, vous aurez besoin de dire quelque chose de moins évident. Essayez ceci : la question philosophique fondamentale dans la recherche d'une destination est : « Quand devrai-je rebrousser chemin ? »

Il pourra arriver un moment où vous aurez l'impression d'être perdu – c'est-à-dire que vous croirez vous être irrémédiablement écarté du chemin le plus court pour aller de A à B. Reviendrez-vous sur vos pas jusqu'à l'endroit où vous étiez avant de vous perdre ? Ou bien essaierez-vous de trouver le chemin le plus direct pour aller à B depuis l'endroit où vous êtes (perdu) actuellement ?

Il y a de bonnes chances que ce problème se soit posé lors de votre dernier long trajet en voiture. Si les plaisanteries concernant les hommes au volant sont justifiées, ils répugneront à faire demi-tour ou à demander leur chemin. Supposez qu'un sympathique inconnu assure à Ashley et Ben qu'ils sont sur la bonne route et qu'ils vont bientôt arriver à B en disant : « Vous ne pouvez pas le rater. » Ils roulent encore une demi-heure en s'attendant à chaque instant à voir apparaître B au détour d'un virage. Mais en vain. « Nous ne sommes manifestement pas sur la bonne route, annonce Ashley. Revenons à l'endroit où nous étions la dernière fois qu'on nous a renseignés.

— Il n'y a pas de raison de faire demi-tour, rétorque Ben. Nous avons fait beaucoup de chemin, et nous devons être plus près de B que nous l'étions alors. Ça doit être indiqué quelque part un peu plus loin. »

La stratégie de Ben s'apparente à ce que les informaticiens appellent « l'algorithme du meilleur d'abord » ou du « *best first* ». Chaque fois que vous aboutissez à un embranchement, vous suivez la route que vous présumez être la plus courte pour aller à B sur la base de l'état actuel de vos connaissances. Dans le cas heureux où ces connaissances sont exactes à 100 %, Ben ira d'un trait à B.

La stratégie d'Ashley ressemble plutôt à l'algorithme de recherche A* (prononcé « A étoile ») décrit par les informaticiens Peter Hart, Nils Nilsson et Bertram Raphael en 1968. Il dit (en gros) que vous devriez serrer au plus près le plus court chemin de A à B. Vous vous demandez probablement où est la différence avec la stratégie de Ben. Il n'y en a pas, tant que le chercheur dispose d'indications directionnelles fiables. La différence se manifeste lorsque le chercheur s'écarte sensiblement de l'itinéraire direct. Pour décider de la marche à suivre, Ben considère une seule donnée : son estimation de l'éloignement de B par rapport à sa position actuelle. Il essaie toujours de progresser en direction de B. Ashley considère deux données : son estimation de l'éloignement de B et la distance parcourue depuis A (qui est connue). L'objectif d'Ashley est de minimiser ces deux nombres ou, plus précisément, leur somme. Ashley essaie d'explorer les points qui ont le plus de chances de se trouver sur le plus court chemin de A à B.

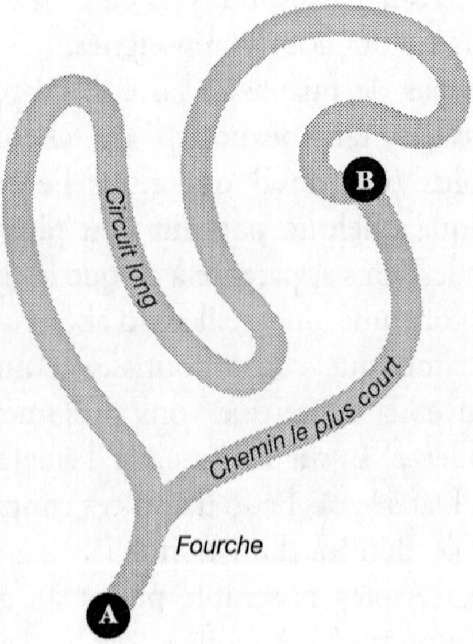

Qui a raison, Ben ou Ashley ? La procédure de recherche d'Ashley est plus adaptée au traitement des fausses routes. Le graphique montre le fond du problème. En partant de A, le chercheur arrive à une fourche et doit choisir le chemin de gauche ou de droite. Si Ben choisit – erreur ! – le chemin de gauche, il endurera un long et pénible circuit. Bien que long et tortueux, cet itinéraire le rapproche de plus en plus de B.

Si Ashley faisait fausse route elle aussi en prenant à gauche, elle finirait par s'apercevoir qu'elle s'est considérablement éloignée de A et que B est encore loin. Ce qui lui indiquerait qu'elle n'est vraisemblablement pas sur l'itinéraire le plus rapide. Ashley rebrousserait chemin jusqu'à l'embranchement et essaierait l'autre itinéraire. Elle arriverait à B probablement plus vite que Ben. En général, on s'attend à ce qu'il y ait de nombreuses fourches au lieu d'une seule, et autant de décisions à prendre en route. Les résultats sont similaires : une méthode de recherche avec une tendance optimale à revenir sur ses pas est plus efficace qu'une méthode qui revient en arrière trop peu souvent.

Cette question d'entretiens oriente encore plus le choix vers une recherche du type A*, en disant que vous ne savez pas si vous pouvez aller de A à B. S'il n'est pas possible d'aller à B, Ben errera à l'aveuglette à la poursuite d'un éternel feu follet. Ashley mènera une exploration systématique vers l'extérieur à partir du point A en essayant de minimiser l'éloignement de A. Elle se construira une carte du territoire qui l'aidera à établir qu'il n'y a pas moyen d'aller de A à B. Ce qui empêchera le gaspillage de nouvelles ressources.

La recherche du type A* est particulièrement efficace quand l'objectif est de trouver le plus court chemin. Aussi est-elle utilisée pour cartographier les applications, et, dans les jeux vidéo, pour faire circuler les personnages dans leurs mondes virtuels. On peut soutenir que les recherches du type A* ont aussi des avantages psychologiques. En tant qu'humains faillibles, nous avons tendance à nous enferrer dans des convictions autojustifiées. La tentation est grande de gaspiller des ressources en explorant le mauvais itinéraire, le mauvais projet d'entreprise, la mauvaise relation amoureuse, la mauvaise idée – sans cesser d'être convaincu que le succès est juste au détour du chemin. Une recherche A* permet de couper court à une aventure peu rentable et de repartir de zéro quelque part ailleurs. C'est une idée applicable dans de nombreux domaines. Le succès consiste à ne pas abandonner trop facilement, mais aussi à savoir quand jeter l'éponge.

Conclusion : le meilleur moyen d'aller du point A au point B est de serrer au plus près l'itinéraire dont vous penser actuellement qu'il est le plus court (recherche de type A*) au lieu de vous concentrer uniquement sur la recherche de B.

? Comment trouver le couple d'étoiles les plus rapprochées dans le ciel ?

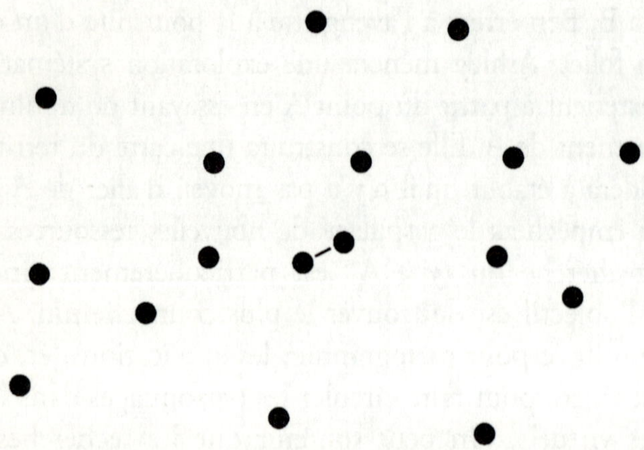

C'est le problème de la « recherche des plus proches voisins », bien connu des informaticiens. Un humain peut souvent d'un seul coup d'œil repérer le couple d'étoiles (ou de points sur un plan) les plus rapprochées, tout comme il peut voir si un visage est masculin ou féminin, ou résoudre un test Captcha de reconnaissance de caractères. Toutes ces choses qu'un microprocesseur ne peut facilement accomplir. Les algorithmes pour la résolution du problème des plus proches voisins ont fait l'objet d'études intensives dans les années 1970 et sont maintenant un élément de l'univers numérique. Même votre téléphone portable dernier cri possède des applications qui les utilisent, pour la cartographie, les jeux ou la photo, par exemple. C'est le début de la « vision » pour nos machines sophistiquées.

Bref, le recruteur demande en réalité à un candidat de formation technologique s'il a bien suivi le cours d'algorithmique sur les bancs de la fac. Plus précisément : en disposant des coordonnées d'un grand nombre *n* de points aléatoires sur un plan, comment un ordinateur dépourvu de cortex visuel peut-il trouver la paire de plus proches voisins par calcul pur ?

La démarche la plus basique consiste à calculer la distance entre chaque couple d'étoiles. Ce qui fait beaucoup de calculs quand *n* est un très grand nombre.

Or il n'est pas nécessaire de vérifier la distance entre les composantes dans tous les couples d'étoiles sans exception, mais seulement dans ceux où elles sont « raisonnablement proches ». Malheureusement, les ordinateurs sont stupides. Ils ne peuvent pas détecter les couples dont les composantes sont « raisonnablement proches », à moins de faire les calculs.

L'algorithme optimal de la recherche des plus proches étoiles est comme suit. Divisez mentalement le ciel en deux. Il y a une moitié droite et une moitié gauche, contenant chacune *n*/2 étoiles. Continuez de subdiviser le ciel en quarts, huitièmes, seizièmes, trente-deuxièmes, et ainsi de suite. Les divisions doivent toutes être réalisées verticalement (ou du nord au sud célestes).

L'habitant d'une banlieue verra peut-être 1 millier d'étoiles dans son ciel trouble pollué par la lumière. Il faut donc environ dix divisions par 2 pour aboutir à des tranches de ciel si fines qu'elles contiennent chacune environ deux étoiles visibles à l'œil nu (2^{10} = 1 024).

Le schéma suivant vous présente l'idée de base. Calculez la distance entre composantes des couples d'étoiles dans chaque tranche. Trouvez la tranche avec le couple le plus serré de tous, et voilà ! Pas vraiment. Regardez le schéma. Comme les tranches sont longues et étroites, il se peut que les composantes du couple le plus serré de toute une tranche ne soient pas si proches que ça. Elles sont comme les bulles de tapioca d'un thé aux perles qu'on aspire avec une paille. Le couple d'étoiles les plus proches l'une de l'autre dans tout le ciel sera vraisemblablement formé de deux étoiles à cheval sur deux tranches. J'ai entouré d'un cercle pareil couple sur le schéma.

Il est alors nécessaire d'avoir un algorithme pour unir deux tranches adjacentes. On donne à l'algorithme le couple le plus serré dans la tranche de gauche et le couple le plus serré dans la tranche de droite, et il déduit alors

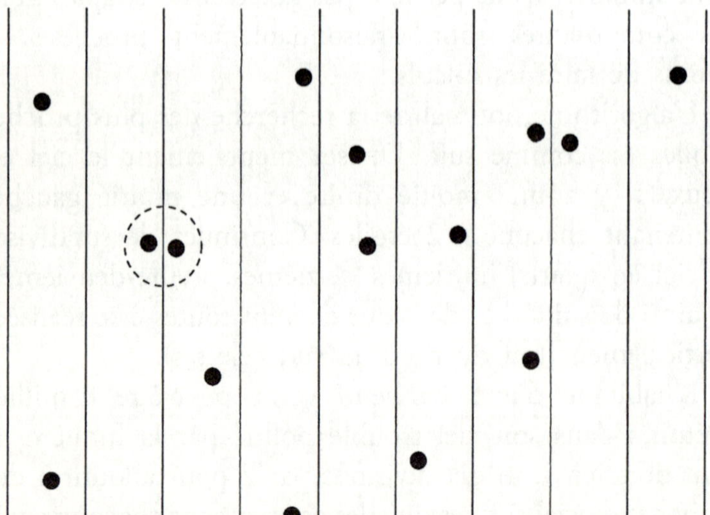

le couple le plus serré dans la tranche gauche-droite. Cet algorithme serait alors appliqué à répétition pour créer des tranches deux fois plus larges, quatre fois plus larges, huit fois plus larges, et ainsi de suite. Au bout de dix étapes, nous serions revenus à une « tranche » correspondant au ciel tout entier. Nous saurions alors quel est le couple d'étoiles les plus rapprochées dans tout le ciel.

Cet algorithme unificateur fonctionne comme suit. Étant donné deux tranches adjacentes, examinez une zone centrée sur la ligne de séparation pour voir si elle comporte un couple d'étoiles plus serré que tout autre couple dans l'une ou l'autre moitié. S'il y en a un, alors ce sera le couple le plus serré de la tranche unifiée.

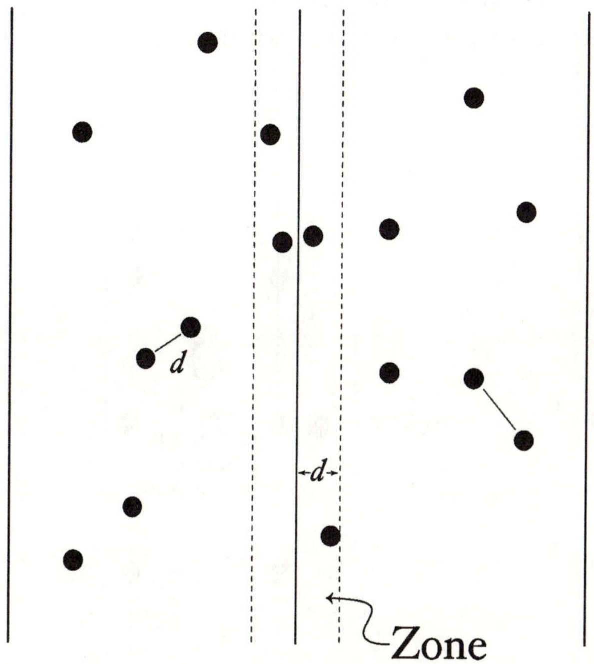

Prenez le couple le plus serré dans la tranche de gauche ou de droite et appelez *d* la distance entre ses composantes. Envisagez *d* comme un minimum à améliorer. Nous avons alors besoin de rechercher à une distance *d* de part et d'autre de la ligne de séparation d'éventuels couples qui la chevauchent. Cette zone est une bande large de 2*d*.

Cela peut se faire de manière efficace. Vous pourriez penser : « Essayons toujours. » Les informaticiens excellent à se préoccuper des scénarios les plus pessimistes (qui se manifestent pour l'utilisateur sous forme de bogues). Les étoiles de cette zone peuvent être facilement triées par leurs coordonnées verticales. Il est nécessaire à chaque fois de vérifier la proximité de l'étoile par rapport à des étoiles situées à une distance maximale *d* vers le haut ou vers le bas. Un simple schéma prouve qu'il ne peut y avoir tout au plus que six étoiles à examiner. La tâche est donc facile.

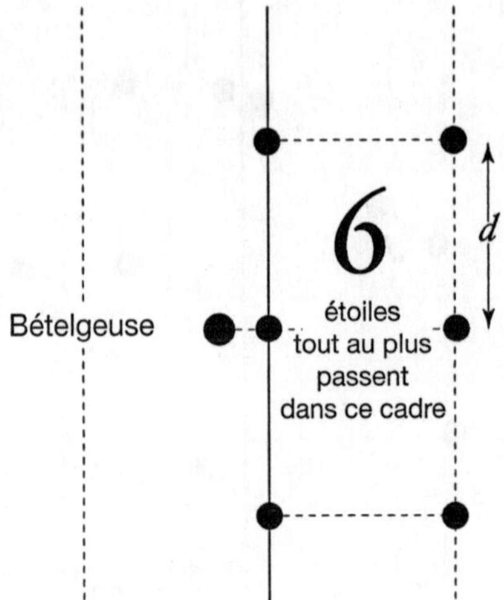

Ici, nous voulons nous assurer que Bételgeuse, juste à gauche de la ligne de séparation, ne forme pas un « couple chevauchant » avec une étoile à sa droite. Ce qui définit un cadre de dimensions $d \times 2d$ à examiner. Puisque nous savons déjà qu'il n'y a pas à droite deux étoiles qui soient à moins de d l'une de l'autre, il ne peut y avoir tout au plus que six étoiles qui passent à l'intérieur de ce cadre.

Si vous n'avez pas étudié l'informatique, la tête doit commencer à vous tourner. Pour un programmeur, cette question devrait être plus facile que les énigmes – elle lui demande simplement de réciter ce qu'il a appris en cours.

Il y a une réponse décalée qui mérite d'être mentionnée. Les passionnés d'astronomie peuvent objecter à juste titre qu'il y a deux sortes de couples stellaires. Il y a les *étoiles binaires* (deux étoiles en orbite l'une autour de l'autre) et les *couples optiques* (des étoiles sans rapport l'une avec l'autre, mais qui donnent l'impression d'un couple vues de la Terre). Étant donné le vide profond de l'espace, il est presque certain que le couple d'étoiles aux composantes les plus rapprochées dans le ciel terrestre sera une étoile binaire.

Il faut enfin tenir compte des binaires à éclipses, dont le plan orbital est si proche de la ligne de visée de l'observateur terrestre que les deux étoiles passent l'une devant l'autre. Le plus célèbre exemple en est Algol, visible dans la constellation de Persée. Algol est une étoile unique à l'œil nu et dans les plus puissants télescopes. Sa luminosité varie tous les trois jours. Les astronomes ont déterminé qu'Algol est en réalité deux étoiles dont les orbites ressemblent à ceci (à l'échelle) :

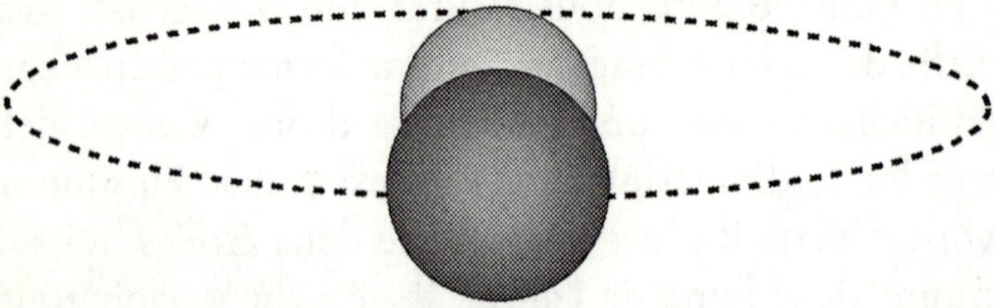

Quand l'une des composantes occulte l'autre, Algol est moins lumineuse, même à l'œil nu. Pendant l'éclipse, il n'y a, vu de la Terre, pas de distance entre les deux disques stellaires. Ils se touchent et se chevauchent dans le ciel. Il ne peut y avoir couple plus serré.

Comment trouver ces étoiles ? La réponse des astronomes est que les binaires à éclipses sont identifiées par la fluctuation régulière de leur luminosité et par leur signature spectroscopique.

Chapitre 10

? Nage-t-on plus vite dans l'eau ou dans le sirop ?

Isaac Newton et Christiaan Huygens ont débattu de cette question au XVIIe siècle sans la résoudre. Trois siècles plus tard, deux chimistes de l'université du Minnesota, Brian Gettelfinger et Edward Cussler, procédèrent à une expérience opposant l'eau et le sirop. Peut-être n'est-il pas si étonnant qu'il ait fallu tout ce temps. Cussler a dit qu'il avait été obligé de solliciter trente-deux autorisations, dont la permission de déverser des quantités massives de sirop dans les égouts. Il dut refuser l'offre de vingt camions gratuits de sirop de maïs, parce que la ville de Minneapolis estimait que cela présentait des risques pour les canalisations. Au lieu de quoi il recourut à la gomme de guar, agglutinant comestible utilisé dans la crème glacée, les shampooings et les sauces à salade. Environ 300 kilos de gomme transformèrent le contenu d'une piscine en une substance « qui ressemblait à de la morve[28] ».

Gettelfinger, nageur de niveau olympique, eut l'insigne honneur de plonger le premier. Quant aux résultats, je vais vous laisser en suspens un peu plus longtemps. Ils ont été publiés dans un article paru en 2004 dans l'*American Institute of Chemical Engineers Journal*[29]. L'année suivante, Gettelfinger et Cussler reçurent le prix Ig Nobel de chimie 2005. Les prix Ig Nobel (pour « ignoble »), contrepoints farfelus aux récompenses plus connues décernées à Stockholm, font automatiquement l'objet de nombreux articles dans la catégorie « Insolite ». C'est apparemment à cette attention médiatique que l'on doit la renaissance de l'énigme du sirop sous la forme d'une question d'entretiens plutôt sadique.

Pour cette épreuve de sirop-piscine, la viscosité du mélange gommeux était environ le double de celle de l'eau. Sa densité était pratiquement la même que celle de l'eau douce. C'était important, parce que, comme les nageurs le savent depuis longtemps, les humains nagent plus vite dans l'eau salée, plus dense. Comme un vaisseau, le corps d'un nageur flotte plus haut dans l'eau salée et rencontre moins de traînée (résistance due à la friction).

Gettelfinger et des étudiants de l'université du Minnesota accumulèrent les longueurs de bassin dans l'eau et dans le « sirop ». Ils essayèrent les styles traditionnels : dos crawlé, brasse, brasse papillon et nage libre. Dans tous les cas de figure, les écarts de vitesse d'un liquide à l'autre ne dépassèrent jamais quelques pour cent. Il n'y avait pas de schéma général favorisant le sirop ou l'eau.

Ce qui signifiait que Newton s'était trompé : il croyait que la viscosité du sirop ralentirait les nageurs. Huygens a correctement prédit qu'il n'y aurait pas de différence de vitesse. L'article de Gettelfinger et Cussler explique pourquoi. Pensez à la manière dont la fumée s'élève d'une cigarette. Sur une petite dizaine de centimètres, la fumée s'élève en une mince colonne verticale. Ensuite, elle se décompose en volutes et tourbillons complexes. Ces volutes, c'est de la turbulence. La turbulence est l'ennemi des avions à réaction, des vedettes et de tout ce qui veut avancer rapidement dans un fluide. Le corps humain n'étant pas optimisé pour la nage, nous créons une quantité ridiculement élevée de turbulence, contre laquelle nous luttons dans notre combat pour nous propulser en milieu liquide. La turbulence produit beaucoup plus de traînée que la viscosité. Dans la comparaison eau/sirop, la viscosité ne compte pratiquement pas. Comme la turbulence est similaire dans l'eau et dans le sirop, la vitesse du nageur est à peu près la même elle aussi.

L'écoulement de l'eau produit beaucoup moins de turbulence pour un poisson, et encore moins pour une bactérie – qui, elle, nagerait plus lentement dans le sirop[30].

Est-ce une question d'entretiens honnête ? Cussler m'a dit qu'une formation en informatique « ne sert probablement à rien » pour résoudre l'énigme du sirop. Mais il a ajouté : « Quiconque a un niveau de deuxième année de licence en physique devrait pouvoir répondre[31]. » En tant qu'ancien étudiant en physique, je suis disposé à parier que c'est une prédiction optimiste. En tout cas, la plupart des candidats qui affronteront cette question dans un entretien de recrutement ne seront pas très calés sur la partie physique du problème. De bonnes réactions invoqueraient des analogies simples et intuitives pour expliquer pourquoi la réponse doit être déterminée par la voie expérimentale. Voici quatre arguments :

1. *Vous ne pouvez pas nager dans les puits d'asphalte de La Brea, à Los Angeles.* Demandez donc aux mammouths englués dans les puits. Autant nager dans du ciment liquide ou dans des sables mouvants. Manifestement, la nage est plus lente dans des liquides *très* épais que dans l'eau. Même s'il y a plus d'effet d'appui, on nage plus lentement, ou pas du tout.
2. *« Sirop » couvre un vaste territoire.* La question ne parle pas de la poix ou des sables mouvants, mais bien d'un « sirop ». Il y a le sirop d'érable, le sirop contre la toux, le sirop de chocolat, le sirop de maïs à haute teneur en fructose ou HFCS, et ce qu'on sirote dans les night-clubs d'Atlanta, dont la consistance va du quasi limpide à l'espèce de boue qui reste au fond d'une vieille bouteille de Mrs. Butterworth's. Vous ne pouvez pas répondre à la question à moins de savoir quel type exact de « sirop » est en jeu – ou de pouvoir prouver que la nage est plus lente dans *tout* liquide plus dense que l'eau.
3. *Citez Darwin.* Supposez qu'il y ait une viscosité optimale pour laquelle la vitesse du nageur est maximale. Est-il raisonnable de croire que H_2O se trouve tout à fait par hasard posséder cette viscosité idéale pour la natation ?

Vous pourriez dire oui, si vous étiez un poisson doué d'intuition. L'évolution a « hydrodynamisé » les poissons de façon qu'ils s'adaptent à la manière dont l'eau s'écoule sur leurs corps élancés. La morphologie humaine n'a rien du poisson, et notre manière de nager ne ressemble guère à celle d'un poisson. Ni les humains ni nos ancêtres immédiats n'ont consacré beaucoup de temps à faire évoluer le pool génique dans les fleuves, lacs ou océans. La natation est une activité que nous pratiquons, comme le deltaplane, mais pour laquelle nous ne sommes pas construits. Une créature construite pour faire du crawl australien serait très différente d'un humain. Comme l'a formulé Edward Cussler : « Le meilleur nageur devrait avoir le corps d'un serpent et les bras d'un gorille[32]. »

Il ne serait peut-être pas surprenant de découvrir que les humains pourraient nager plus vite dans un fluide doté d'une autre viscosité que l'eau. Il ne serait pas surprenant non plus de découvrir que la vitesse ne change pas sur un vaste éventail de viscosités.

4. *La nage, c'est le chaos.* La dynamique des fluides (gaz et liquides) est un exemple insigne de chaos. Elle dépend tellement de détails ultrafins qu'elle défie toute prédiction. C'est pourquoi les constructeurs aéronautiques ont besoin de souffleries pour tester leurs appareils. Le corps humain, si peu hydrodynamique, avec ses mouvements dans l'eau relativement maladroits, complique encore la situation. Cette question a besoin d'être testée par une expérience utilisant le type exact de « sirop » envisagé.

Le discours de réception de Cussler pour son prix Ig Nobel condensa tout cela en bien peu de mots : « Les raisons de ce phénomène sont compliquées[33]. »

Post-scriptum

Quatre questions traditionnellement posées dans des entretiens de recrutement du cabinet de conseil Accenture :

1. Comment mettre une girafe dans un réfrigérateur ?
Réponse correcte : Ouvrir le réfrigérateur, y mettre la girafe, refermer la porte.
2. Comment mettre un éléphant dans un réfrigérateur ?
Réponse correcte : Ouvrir le réfrigérateur, en sortir la girafe, y mettre l'éléphant, refermer la porte. Cette question teste votre capacité à reconnaître les conséquences de vos actions.
3. Le Roi Lion a convoqué un congrès des Animaux. Tous les animaux y assistent, sauf un. Lequel ?
Réponse correcte : L'éléphant. C'est vous qui l'avez mis dans le réfrigérateur. Cette question teste votre mémoire. Il vous reste une dernière chance de faire vos preuves.
4. Il vous faut franchir une rivière dans une région infestée de crocodiles et vous n'avez pas de bateau. Comment traversez-vous ?
Réponse correcte : À la nage. Les crocodiles sont tous au congrès des Animaux. Cette question teste votre aptitude à tirer la leçon de vos erreurs[34].

Remerciements

En 2003, j'ai publié *Comment déplaceriez-vous le mont Fuji ?*, livre construit autour des questions casse-tête popularisées par les entretiens de recrutement chez Microsoft. Depuis lors, je n'ai jamais cessé de recevoir un flot bienvenu d'e-mails émanant de personnes disposées à partager leurs expériences personnelles des entretiens – les bonnes, les mauvaises et les scandaleuses. Ces correspondants m'ont tenu au courant des « nouveautés » en matière de questions et de styles d'entretiens. Le présent ouvrage s'est inspiré de leur enthousiasme. Comme pour le précédent, nombre de ceux qui m'ont le plus aidé sont malheureusement restés anonymes.

Edward Cussler m'a non seulement éclairé sur l'historique de la « question du sirop », il m'a aussi fait connaître la tradition des questions à énigmes en vigueur à Oxford et à Cambridge. Chez Google, Todd Carlisle et Prasad Setty m'ont généreusement détaillé leur philosophie du recrutement. Merci à Jordan Newman d'avoir coordonné des entretiens et organisé une visite guidée du Googleplex.

Je remercie particulièrement Rakesh Agrawal, Adam David Barr, Joe Barrera, Tracy Behar, Kiran Bondalapati, John Brockman, Glenn Elert et ses étudiants, Curtis Fonger, Terry Fonville, Randy Gold, William Hilliard, Larry Hussar, Rohan

Mathew, Katinka Matson, Gene McKenna, Asya Muchnick, Alex Paikin, Kathy Poundstone, Michael Pryor, Michelle Robinovitz, Christina Rodriguez, Arthur Saint-Aubin, Chris Sells, Joel Shurkin, Alyson Shontell, Jerry Slocum, Jerome Smith, Norman Spears, Joel Spolsky, Noah Suojanen, le personnel de la bibliothèque de recherche de l'université de Californie à Los Angeles, Karen Wickre et Joe Wisnovsky.

Sites Internet et vidéos

CareerBuilder : www.careerbuilder.com. Site populaire d'affichage de CV, avec des listes d'emplois et des conseils.

CareerCup : www.careercup.com. Spécialisé dans les entreprises technologiques. Bonne source de questions actuellement posées lors des entretiens.

Glassdoor : www.glassdoor.com. Couvre les domaines des finances, de la technologie et d'autres secteurs industriels. Permet aux utilisateurs d'afficher des salaires, des évaluations d'entreprises et des questions d'entretiens.

Google Interview : http://google-interview.com. Ce condensé des messages sur les entretiens de recrutement (non autorisé par Google !) est à tous égards le site spécifique à Google le plus utile. Beaucoup d'exemples de questions purement techniques comme de casse-tête, plus des « coups de gueule » et des expériences de première main.

Hacking a Google Interview : http://courses.csail.mit.edu/iap/interview/materials.php. Dispensé au MIT par Bill Jacobs et Curtis Fonger, c'était un cours axé sur des questions techniques intéressant les ingénieurs en logiciel. Les livrets du cours, disponibles sur Internet, sont excellents.

Monster.com : www.monster.com. Le site de recrutement le plus connu, avec des articles documentant toutes les phases de la recherche d'un emploi.

Stanford's Entrepreneurship Corner : http://ecorner.stanford.edu/author MaterialInfo.html ?mid1090. Dans cet enregistrement vidéo d'une conférence donnée le 1er mai 2002 à l'université de Stanford, Larry Page et Eric Schmidt évoquent de nombreux aspects de la culture Google, notamment en matière de recrutement.

Notes

Épigraphe

1. Cette question est apparue sur d'innombrables sites Web. « Elizabeth G., » une auditrice de l'émission *WBUR Car Talk* de la radio non commerciale NPR, l'a soumise au site de l'émission en prétendant l'avoir obtenue « d'un ami du père d'un ami », un certain « Alan B. », de la société Electronics for Imaging (EFI), sise à Foster City, en Californie. EFI est célèbre pour ses questions d'entretiens abstruses. Cette parodie était le sujet du sondage n° 248 sur le site Irregular Webcomic! Elle y figura accompagnée d'un ensemble de réponses – les résultats dudit sondage :
« Il y aurait sur la soixante-quatrième case plus de riz que dans le royaume tout entier. » (695, soit 16,4 %)
« Le chirurgien est la MÈRE de l'opéré. » (493, soit 11,6 %)
« Vous devriez choisir l'autre porte. » (485, soit 11,4 %)
« Le septième philosophe est mort de faim. » (472, soit 11,1 %)
« Il s'est suicidé avec un glaçon. » (466, soit 11,0 %)
« 27 kilomètres à l'heure. » (389, soit 9,2 %)
« Uniquement si le missionnaire est l'oncle de la bonne sœur. » (366, soit 8,6 %)
« Le premier cannibale le vingt-neuvième soir à minuit. » (346, soit 8,1 %)
« Demandez-lui quelle serait la bonne route d'après l'autre fermier. » (209, soit 4,9 %)
« Il ajoute son propre cheval, et il en reste donc un en bout de file. » (183, soit 4,3 %)
« Il est trop petit pour appuyer sur les boutons au-dessus du dixième étage. » (145, soit 3,4 %)

En outre, une bonne trentaine de fans de Douglas Adams envoyèrent des e-mails pour dire que la réponse correcte était « 42 ».

Chapitre 1

1. Auletta, *Googled*, p. 15.
2. Le dialogue de cette section est un montage de plusieurs témoignages de candidats.
3. Bernard, « Google to Add Pay ».
4. www.research.att.com/~njas/sequences/index.html.
5. V. l'article « Edward Kasner » sur Wikipedia, http://en.wikipedia.org/wiki/Edward_ Kasner.
6. V. « Origin of the Name "Google" », http://www-graphics.stanford.edu/~dk/google_ name_origin.html.
7. Merrell, « Have your Google People ».
8. Entretien avec Alyson Shontell, 24 mai 2010.
9. Auletta, *Googled*, p. 286, qui cite comme source Marissa Mayer, vice-présidente de Google.
10. Ce slogan contestataire se trouve être un authentique aphorisme. Einstein l'a énoncé en 1929 dans un entretien accordé au *Saturday Evening Post*. V. Viereck, « What Life Means to Einstein ».
11. V. le message affiché par « nuvem » le 8 février 2005 sur www.gamedev.net/ community/forums/topic.asp ?topic_id299692.
12. LaBarbera, « The Biology of B-Movie Monsters ».
13. Borelli, *On the Movement of Animals*.
14. Cité par Vogel, « Living in a Physical World », p. 303.
15. Auletta, *Googled*, pp. 215, 216.

Chapitre 2

1. Message de Chris Sells, 23 novembre 2005, sur www.sellsbrothers.com/Posts/ Details/12378.
2. Dunnette et Bass, « Behavioral Scientists and Personnel Management ».
3. Martin, « Confessions of an Interviewer ».
4. Message affiché le 6 juillet 2004 sur le blog de Cohen sur www.advogato.org/ person/Bram/diary.html ?start111.

5. Hansel, « Google Answer to Filling Jobs Is an Algorithm ».
6. Gunter, *Biodata*, p. 7.
7. Ce nombre, initialement de 120, a été révisé à la hausse et porté à 150, et finalement à 180. V. l'article de Wikipedia sur J. P. Guilford, http://en.wikipedia. org/wiki/ J._P._Guilford.
8. V. l'article de Wikiquote pour Thomas Edison, qui donne plusieurs variantes et plusieurs sources publiées, http://en. wikiquote.org/wiki/Thomas_Edison.
9. Torrance, *Guiding Creative Talent*, p. 16.
10. Millar, *E. Paul Torrance*, p. 51.
11. Dans son roman *La Vareuse blanche* (*White-Jacket*, 1850), Melville a décrit la philosophie comme « un marécage, un bourbier avec çà et là des mottes herbues où l'on peut avoir pied ». V. p. 177 de la réimpression de 1892 (New York, United States Book Company), disponible sur Google Livres.
12. Cohen, « Charting Creativity ».
13. Entretien avec Edward Cussler, 16 juin 2010 ; Moggridge, *How to Get into Oxford and Cambridge*. V. aussi http://dailysalty.blogspot. com/2007/09/brilliant-interview-questions-how-many.html.
14. Lohr, « John W. Backus ».
15. Dans l'article « John W. Backus », Lohr prétend que ce terme date de 1958.
16. Lohr, *ibid.*
17. *Ibid.*
18. Dans son dossier de candidature à l'introduction en Bourse, présenté en 2004 à la Commission de contrôle des marchés financiers (SEC), Google avait demandé la permission de réunir 2,718,281,828 $, soit 1 milliard de fois *e* dollars.
19. Pegg et Weisstein, « Mathematica's Google Aptitude ». Il se trouve que Sergey Brin a été un temps stagiaire chez Wolfram Research.
20. Auletta, *Googled*, p. 33.
21. Auletta, *ibid.*, p. 98.
22. *Ibid.*
23. Commentaire affiché sur www.glassdoor.com/Interview/Apple-Interview-Questions-E1138_P6.htm.

24. *Ibid.*
25. Frommer, « It's Harder to Get a Job ».
26. Guynn, « Tech Firms Try to Outperk One Another ».
27. Auletta, *Googled*, p. 288.
28. *Ibid.*, p. 286.
29. *Ibid.*, p. 57.
30. Edmans, « Does the Stock Market Fully Value Intangibles ? » p. 2.
31. Auletta, *Googled*, p. 33.
32. Guynn, « Tech Firms Try to Outperk One Another ».
33. Warner, « The Why-Worry Generation ».
34. Peter Bailey, cité par Laakmann, « Cracking the Technical Interview », p. 15.

Chapitre 3

1. Goodman, « US Job Seekers Exceed Openings ».
2. Entretien avec Rakesh Agrawal, 8 juin 2010.
3. *Ibid.*
4. Commentaire affiché sur le site CareerCup, www.careercup.com /question?id1945.
5. Patterson, *The Quants*, p. 166.
6. www.glassdoor.com/Interview/Bankof-America-Interview-Questions-E8874_P3.htm.
7. Bryant, « On a Scale of 1 to 10 ».
8. V. http://money.cnn.com/magazines/fortune/bestcompanies/2010 /snapshots/53.html.
9. Page, lors d'une conférence à l'université de Stanford, le 1er mai 2002. Vidéo sur http://ecorner.stanford.edu/authorMaterialInfo. html ?mid1090.
10. Glatter, « Another Hurdle for the Jobless ».
11. Isadore, « Out-of-Work Job Applicants ».
12. Tugend, « Getting Hired ».
13. Entretien avec Michelle Robinovitz, 17 juin 2010.
14. Bray, *Formative Years in Business.*
15. Kahneman, « Nobel Prize Autobiography ».

16. Stone et Jones, « Perceived Fairness of Biodata ». Parmi les questions évaluées pour leur impartialité, on trouvait : « Avez-vous vous déjà construit un modèle réduit d'avion ? »

Chapitre 4

1. http://sites.google.com/site/steveyegge2/google-secret-weapon.
2. Auletta, *Googled*, p. 109.
3. http://sites.google.com/site/steveyegge2/google-secret-weapon.
4. Entretien avec Todd Carlisle, 7 avril 2010.
5. *Ibid.*
6. *Ibid.*
7. *Ibid.*
8. Hansell, « Google Answer to Filling Jobs Is an Algorithm ».
9. Entretien avec Todd Carlisle, 7 avril 2010.
10. « Juliette », message daté du 1er août 2008, sur http://techcrunch.com/2009/01/18/why-google-employees-quit/#ixzz0oUskr1wQ.
11. Auletta, *Googled*, p. 49.
12. *Ibid.*, p. 214.
13. V. sur www.sfgate.com/cgi-bin/blogs/techchron/detail?entry_id50641.
14. Hansell, « Google Answer to Filling Jobs Is an Algorithm ».
15. Entretien avec Todd Carlisle, 7 avril 2010.
16. Conférence de Page à Stanford, 1er mai 2002. Vidéo sur http://ecorner.stanford. edu/authorMaterialInfo.html ?mid1080.
17. Entretien avec Todd Carlisle, 7 avril 2010.
18. V. discours d'Omid Kordestani en 2006 sur YouTube, www. youtube.com /watch?vZARPcmuTTXs.
19. Entretien avec Todd Carlisle, 7 avril 2010.
20. Tugend, « Getting Hired ».
21. Entretien avec Todd Carlisle, 7 avril 2010.
22. Entretien avec Prasad Setty, 7 avril 2010.
23. *Ibid.*
24. *Ibid.*
25. *Ibid.*

26. Tugend, « Getting Hired ».
27. *Ibid.*
28. Entretien avec Todd Carlisle, 7 avril 2010.
29. « BillR », 19 novembre 2009, message affiché sur http://blog.seattleinterviewcoach.com/2009/02/140-google-interview-questions.html.
30. Vidéo de Eric Schmidt et Obama sur YouTube, www.youtube.com/watch vk4RRi_ntQc8&featurerelated.
31. Entretien avec Prasad Setty, 7 avril 2010.
32. Lorraine, « Google Cheat View ». Un blogueur, « Idiot Forever », a prétendu plus tard avoir soumis l'anecdote au *Sun* pour faire un canular. V. son message sur http://idiotforever.wordpress.com/2009/03/31/how-i-duped-the-sun/.
33. Kaplan, « Want a Job at Google ? »
34. Entretien avec Todd Carlisle, 7 avril 2010.
35. CareerBuilder, « Forty-Five Percent of Employers Use Social Networking Sites ».
36. Entretien avec Rakesh Agrawal, 8 juin 2010.
37. Entretien avec Todd Carlisle, 7 avril 2010.
38. Affiché par « libation » sur le site du *New York Times* pour commenter l'article de Wortham, « More Employers Use Social Networks ».

Chapitre 5

1. Poundstone, *How Would You Move Mount Fuji ?*, pp. 79, 80.
2. Auletta, *Googled*, p. 28.
3. *Ibid.*, p. 32.
4. V. www.joelonsoftware.com/items/2005/10/17.html.
5. V. le message de Tyma sur http://paultyma.blogspot.com/2007/03/howto-pass-silicon-valley-software.html.
6. Avec 1 million de références à trier, la méthode de Mme Tyma exige 1 million (10^6) d'opérations. Le tri rapide et d'autres algorithmes de tri performants exigent environ 10^6 log 2 (10^6) opérations. À première vue, la méthode de Mme Tyma est environ log 2 (10^6), soit 19,9, fois plus rapide.

Chapitre 6

1. Message de « Mohammad » affiché sur http://allouh.wordpress.com/2009/04/14/interview-with-google/.
2. Commentaire de « Daniel », 30 décembre 2006, sur le blog de Shmula, www.shmula.com/31/my-interview-job-offer-from-google.
3. Gardner, *Wheels, Life and Other Mathematical Amusements*, p. 30.
4. Gardner, *The Scientific American Book of Mathematical Puzzles and Diversions*, pp. 24, 28. V. aussi Gardner, *The Unexpected Hanging and Other Mathematical Diversions*, p. 186, qui donne 1957 comme première année de publication.
5. Auletta, *Googled*, p. 43.

Chapitre 7

1. Entretien avec Todd Carlisle, 7 avril 2010.

Chapitre 8

1. Entretien avec Alyson Shontell, 25 mai 2010.
2. *Ibid.*
3. Orlowski, « Tales from the Google Interview Room ».
4. Une estimation externe supposait en 2010 que Gmail représentait 0,3 % de Google. V. http://seekingalpha.com/article/196953-youtube-much-more-important-than-gmail-for-google.
5. D'après la National Association of Colleges and Employers, moins de 25 % des étudiants de licence fraîchement diplômés avaient des propositions d'emploi en avril 2010. C'était beaucoup moins qu'en 2007, quand la proportion était de 52 %. V. Warner, « The Why-Worry Generation ».

Chapitre 9

1. *Time Magazine*, « An Eggalitarian Education », p. 50. V. aussi Gardner, *The Last Recreations*, p. 54.
2. V. le message affiché le 6 décembre 2006 par « ptoner » sur http://classic-puzzles.blogspot.com/2006/12/google-interview-puzzle-2-egg-problem.html.

Chapitre 10

1. *Akron Beacon Journal*, « Head a Burger Standard ».
2. *Ibid.*
3. Nous débattons de cette question dans Poundstone, *How Would You Move Mount Fuji ?*, pp. 68, 159, 160.
4. V. Brozek, « Densitometric Analysis of Body Composition ».
5. « Mass of a Human Head », de Glenn Elert et ses étudiants. http:// hypertextbook.com/facts/2006/DmitriyGekhman.shtml.
6. http://danny.oz.au/anthropology/notes/human-head-weight.html.
7. Cohen, « Charting Creativity ».
8. *Ibid.*
9. V. www.brainyquote.com/quotes/authors/t/thomas_a_edison.html.
10. Message de « BillR » affiché le 19 novembre 2009 sur http:/ blog.seattleinterviewcoach.com/2009/02/140-google-interviewquestions.html.

Réponses

1. Newell et Simon, *Human Problem Solving*.
2. Gardner, *The Scientific American Book of Mathematical Puzzles and Diversions*, p. 33.
3. Cité par Gardner, *The Scientific American Book of Mathematical Puzzles and Diversions*, p. 34. La publication de Putzer et Lowen (1958) était un mémorandum de recherche produit par le Convair Scientific Research Laboratory de San Diego.
4. Selvin (« A Problem in Probability »), a été obligé de défendre son point de vue dans une nouvelle lettre : Selvin, « On the Monty Hall Problem ».
5. Tierney, « Behind Monty Hall's Doors ».
6. Granberg et Brown, « The Monty Hall Dilemma », p. 711.
7. Selvin, « A Problem in Probability ».
8. Granberg et Brown, « The Monty Hall Dilemma », p. 718.
9. Savant, *The Power of Logical Thinking*, p. 15.
10. Il faut exclure des expériences gravitationnelles plus subtiles impliquant l'énergie des marées ou des entités exotiques telles que les ondes gravitationnelles et les trous noirs.

11. Cox, « Emergency Evacuation Report Card ».
12. *Ibid.*, v. note en bas de la p. 25.
13. V. www.goldengatebridge.org/research/facts.php#VehiclesCrossed.
14. V. d'autres exemples sur « Ace the Interview », www.acethe interview.com/questions/cats/index.php/fundamental/2007/09/17/chicken-by-spencer.
15. Cette coïncidence n'a aucune signification. Il se trouve simplement que la longueur du mille terrestre traduite en kilomètres (1,609) égale approximativement le rapport entre nombres de Fibonacci adjacents (environ 1,618 pour les grands nombres). V. le message de Peteris Krumin, « Using Fibonacci Numbers to Convert from Miles to Kilometers and Vice Versa », affiché en 2010 sur www.catonmat.net/blog/using-fibonacci-numbers-to-convert-from-miles-to-kilometers.
16. Crease, « The Greatest Equations Ever ».
17. Nahin, *Dr. Euler's Fabulous Formula*, p. 1.
18. Galton, « President's Address », pp. 495, 496.
19. Dirac, « The Evolution of the Physicist's Picture of Nature », p. 47.
20. primes.utm.edu.
21. Conway, « The Weird and Wonderful Chemistry of Audioactive Decay ». Cette suite figure aussi dans l'ouvrage de Clifford Pickover *The Cuckoo's Egg* (2001).
22. Le recours aux unités locales non métriques peut alternativement compliquer ou simplifier les calculs. Aussi les avons-nous conservées ici pour donner une idée exacte du contexte nord-américain des tests. Il en sera de même pour le problème des camions un peu plus loin. (NdT)
23. Cartlidge, « The Secrets of Random Packing ».
24. Aux États-Unis et au Royaume-Uni, entre autres, la notion de consommation de carburant en litres aux 100 kilomètres est remplacée par celle d'autonomie exprimée en milles par gallon. (N.d.T.)
25. Neumann, « Various Techniques Used in Connection with Random Digits ».
26. Paterson, « Maximum Overhang », pp. 1, 2.
27. Gardner, « Some Paradoxes and Puzzles Involving Infinite Series ».

28. http://blogs.chron.com/sciguy/archives/2006/02/ill_bet_you_did.html.
29. Gettelfinger et Cussler, « Will Humans Swim Faster or Slower in Syrup ? »
30. *Ibid.*, p. 2647 ; entretien avec Edward Cussler, 16 juin 2010.
31. Entretien avec Edward Cussler, 16 juin 2010.
32. Hopkin, « Swimming in Syrup Is As Easy As Water ».
33. V. www.mitadmissions.org/topics/life/boston_cambridge/no_time_for_your_stupid_ questi.shtml.
34. De multiples versions de cette séquence ont circulé d'un e-mail à l'autre. Je ne peux pas garantir qu'elle a été conçue chez Anderson Consulting (à présent Accenture) ni que, toujours d'après un e-mail, « environ 90 % des pros sur la sellette se sont plantés pour toutes les questions, mais [que] de nombreux enfants en âge d'aller à l'école ont eu plusieurs réponses justes ». La question de la girafe est posée dans les entretiens de recrutement – pour plaisanter, bien sûr – dans de nombreuses entreprises, et pas seulement chez Accenture.

Bibliographie

Akron Beacon Journal, « Head a Burger Standard », 18 janvier 2006. www.redorbit.com/news/science/361388/new_coffee_shop_in_w_akron_plans_oodles_of_noodles/index.html.

Arango, Tim, « Present-Day Soapbox for Voices of the Past (with a Web Site) », *New York Times*, 30 novembre 2009.

Associated Press, « Study : Older Americans Staying Put in Jobs Longer », 3 septembre 2009.

Auletta, Ken, *Googled : The End of the World As We Know It*. New York, Penguin, 2009.

Beatty, Richard W. et Schneier Craig Eric, *Personnel Administration : An Experiential/Skill-Building Approach*. Reading, MA ; Addison-Wesley, 1977.

Borelli, Giovanni Alfonso, *De motu animalium*, 1680. Édition utilisée : *On the Movement of Animals*. Berlin, Springer-Verlag, 1989, trad. Paul G. J. Maquet.

Bray, Douglas W. ; Campbell Richard J. et Grant Donald L., *Formative Years in Business : A Long-Term AT&T Study of Managerial Lives*. New York, Wiley, 1974.

Brozek, Josef ; Grande Francisco ; Anderson Joseph T. et Keys Ancel, « Densitometric Analysis of Body Composition : Revision of Some Quantitative Assumptions », *Annals of the New York Academy of Sciences* n° 110 (2006), pp. 113-140.

Bryant, Adam, « On a Scale of 1 to 10, How Weird Are You ? », *New York Times*, 9 janvier 2010.

CareerBuilder.com, « Forty-Five Percent of Employers Use Social Networking Sites to Research Job Candidate, CareerBuilder Survey Finds », communiqué de presse, 19 août 2009, www.careerbuilder.com/share/aboutus/pressreleasesdetail.aspx ?id=pr519&sd=8/19/2009&ed=12/31/2009&siteid=cbpr&sc_cmp1=cb_pr519_&cbRecursionCnt=3&cbsid=22b26a56aa6241049185fc24b729 8023- 304332027-JP-5.

Cartlidge, Edwin, « The Secrets of Random Packing », *Physics World*, 8 mai 2008.

Clifford, Stephanie, « Bug by Bug, Googles Fixes a New Idea », *New York Times*, 4 octobre 2009.

Cohen, Patricia, « Charting Creativity : Signposts of a Hazy Territory », *New York Times*, 7 mai 2010.

Conway, J. H., « The Weird and Wonderful Chemistry of Audioactive Decay », *Eurêka* n° 46 (1986), pp. 5-18.

Cox, Wendell, « Emergency Evacuation Report Card », American Highway Users Alliance, 2006. www.highways.org/pdfs/evacuation_report_card2006.pdf.

Crease, Robert P., « The Greatest Equations Ever », *Physics World*, 6 octobre 2004.

Cureton, Edward E., « Validity, Reliability and Baloney », *Educational and Psychological Measurement* n° 10 (1950), pp. 94-96.

Dasgupta, Sanjoy ; Papadimitriou Christos et Vazirani Umest, *Algorithms*. New York, McGraw-Hill, 2008.

Dirac, Paul A. M., « The Evolution of the Physicist's Picture of Nature », *Scientific American*, mai 1963.

Dunnette, Marvin D. et Bass Bernard M., « Behavioral Scientists and Personnel Management », *Industrial Relations* n° 2 (1963), pp. 115-130.

Edmans, Alex, « Does the Stock Market Fully Value Intangibles ? Employee Satisfaction and Equity Prices », 2009. http://ssrn.com/abstract985735.

Feynman, Richard ; Leighton Robert B. et Sands, Matthew, *The Feynman Lectures on Physics*. Reading, MA ; Addison-Wesley, 1963-65.

Frommer, Dan, « It's Harder to Get a Job at the Apple Store Than It Is to Get Into Harvard », *Yahoo ! Finance*, 12 novembre 2009.

Galton, Francis, « President's Address », *The Journal of the Anthropological Institute of Great Britain and Ireland* n° 15 (1886), pp. 489-499.

Gamow, George et Stern Marvin, *Puzzle-Math*. New York, Viking, 1958.

Gardner, Martin, *The Scientific American Book of Mathematical Puzzles and Diversions*. New York, Simon & Schuster, 1959.

–. *The Second Scientific American Book of Mathematical Puzzles and Diversions*. New York, Simon & Schuster, 1961.

–. « Some Paradoxes and Puzzles Involving Infinite Series and the Concept of Limit », *Scientific American*, novembre 1964, pp. 126-133.

–. *Mathematical Carnival*. New York, Knopf, 1975.

–. *The Unexpected Hanging and Other Mathematical Diversions*. New York, Simon & Schuster, 1969.

–. *Wheels, Life and Other Mathematical Amusements*. New York, W. H. Freeman, 1983.

–. *The Last Recreations : Hydras, Eggs, and Other Mystifications*. New York, Copernicus, 1997.

Gettelfinger, Brian et Cussler E. L., « Will Humans Swim Faster or Slower in Syrup ? » *American Institute of Chemical Engineers Journal* n° 50 (2004), pp. 2646, 2647.

Glatter, Jonathan D., « Another Hurdle for the Jobless : Credit Inquiries », *New York Times*, 6 août 2009.

Goodman, Peter S., « US Job Seekers Exceed Openings by Record Ratio », *New York Times*, 26 septembre 2009.

Granberg, Donald et Brown Thad A., « The Monty Hall Dilemma », *Personality and Social Psychology Bulletin* n° 21 (1995), pp. 711-729.

Guilford, J. P., *Way Beyond the IQ*. Buffalo, NY ; Creative Education Foundation, 1977.

Gunter, Barrie ; Furnham Adrian et Drakeley Russell, *Biodata : Biographical Indicators of Business Performance*. London, Routledge, 1993.

Guynn, Jessica, « Tech Firms Try to Outperk One Another », *Los Angeles Times*, 28 mars 2010.

Haldane, J. B. S., « On Being the Right Size », *Harper's Monthly* n° 152 (1926), pp. 424-427.

Hansell, Saul, « Google Answer to Filling Jobs Is an Algorithm », *New York Times*, 3 janvier 2007.

Hart, Peter E. ; Nilsson Nils J. et Raphael Bertram, « Correction to "A Formal Basis for the Heuristic Determination of Minimum Cost Paths" », *SIGART Newsletter* n° 37 (1972), pp. 28, 29.

Helft, Miguel, « An Auction That Google Was Content to Lose », *New York Times*, 4 avril 2008.

–. « Google Makes a Case That It Isn't So Big », *New York Times*, 28 juin 2009.

Hopkin, Michael, « Swimming in Syrup Is As Easy As Water », *NatureNews*, 20 septembre 2004. www.nature.com/news/2004/040920/full/news040920-2.html.

International Federation of Competitive Eating, « Sonya Thomas Retains Big Daddy Burger Title », Major League Eating, 21 janvier, 2006. www.ifoce.com/news.php ?action=detail&sn=361.

Isidore, Chris, « Out-of-Work Job Applicants Told Unemployed Need Not Apply », *CNNMoney*, 16 juin 2010.

Iyer, Bala et Davenport Thomas H., « Reverse Engineering Google's Innovation Machine », *Harvard Business Review*, Avril 2008, pp. 59-68.

Kahneman, Daniel, « Nobel Prize Autobiography », 2002. http://nobelprize.org/nobel_prizes/economics/laureates/2002/kahneman-autobio.html.

Kaplan, Michael, « Want a Job at Google ? Try These Brainteasers First », *Business 2.0*, 30 août 2007.

Kasner, Edwin et Newman James, *Mathematics and the Imagination*. New York, Simon et Schuster, 1940. (*Les Mathématiques et l'Imagination*. Paris, Payot, 1950, trad. Francine Beris et François Le Lionnais).

Laakmann, Gayle, « Cracking the Technical Interview », 2009. CareerCup.com.

LaBarbera, Michael C., « The Biology of B-Movie Monsters », 2003. http://fathom.lib.uchicago.edu/2/21701757.

Levering, Robert et Moskowitz Milton, « What It Takes to Be #1 : Genentech Tops the 2006 *Best Companies to Work For in America* List », Great Place to Work Institute, 2006. www.greatplacetowork.com.

Levering, Robert ; Moskowitz Milton et Katz, Michael. *The 100 Best Companies to Work For in America.* Reading, MA ; Addison-Wesley, 1984.

Lohr, Steve, « John W. Backus, 82, Fortran Developer Dies », *New York Times*, 20 mars 2007.

Lorraine, Veronica, « Google Cheat View », *The Sun*, 31 mars 2009.

Lyons, Daniel, « The Customer Is Always Right », *Newsweek*, 4 janvier 2010.

Martin, Robert A., « Confessions of an Interviewer », *MBA*, janvier 1975.

McHugh, Josh, « Google vs. Evil », *Wired* n° 11.01 (2003).

Merrell, Gerald P., « Have Your Google People Talk to My "Googol" People », *Baltimore Sun*, 16 mai 2004.

Millar, Garnet W., *E. Paul Torrance, « The Creativity Man »*. Norwood, NJ ; Ablex Publishing, 1995.

Moggridge, Geoff, *How to Get into Oxford and Cambridge : Beating the Boffins*. Cambridge, PGR Publishing, 1998.

Nahin, Paul J., *Dr. Euler's Fabulous Formula : Cures Many Mathematical Ills*. Princeton, NJ ; Princeton University Press, 2006.

Neumann, John von, « Various Techniques Used in Connection with Random Digits », dans Householder, A. S. ; Forsythe G. E. et Germond H. H. (eds.), *Monte Carlo Method.* Washington, DC ; National Bureau of Standards, 1951.

Newell, Allen et Simon Herbert A., *Human Problem Solving.* Englewood Cliffs, NJ ; Prentice Hall, 1972.

Orlowski, Andrew, « Tales from the Google Interview Room », *Register*, 5 janvier 2007.

Patterson, Mike ; Peres, Yuval ; Thorup Mikkel ; Winkler Peter et Zwick Uri, « Maximum Overhang », 2007. www.math.dartmouth.edu/~pw/papers/ maxover.pdf.

Patterson, Scott, *The Quants : How a Small Band of Math Wizards Took Over Wall Street and Nearly Destroyed It.* New York, Crown, 2009.

Pegg, Ed Jr. et Weisstein Eric W., « Mathematica's Google Aptitude », *Mathworld*, 13 octobre 2004. http://mathworld.wolfram.com/news/2004-10-13/google/.

Phear, J. B., *Elementary Mechanics*. Cambridge, Macmillan, 1850.

Pickover, Clifford A., *Wonders of Numbers : Adventures in Mathematics, Mind, and Meaning*. Oxford, Oxford University Press, 2001.

Poundstone, William, *How Would You Move Mount Fuji ? Microsoft's Cult of the Puzzle : How the World's Smartest Companies Select the Most Creative Thinkers*. New York ; Little, Brown, 2003.

Savant, Marilyn vos, *The Power of Logical Thinking*. New York, St. Martin's Press, 1996.

Selvin, Steve, « A Problem in Probability », courrier des lecteurs, *American Statistician* n° 29 (1975), pp. 67.

–. « On the Monty Hall Problem », courrier des lecteurs, *American Statistician* n° 29 (1975), pp. 134.

Siegel, Tara, Bernard, « Google to Add Pay to Cover a Tax for Same-Sex Benefits », *New York Times*, 30 juin 2010.

Stone, Dianna L. et Jones Gwen E., « Perceived Fairness of Biodata as a Function of the Purpose of the Request for Information and Gender of the Applicant », *Journal of Business and Psychology* n° 11 (1997), pp. 313-323.

Thaler, Richard, « Mental Accounting and Consumer Choice », *Marketing Science* n° 4 (1985), pp. 199-214.

Tierney, John, « Behind Monty Hall's Doors : Puzzle, Debate, and Answer ? », *New York Times*, 21 juillet 1991.

Time Magazine, « An Eggalitarian Education », 18 mai 1970, p. 50.

Torrance, E. Paul, *Guiding Creative Talent*. Englewood Cliffs, NJ ; Prentice-Hall, 1962.

Tugend, Alina, « Getting Hired, Never a Picnic, Is Increasingly a Trial », *New York Times*, 9 octobre 2009.

Viereck, George Sylvester, « What Life Means to Einstein », *Saturday Evening Post*, 26 octobre 1929, p. 117.

Vogel, Steven, « Living in a Physical World : III. Getting Up to Speed », *Journal of Bioscience* n° 30 (2005), pp. 303-312.

Vogelstein, Fred, « Search and Destroy », *Fortune*, 2 mai 2005.

Warner, Judith, « The Why-Worry Generation », *New York Times*, 24 mai 2010.

Weekley, Jeff, « Biodata : A Tried and True Means of Predicting Success », téléchargé le 9 octobre 2010. www.kenexa.com/Resource-

Center/ThoughtLeadership/Biodata-A-Tried-and-True-Means-of-Predicting-Succ.

Wortham, Jenna, « More Employers Use Social Networks to Check Out Applicants », *New York Times*, 20 août 2009.

Yen, Yi-Wyn, « YouTube Looks for the Money Clip », *Fortune*, 25 mars 2008.

COMPOSITION NORD COMPO

CET OUVRAGE A ÉTÉ IMPRIMÉ EN FRANCE
PAR CPI BUSSIÈRE
À SAINT-AMAND-MONTROND (CHER)
EN JANVIER 2013

N° d'édition : 01. — N° d'impression : 124705/4.
Dépôt légal : janvier 2013.